VOYAGEZ DANS VOS VIES ANTÉRIEURES

De la même auteure,
chez le même éditeur

Spiritualité 2.0, 2024.

La Destinée des flammes jumelles, coffret, 2024.

ISBN : 978-2-36188-888-6

www.editions-tredaniel.com
info@guytredaniel.fr
www.facebook.com/tredanieleso
@tredaniel_eso

La Douce Pythie

VOYAGEZ DANS VOS VIES ANTÉRIEURES

Le livre énergétique et interactif pour suivre le cheminement de votre âme

ÉDITIONS
EXERGUE
27, rue des Grands-Augustins
75006 Paris

Sommaire

Introduction

Ce livre est un voyage initiatique, une exploration de l'âme humaine dans sa quête d'évolution. Au fil des pages, vous découvrirez les destins entrecroisés de personnages imparfaits, parfois même vils, qui, confrontés aux épreuves de la vie, tirent des leçons précieuses de leurs expériences.

L'imperfection comme moteur de l'évolution

Car c'est bien là le cœur de ce livre : la conviction que chaque expérience, qu'elle soit positive ou négative, a du sens et contribue à notre croissance spirituelle. Nos décisions, même les plus sombres, ont des conséquences et nous poussent à nous remettre en question, à explorer les profondeurs de notre être et à transcender nos limites.

Inspiré par les Annales Akashiques

Pour tisser ces récits, j'ai puisé mon inspiration dans mes explorations des vies antérieures de mes consultants. Parfois aussi, je me suis inspirée des miennes.

Un livre aux multiples lectures

Ce livre se savoure de différentes manières. Vous pouvez choisir de vivre l'aventure pleinement, en suivant le fil des chapitres et en assumant les conséquences de vos choix. Vous pouvez également piocher au hasard, en laissant votre intuition vous guider vers les passages qui vous interpellent et qui font écho à votre propre chemin de vie.

Une invitation à la découverte de soi

Quelle que soit votre approche, j'espère que ce livre vous accompagnera dans votre exploration intérieure et vous inspirera à cultiver la bienveillance envers vous-même et envers les autres. N'oubliez jamais que la lumière réside en chacun de nous, même dans les recoins les plus obscurs de notre âme.

Avec bienveillance,
La Pythie

0 Chapitre

L'Œuf primordial

Au commencement, il n'y avait qu'un souffle, un murmure suspendu dans l'éther qui enveloppait le tout, une présence divine qui précédait les étoiles et les âges. Dans ce sanctuaire d'éternité, où même le temps n'osait troubler le silence sacré, une âme solitaire se tenait à l'orée de l'existence, écoutant l'appel céleste qui résonnait au-delà des voûtes infinies de l'univers.

Tu es une étincelle d'Amour absolu, un fragment lumineux jailli de la Source insondable, mère de toute vie. Devant toi, l'Œuf primordial se dresse, symbole puissant du début et de la fin, de la vie et de la mort, de tout et du néant, écho lointain de la première pensée de la Création.

Ton existence, intemporelle, sans nom ni passé, est un filament de lumière consciente flottant dans le silence d'un espace sans fin. Dans cet instant en suspension, un frisson parcourt le cosmos – le choix. Un choix qui résonne comme un appel et une réponse, une question posée par l'univers à laquelle seule ton âme peut répondre.

« Veux-tu être ? »

Cette simple phrase est une promesse d'une existence aux riches expériences : la joie éclatante du bonheur, la douleur de l'évolution, les déchirures de la perte, l'extase d'aimer. Naître, c'est s'engager à ajouter ta mélodie unique à la symphonie divine, à jouer ta part dans l'harmonie des âmes.

Tu choisis.

Avec un courage serein, tu avances vers l'Œuf. Dans un geste d'abandon sublime, tu te laisses envelopper par sa lumière. Ce n'est pas une naissance ordinaire, mais un serment éternel, une alliance sacrée avec le divin, une promesse de porter l'amour sous toutes ses formes à travers les méandres du temps. En fusionnant avec l'Œuf, tu acceptes la condition humaine, avec ses joies et ses peines, ses échecs et ses victoires.

La fusion est une célébration, une explosion de lumière donnant naissance à une constellation d'émotions, une valse cosmique de possibilités. Désormais héroïne de ton propre récit, tu t'éveilles à l'aube d'une réalité nouvelle, prête à graver ta légende à travers les époques.

Chaque existence que tu vivras, chaque rôle que tu endosseras, sera un hymne à l'Amour absolu, une exploration de sa nature la plus pure. Tu apprendras que l'amour est le tissu sur lequel se brodent toutes les expériences humaines, le fil d'or reliant chaque âme à la grande tapisserie de la vie. Ton voyage est plus qu'une traversée à travers les âges ; c'est une quête intérieure, un pèlerinage vers le cœur de ton être.

En toi, l'esprit de l'aventure est aussi vieux que les étoiles, mais aussi frais que l'aurore. Tu es le reflet de toutes les vies passées et l'écho des vies à venir, un pont entre le passé immémorial et les possibilités infinies du futur.

Le chapitre qui s'ouvre devant toi est une toile vierge, prête à être peinte de l'histoire de ton humanité, teintée par ta volonté, ton courage, ta curiosité. Chaque action, chaque parole, chaque amour et chaque perte que tu connaîtras sera inscrite dans le grand livre du temps. Car dans ce voyage, tu découvriras que chaque âme est une histoire en soi, un univers façonné par les décisions et les rêves. Chaque existence est précieuse, chaque instant est un cadeau, chaque adieu est un nouveau commencement.

Tu es l'âme humaine, éternelle dans sa quête de compréhension, d'évolution, d'ascension. Tu es chacun de nous, tournant les pages de notre propre histoire, cherchant notre propre Œuf primordial, notre propre commencement.

Chaque chapitre de ton histoire est un pas de plus vers la compréhension profonde que l'amour est la langue originelle de l'univers. Tu sens ce murmure persistant à travers les âges, cette vibration subtile qui unit les cœurs et les âmes dans une harmonie infinie. Chaque geste d'amour que tu offres, chaque sourire que tu partages, dessine une carte de ton ciel intérieur, te rapprochant un peu plus de la Source, de cet Œuf primordial d'où tu es venue et vers lequel, inéluctablement, tu retourneras un jour.

Avec chaque élan d'amour, tu comprends que c'est là la plus grande quête et le plus grand accomplissement. L'amour devient à la fois le but de ta quête et le chemin que tu empruntes, l'énigme de ton existence et la clé de sa compréhension. Chaque acte d'amour est un fil d'or tissé dans le tissu de ta vie, te guidant à travers les labyrinthes de l'expérience humaine.

Ton cœur, vibrant au rythme de cet amour universel, ressent la connexion profonde avec chaque être, chaque âme de cet univers. Tu sais que dans l'amour se trouve la véritable essence de la vie, un lien indissoluble qui transcende le temps et l'espace.

Tu es à la fois l'architecte et la narratrice de ta propre histoire, peignant les couleurs de ton humanité sur la toile blanche du destin. Chaque choix que tu fais, chaque chemin que tu empruntes sera riche d'enseignements. Tu es l'exploratrice de l'infini, la voyageuse du temps, cherchant à comprendre, à grandir, à devenir.

Dans cette quête, tu découvres que chaque vie, chaque histoire, est un fragment de l'amour divin, une symphonie jouée dans l'orchestre de l'univers.

Et dans cet acte de devenir, tu murmures à l'Univers : « Je suis. »

Tu as choisi de t'incarner sur Terre, félicitations ! Ton choix t'amène au **CHAPITRE 1**.

RESSOURCE RÉCUPÉRÉE PAR L'ÂME DANS CETTE ÉTAPE

Grand Oubli : processus par lequel une âme, avant de s'incarner dans une nouvelle vie humaine, subit volontairement la perte de la mémoire de ses incarnations antérieures et de sa compréhension globale de l'univers. Cette perte de mémoire n'est pas accidentelle, mais plutôt un choix délibéré de l'âme pour faciliter son immersion dans la nouvelle expérience humaine.

Dans le cadre de ce processus, l'âme se déconnecte temporairement de sa connaissance divine et universelle,

•••

y compris des leçons apprises, des expériences vécues et de la sagesse accumulée au cours de ses nombreuses existences. Ce processus est nécessaire pour que chaque nouvelle vie soit vécue sans les préjugés ou influences des vies antérieures, permettant à l'âme d'expérimenter la vie sous une perspective fraîche et non biaisée.

Cette perte de mémoire permet également à l'âme de se concentrer pleinement sur les défis, les opportunités et les leçons spécifiques à la vie actuelle. Sans le fardeau ou la distraction de ses expériences passées, l'âme peut s'engager plus profondément dans son développement et sa croissance.

1

Chapitre

L'aube s'éveille à peine, caressant la forêt de ses premiers rayons dorés. Le chant des oiseaux, tel un murmure enchanteur, monte des profondeurs de la végétation luxuriante. Au cœur de ce tableau paisible, une silhouette s'éveille, nue et attentive. C'est toi, une chasseuse-cueilleuse, un maillon essentiel de la tribu.

Tes sens aiguisés s'éveillent à la symphonie de la nature. Le craquement des feuilles sous tes pieds nus, le souffle du vent dans les branches, le bruissement discret d'un animal furtif : chaque son raconte une histoire. Tu es intimement liée à ce monde sauvage, un être en harmonie avec les rythmes ancestraux de la vie.

Aujourd'hui, la faim tenaille la tribu. Les provisions s'amenuisent, laissant place à l'inquiétude. L'hiver a été rude, et la forêt se montre avare de ses trésors. Guidée par ton instinct et ton expérience, tu t'aventures dans l'inconnu, à la recherche de fruits nourrissants et de gibier.

Soudain, un frisson glacial te parcourt. Un silence inhabituel s'est abattu sur la forêt. Tes yeux perçants scrutent l'horizon, à la recherche d'une menace invisible. Un grondement sourd, semblable à un tonnerre lointain, te confirme ton intuition : une meute de loups rôde.

La peur paralyse tes compagnons. Le chef, sa lance de silex dressée, scrute les environs avec une tension palpable. Toi, tu n'as pas le temps de céder à la panique. Un souvenir te revient : le cri déchirant d'un louveteau blessé et la réaction protectrice de sa meute. Une inspiration audacieuse te saisit.

D'une voix claire et vibrante, tu t'époumones, imitant à la perfection le cri d'un louveteau blessé. Le son déchirant emplit l'espace, traversant les arbres comme une lame. Un silence stupéfait s'abat sur la meute. Les loups, déconcertés, cessent leurs grondements menaçants. Leurs oreilles se dressent, leurs têtes se tournent, cherchant la source de cette détresse inattendue.

Tes compagnons, figés par l'effarement, te regardent avec des yeux écarquillés. Ils comprennent l'ingéniosité de ton stratagème. Le mâle dominant, désorienté par ce cri qui semble provenir d'un membre de sa propre famille, recule prudemment. Un espace s'ouvre devant vous, une voie de salut inespérée.

Ton cœur, un mélange tumultueux de terreur et d'excitation, bat à tout rompre. L'adrénaline coule dans tes veines, une affirmation puissante de ta volonté de survie et de ton intelligence face au danger. Ton apprentissage des loups, de leurs habitudes et de leur langage, porte ses fruits d'une manière extraordinaire, surpassant toutes tes espérances.

Un sentiment de triomphe et de validation emplit ton esprit. Le conflit interne qui te tourmentait depuis longtemps, cette lutte entre l'instinct de survie et la soif de connaissances, se résout enfin. Tu comprends que ta fascination pour le monde naturel, souvent perçue comme une excentricité, est en réalité une force, une source d'inspiration et d'innovation qui te rend unique et précieuse au sein de ta tribu.

Un choix crucial se dresse devant toi, un carrefour dans le voyage de ton âme. Deux chemins s'étendent devant toi, chacun menant à un destin différent.

Le premier chemin te ramène à ta tribu. Tu peux partager tes idées révolutionnaires de survie, enseigner à tes compagnons comment transformer l'observation et l'imitation en outils de protection. En choisissant cette voie, tu deviendras un agent de changement, semant les graines de l'innovation et de la coopération. Tu ouvriras la voie à un avenir où l'union et l'esprit d'équipe prévaudront, menant à un **CHAPITRE 6** rempli d'espoir et de progrès.

Le second chemin t'appelle vers les terres inconnues. Armée de ton esprit inventif et de ton courage indomptable, tu peux partir en quête de nouvelles aventures et de découvertes. La soif d'explorer l'inconnu te brûle, te poussant vers de nouveaux défis, de nouvelles terres et de nouvelles opportunités d'appliquer et d'étendre tes compétences en matière de survie et d'innovation. Ce chemin te mènera vers un **CHAPITRE 7** palpitant, rempli d'incertitudes et de surprises.

RESSOURCES RÉCUPÉRÉES PAR L'ÂME DANS CETTE VIE

Instinct de survie : force intrinsèque et souvent inconsciente qui pousse l'âme à éviter le danger et à préserver son existence. Il englobe une gamme de comportements et de réactions physiologiques qui permettent de faire face à des menaces immédiates

•••

et de maintenir la sécurité et le bien-être. Cet instinct peut se manifester par des réactions de combat, de fuite ou de figement en réponse à des situations perçues comme menaçantes.

Harmonie avec la nature : compréhension profonde et respect des cycles naturels, des écosystèmes et des autres formes de vie. Cela signifie reconnaître l'interdépendance entre l'humain et l'environnement naturel et agir de manière à préserver l'équilibre et la santé de la planète. L'harmonie avec la nature se traduit souvent par le respect de son environnement et le besoin de contact avec la nature.

Capacité de progrès : faculté de s'améliorer, de se développer et d'évoluer, que ce soit sur le plan personnel, professionnel ou sociétal. Elle inclut la capacité à apprendre de ses expériences, à s'adapter aux changements, à surmonter les obstacles et à innover. Cette capacité est essentielle pour atteindre des objectifs à long terme et pour répondre aux défis et aux opportunités qui se présentent.

Intuition : forme de connaissance ou de compréhension qui se manifeste sans recours à un raisonnement logique ou à une réflexion consciente. Elle est souvent décrite comme un « sentiment viscéral » ou une « voix intérieure » qui guide les prises de décision ou offre des aperçus soudains. L'intuition peut être basée sur des expériences passées, des perceptions subconscientes ou une sensibilité aiguë à l'environnement actuel.

Chapitre 2

L'aube s'éveille sur les rives du Nil, caressant la terre d'une lumière dorée. Tu te lèves, le cœur empli de gratitude pour ce nouveau jour qui s'annonce. La mélodie du fleuve, bercée par le chant des oiseaux, t'invite à une nouvelle rencontre avec la nature. Tes mains se joignent en une prière silencieuse, une offrande à Râ, le dieu Soleil, qui entame sa majestueuse ascension.

Le regard paisible, tu observes les champs verdoyants qui s'étendent à perte de vue. Le blé et l'orge, tels des tapis ondoyants, murmurent au vent matinal. Une douce satisfaction t'envahit à la vue de ces cultures promises à une récolte abondante, fruit de ton labeur et de ta vigilance. La vie au bord du Nil est un havre de paix, où l'harmonie règne entre l'homme et la nature.

Tes pas te mènent vers les champs verdoyants, où le blé et l'orge ondulent sous la brise matinale, tel un tapis d'or et d'émeraude. Tu observes avec satisfaction la croissance des plantes. Un sentiment d'harmonie profonde te lie à la terre, chaque grain et chaque tige portant la marque de ton dévouement.

La vie au bord du Nil est une symphonie de simplicité et d'entraide. Chacun, homme, femme et enfant, contribue aux tâches quotidiennes, tissant une toile de solidarité et de soutien mutuel. Les rires et les conversations animent les rives du fleuve, tandis que les anciens partagent leur sagesse, gardiens des traditions ancestrales. Tu observes ce spectacle familier avec un sentiment de paix et d'appartenance.

Mais aujourd'hui, une tension inhabituelle flotte dans l'air. Le ciel, d'un bleu limpide, et le Nil, ce compagnon constant, semblent murmurer une menace sourde. L'inquiétude s'installe dans le cœur des villageois. Les prêtres d'Amon ont prédit une inondation, une crue bien plus redoutable que les crues bienveillantes qui rythment habituellement la vie de la communauté. Le murmure de l'eau se mêle à celui de la peur, et tu sens que ton monde familier est sur le point de basculer.

Soudain, le ciel s'assombrit et le Nil se déchaîne. Les eaux calmes se transforment en une furie dévastatrice, engloutissant tout sur son passage. Des cris stridents déchirent l'air, des pleurs s'échappent de chaque maison, des animaux terrifiés se ruent dans tous les sens. Le chaos règne. Le Nil, autrefois paisible et nourricier, s'est transformé en un monstre déchaîné.

Tu cours vers ta demeure, le cœur battant à tout rompre. La panique te serre la gorge, tes yeux s'emplissent de larmes à la vue de ton village en ruine. Des maisons arrachées à leurs fondations, des champs dévastés, des familles entières séparées. Le désespoir est partout.

Sur une colline, tu t'arrêtes, hagard. Le spectacle est apocalyptique. Le Nil a tout submergé, transformant ton monde familier en un immense lac agité. Les visages des villageois autour de toi reflètent une détresse sans nom. Leurs yeux, d'habitude si paisibles, sont voilés de chagrin et de peur.

Tu vois une mère bercer son enfant endormi, ignorant si son mari est encore en vie. Un vieillard, autrefois robuste, fixe l'eau d'un regard vide, il a tout perdu. Ton propre chagrin s'efface face à la souffrance des autres. Tu te sens impuissant, submergé par l'immensité de la perte collective.

Ton esprit, autrefois un havre de paix, est maintenant assiégé par des interrogations douloureuses. Comment peut-on reconstruire après une telle catastrophe ? Où puiser la force nécessaire pour recommencer ? Tes yeux, qui se posaient autrefois avec confiance sur ton monde familier, contemplent maintenant un paysage de ruines, imprégné de peur et d'angoisse. L'image de ton foyer, jadis un sanctuaire de sécurité et de chaleur, englouti par les eaux déchaînées, te hante avec une intensité douloureuse. Tout ce que tu aimais – ta maison, tes biens précieux, les souvenirs transmis par tes ancêtres – a été emporté en un instant par la force inarrêtable du Nil. Où aller ? Comment entamer le long chemin de la reconstruction ? L'ampleur de la catastrophe te laisse au bord de l'abîme, impuissant.

Plongé dans un océan de désolation et de chagrin, tu te sens englouti, presque noyé par l'immensité de la perte collective. Autour de toi, les histoires de vies brisées se superposent, chaque récit ajoutant un poids supplémentaire à ton désespoir déjà écrasant. Pourtant, face à la souffrance de tes semblables, ton propre chagrin commence doucement à s'estomper, comme un brouillard se levant au petit matin. La reconnaissance de ta survie, en plein cœur de cette tragédie, t'apporte un semblant de paix, une lueur fragile dans l'obscurité qui t'entoure. Tu te surprends à relativiser tes pertes matérielles, prenant conscience que la vie, si fragile et précieuse, est le bien le plus inestimable.

Lentement, comme le lever du soleil dissipe les ombres de la nuit, tu commences à saisir que malgré l'ampleur des pertes, la résilience humaine est tout aussi immense. La douleur que tu éprouves est partagée par tous, et dans ce partage, tu trouves une force insoupçonnée, un lien invisible qui vous unit dans l'adversité. Cette compréhension, bien que douloureuse, est un premier pas vers l'acceptation des cycles inévitables de la vie.

Alors que les eaux tumultueuses du Nil commencent lentement à se retirer, révélant un paysage méconnaissable, ravagé et transformé, tu te mets à comprendre le rythme ancestral et inaltérable du fleuve. Ce Nil, à la fois source de vie et de destruction, suit un cycle immuable. Les inondations, aussi dévastatrices qu'elles soient, sèment également les germes de la régénération. Le limon fertile déposé par les crues promet de futures récoltes abondantes, une promesse de renouveau après la destruction. Cette catastrophe, malgré sa violence, fait partie intégrante des cycles de la nature. Comme le fleuve nourrit la terre de ses crues bienfaitrices, il apporte aussi changement et renouvellement. Dans cette prise de conscience, tu entrevois un chemin de l'acceptation à la reconstruction, une voie pour naviguer sur ces eaux agitées vers un avenir incertain mais nécessaire.

Au milieu de ce bouleversement, une lueur d'espoir apparaît. La vie, malgré les pertes et les épreuves, continue de s'écouler, implacable et indomptable. La reconstruction sera longue et ardue, mais elle est possible. Ce désastre naturel, qui t'a tout pris, t'offre également une perspective nouvelle sur la vie et ses cycles éternels. Tu choisis d'accueillir le changement, de relâcher les attaches matérielles et émotionnelles qui t'enchaînaient au passé. Tu commences à percevoir que dans chaque perte se cache une opportunité de renaissance et de renouveau.

Contemplant les eaux agitées avec un respect renouvelé, tu reconnais que, tout comme le Nil façonne et nourrit la terre, cette épreuve a façonné ton âme. Ce n'est plus seulement une lutte pour la survie, mais une profonde leçon sur la nature de l'existence. Tu sens en toi naître une force nouvelle, une sagesse accrue et une harmonie retrouvée avec le rythme éternel de l'univers. Chaque vague, chaque grain de sable emporté te rappelle la *transience* de la vie et l'importance de vivre pleinement, d'embrasser chaque instant avec gratitude et pleine conscience.

Dans cette réalisation, tu découvres une sagesse ancestrale, un savoir que les anciens avaient peut-être compris et accepté : la vie est un cycle sans fin, une série de naissances et de morts, de commencements et de fins. Le Nil, avec sa crue dévastatrice, t'a offert une perspective plus vaste sur la vie. Tu comprends maintenant que la vie n'est pas une ligne droite mais un cercle, un passage qui se déroule dans un mouvement perpétuel, un flux et un reflux constants.

Face à la puissance impétueuse du Nil et à la désolation qui en résulte, une étincelle d'inspiration naît en toi. Tu réfléchis profondément aux chemins que tu pourrais emprunter, chacun représentant une réponse différente à l'épreuve que tu viens de vivre.

Après avoir compris l'importance de la vie humaine, ton âme choisit d'explorer la complexité et la beauté de l'humanité. Ici, tu t'engages à approfondir ta compréhension et ton respect pour la diversité de la vie. Les leçons de tolérance et de sensibilité à de nouveaux aspects de l'existence humaine promettent de t'ouvrir à des horizons nouveaux. Ce chemin t'amène au **CHAPITRE 18**.

Alternativement, tu contemples un chemin plus intérieur. La force du Nil, sa capacité à apporter la vie et la mort, t'a profondément ému et te pousse à réfléchir sur la nature de l'existence. Tu envisages de plonger dans les mystères du monde, cherchant à comprendre les cycles de l'univers à un niveau plus profond. Ce choix te mène au **CHAPITRE 12**.

Sinon, ton âme, profondément touchée par la tragédie qui l'a accablée, décide d'alléger la peine des autres. Ce chemin de compassion et de service te mènerait au **CHAPITRE 19**.

RESSOURCES RÉCUPÉRÉES PAR L'ÂME DANS CETTE VIE

Éveil à la souffrance universelle : prise de conscience que la souffrance est une expérience commune à tous les êtres vivants. Cette prise de conscience engendre souvent de l'empathie, une compréhension plus profonde de la condition humaine et un désir d'aider et de soulager la souffrance des autres. Elle peut également mener à une appréciation accrue de la joie et de la beauté de la vie.

Transcendance de l'ego : reconnaître que l'identité personnelle n'est qu'une partie d'un tout plus vaste et agir de manière moins autocentrée. Cette transcendance est souvent associée à une plus grande humilité, à une ouverture d'esprit et à une capacité à se connecter plus profondément aux autres et au monde.

Résilience : capacité à faire face aux adversités, aux défis, aux épreuves ou aux traumatismes, et à en ressortir renforcé ou au moins rétabli. Cela comprend la capacité à s'adapter, à apprendre de l'expérience, à maintenir ou à retrouver rapidement un équilibre psychologique et émotionnel après avoir été confronté à des situations difficiles. La résilience est un mélange de force intérieure, de flexibilité et de récupération.

Conscience de la mort : reconnaissance et acceptation de la mortalité, tant la sienne que celle des autres. Cela peut inclure une compréhension de la nature éphémère de la vie, une réflexion sur le sens et la valeur de l'existence, et une prise de conscience de l'urgence

•••

•••

de vivre pleinement. Cette conscience peut conduire à une plus grande appréciation de chaque moment et à une réflexion plus profonde sur les choix et les priorités de vie.

3 Chapitre

Tu te réveilles, enveloppé par l'odeur terreuse de ta maison en briques d'argile. Les premières lueurs du jour éclairent Sumer, projetant des ombres dansantes sur les murs. Pas le temps de paresser, la responsabilité est immense.

Un rituel méticuleux rythme ton matin. L'eau fraîche nettoie ton corps et ton esprit, te préparant à la journée. Tu enfiles tes vêtements sobres mais élégants, symboles de ton statut élevé. Tu n'es pas un simple citoyen, tu es un scribe royal, un rôle prestigieux et respecté. Ton cœur bat la chamade : documenter la sagesse, les lois et les connaissances de ton peuple pour l'éternité devant les dieux.

Ton enfance à Sumer résonne encore en toi. Des jeux dont tu étais exclu, une jeunesse sacrifiée sur l'autel du savoir. Les nuits étaient longues, ton stylet grattant les tablettes d'argile tandis que les rires retentissaient au loin. Un dévouement qui a porté ses fruits : tu es devenu le scribe le plus respecté de l'école, un maître de l'écriture cunéiforme. Tes compétences sont inégalées.

Chaque matin, tu traverses les rues animées de Sumer, perdu dans tes pensées. Les marchands, les artisans et les agriculteurs vaquent à leurs occupations, mais ton monde est celui des mots et des textes. Parfois, tu te demandes ce que serait ta vie sans l'écriture, si tu avais le temps de rire, d'aimer, ou même d'avoir des amis.

À l'école, tes élèves t'accueillent avec respect et admiration. Tu leur enseignes bien plus que l'art de l'écriture, tu leur transmets une vision du monde, les aidant à structurer leurs pensées et à comprendre leur héritage. Chaque leçon est un acte de préservation, assurant que le riche savoir de Sumer survivra à travers les âges.

Cependant, ton rôle de scribe s'étend bien au-delà des confins de l'école. Aujourd'hui, une convocation royale t'attend, une mission d'une importance capitale. Tu te rends à la cour de Sumer, le cœur battant d'appréhension et d'anticipation. Le roi, d'une voix profonde et autoritaire, te remet une tablette d'argile vierge, symbole d'une tâche historique. Tu es désigné pour transcrire un traité de paix avec une cité voisine, un document qui façonnera l'avenir de ton peuple. Chaque mot que tu graveras doit être choisi avec la plus grande précision, car la moindre erreur pourrait menacer la stabilité même de l'Empire.

Installé à ton bureau, les tablettes et les outils de scribe méticuleusement disposés devant toi, tu ressens un mélange de fierté et de responsabilité grandissante. Chaque signe que tu es sur le point de graver portera les espoirs et les aspirations des générations futures. Les dieux eux-mêmes, tu en es persuadé, observent avec attention ta détermination à accomplir cette tâche avec le plus grand respect et la plus grande précision.

Tes doigts, usés par des années de pratique et de discipline, entament leur danse méthodique sur la douce surface d'argile. Chaque signe cunéiforme que tu graves est une extension de ta volonté, chaque ligne est l'expression de ton engagement envers l'ordre et la clarté. En tant que médiateur entre les hommes et les dieux, tu es le lien vivant qui transcrit les aspirations humaines dans un langage éternel.

Le roi, debout derrière toi, observe silencieusement ton travail. Sa présence imposante ajoute à la gravité de l'instant. Ce document n'est pas qu'un simple accord de paix, c'est un engagement envers un avenir de prospérité et d'harmonie. Chaque mot que tu graves est imprégné de l'espoir et de la volonté de milliers d'âmes aspirant à une ère nouvelle de coopération.

Lorsque le roi reçoit enfin le texte final, il examine chaque ligne avec une attention minutieuse. Ses yeux, d'ordinaire insondables, reflètent une lueur de satisfaction, révélant une admiration rare pour ton travail. Sa voix, résonnant dans la grande salle du palais, t'invite à le rejoindre dans une pièce aux colonnes majestueuses et aux fresques murales qui narrent l'épopée de ton peuple.

Devant le roi, tu t'inclines respectueusement, ton cœur battant sous ta robe de lin. Son regard te pèse, mélange de gravité et de bienveillance, avant qu'il ne brise le silence de sa voix profonde. « Scribe, déclare-t-il, ton travail sur ce traité de paix m'a impressionné par sa précision et sa clarté, mais aussi par ta compréhension profonde des enjeux et des responsabilités. Ta dévotion pour ton art et ta fidélité à notre peuple sont des qualités précieuses. »

Dans ce moment suspendu, un mélange de fierté et d'excitation te submerge. « En conséquence, poursuit-il, je t'offre une position permanente à ma cour. Tu seras chargé de documenter les affaires de l'État, de transcrire les lois et les édits, et d'assister les érudits dans leurs travaux.

Ta sagesse et ton savoir seront des atouts inestimables pour notre royaume. »

Tu te redresses, un sourire discret mais fier ourlant tes lèvres. Tu acquiesces avec gratitude, conscient que cette opportunité est un tournant dans ta vie. Non seulement tu auras accès à une richesse de savoir et à une influence sans précédent, mais tu seras également au cœur des décisions qui façonneront l'avenir de Sumer.

Alors que tu quittes la grande salle, les mots du roi résonnant encore dans ton esprit, tu sens un nouveau chapitre de ta vie qui s'ouvre devant toi, plein de promesses et de possibilités. Tu es prêt à embrasser cette nouvelle aventure, à graver chaque signe de ton histoire dans les annales du temps.

Fort de ton expérience en tant que scribe royal à Sumer, tu te retrouves à la croisée des chemins, conscient que ta maîtrise de l'écriture et ton esprit affûté t'ouvrent deux voies distinctes, chacune promettant une croissance et une évolution uniques.

Si tu choisis de parfaire tes connaissances et de devenir une âme érudite, le **CHAPITRE 21** t'attend. Sur ce chemin, le savoir et sa préservation seront au cœur de ta vie, te guidant vers une quête incessante de vérité et d'illumination.

Alternativement, si tu choisis de mettre au défi ton intelligence dans des situations complexes, le **CHAPITRE 8** t'ouvre ses portes. Ce choix te conduira à utiliser tes compétences en écriture et en réflexion pour naviguer dans les profondeurs de l'esprit et de la réflexion.

RESSOURCES RÉCUPÉRÉES PAR L'ÂME DANS CETTE VIE

Sens du devoir : conscience morale et éthique qui pousse une personne à agir de manière responsable et à s'acquitter de ses obligations. Cela implique un engagement envers les valeurs personnelles, familiales, professionnelles ou sociales, et la volonté de mettre l'intérêt collectif ou le bien-être d'autrui au-dessus des désirs personnels. Le sens du devoir est souvent associé à la fiabilité, à l'intégrité et au respect des engagements.

Soif d'apprendre et de comprendre le monde : force motrice qui incite à explorer, à découvrir et à grandir. Elle se manifeste par une curiosité insatiable et un désir constant d'acquérir de nouvelles connaissances. Cette soif mène à de grandes réalisations, à une vie plus riche et à une meilleure compréhension de soi-même et du monde.

Désir de transmission : besoin humain fondamental de partager ses connaissances, ses compétences et ses expériences avec les autres. Il se manifeste par une volonté de laisser un héritage, de contribuer à l'éducation et au développement des autres, et de perpétuer les traditions et les valeurs.

Humilité authentique et discipline personnelle : reconnaître sa propre valeur sans se sentir supérieur aux autres. Elle implique la reconnaissance de ses propres limites et erreurs, ainsi qu'une ouverture à l'apprentissage et à la croissance. La discipline personnelle, quant à elle, est la capacité à se contrôler et à rester concentré sur ses objectifs, en faisant preuve de persévérance et de détermination. Ensemble, l'humilité et la discipline forment une base solide pour le développement personnel et la réalisation de soi.

Chapitre 4

Sur les rives sinueuses du majestueux fleuve Sindhu, où chaque goutte d'eau est une bénédiction sacrée, une dispute ardente déchire ta communauté autrefois unie. Deux sages, éminents et respectés, s'affrontent avec des idéaux divergents, chacun défendant passionnément sa vision de la gestion de l'eau, cette ressource vitale. Leurs voix, puissantes et convaincantes, portent loin, mais c'est le poids de leur conflit sur les épaules de la communauté qui te préoccupe le plus.

La sécheresse qui s'abat sur ta terre n'est pas qu'un simple phénomène naturel ; elle attise les flammes de la discorde. Le Sage de l'Abondance, ses yeux brillant d'une vision expansionniste, voit dans cette crise une opportunité de progrès. Il prône une distribution généreuse de l'eau pour transformer des terres arides en champs fertiles. Ses paroles, emplies de promesses de récoltes abondantes, résonnent avec force parmi les villageois. Pourtant, tu discernes les dangers que cachent ses propositions.

En opposition, le Sage de la Conservation, dont les yeux portent les marques du temps et de la sagesse, prêche la prudence. Il met en garde contre les conséquences d'une surexploitation des ressources, plaidant pour une approche durable. Ses arguments, ancrés dans la préservation pour les générations futures, te semblent tout aussi convaincants.

Leur dispute, initialement confinée aux cercles de sagesse, se propage comme une traînée de poudre parmi les villageois. Le Sage de l'Abondance organise de grandes démonstrations d'irrigation, exhibant des terres autrefois arides transformées en champs fertiles. En revanche, le Sage de la Conservation organise des visites de puits asséchés, révélant les conséquences amères de la surexploitation.

La querelle se transforme en une véritable bataille d'ego, où chaque sage cherche à asseoir sa supériorité intellectuelle. Tu observes avec désarroi comment leurs disciples reprennent ces arguments à leur compte, amplifiant les tensions et les manifestations. Des villageois se disputent les droits sur les cours d'eau et les puits. Des bagarres éclatent lors de la construction de canaux et de barrages non autorisés, exacerbant les tensions entre les communautés voisines.

Au cœur du village, une confrontation électrique se déroule près du puits principal. D'un côté, des villageois désespérés, conduits par un jeune homme au regard brûlant de colère, exigent l'accès à l'eau, source vitale de leur survie. De l'autre, les partisans du Sage de la Conservation, stoïques et déterminés, s'opposent à toute utilisation excessive de l'eau, prônant une gestion durable pour les générations futures.

Le regard aiguisé, tu observes les visages crispés des villageois. Des enfants aux yeux remplis de peur, des femmes aux traits tirés par la soif, des hommes aux poings serrés de rage. La sécheresse a marqué son empreinte sur chaque visage, exacerbant les tensions et les divisions.

Tu te précipites au centre de la mêlée, t'interposant entre les deux groupes. D'une voix ferme et claire, tu t'adresses aux villageois, implorant le calme et la raison. Tu rappelles l'importance de la communauté, du partage et de la solidarité face à l'adversité.

Tes paroles, empreintes de compassion et de sagesse, parviennent à apaiser les esprits. Un calme relatif s'installe, laissant place à un dialogue hésitant. Les villageois, ébranlés par la violence fratricide, expriment leurs frustrations et leurs craintes.

Le Sage de l'Abondance, avec ferveur, exhorte la communauté à exploiter l'eau pour garantir la prospérité et la croissance. Il promet des récoltes abondantes, une vie meilleure pour tous, si seulement les villageois osent briser les chaînes de la prudence.

Le Sage de la Conservation, quant à lui, dresse un tableau sombre des dangers de la surexploitation. Il évoque des rivières asséchées, des terres arides et des générations futures condamnées à la misère. Sa voix grave et solennelle appelle à la sagesse et à la retenue.

Le choix est cornélien. L'abondance et la prospérité promises par le Sage de l'Abondance sont tentantes, mais les dangers de la surexploitation sont réels. La sagesse et la prudence prônées par le Sage de la Conservation semblent plus raisonnables, mais risquent de condamner la communauté à une existence misérable.

Tu prends ensuite la parole et proposes une énigme : « Imagine un arbre majestueux au bord d'une rivière. L'arbre puise son eau de la rivière pour croître, et la rivière est alimentée par les pluies apportées par les feuilles de l'arbre. Si l'arbre prend trop d'eau, la rivière s'assèche, si la rivière ne fournit pas assez d'eau, l'arbre meurt. Quel est le juste équilibre ? »

Le Sage de l'Abondance, perplexe, suggère que l'arbre doit être priorisé pour sa croissance, mais il hésite, conscient du risque de tarissement de la rivière. Le Sage de la Conservation propose que la rivière soit protégée, mais il est troublé par l'idée que cela pourrait condamner l'arbre. Tu expliques alors que le juste équilibre réside dans la symbiose.

« L'arbre et la rivière doivent coexister, se soutenant mutuellement. Ainsi en est-il de la croissance et de la conservation ; elles ne doivent pas se combattre, mais se compléter. »

Des murmures de prise de conscience se répandent parmi les spectateurs, beaucoup hochant la tête en signe d'accord.

Poursuivant, tu poses une question concrète : « Si deux familles partagent un puits, et que l'une utilise l'eau pour faire pousser des fleurs tandis que l'autre la garde pour des périodes de sécheresse, comment doivent-elles partager cette ressource pour assurer l'équilibre et la justice ? »

Le Sage de l'Abondance admet qu'une utilisation équitable est nécessaire, mais il est déchiré sur la manière de prioriser l'usage. Le Sage de la Conservation suggère un rationnement strict, mais il est confronté à l'idée que cela pourrait limiter inutilement la beauté et la joie apportées par les fleurs. Tu soulignes alors l'importance de la communication et du compromis : « Chaque famille a des besoins et des désirs valides. Elles doivent communiquer et comprendre les aspirations de l'autre. La clé est dans la négociation et le compromis, pas dans l'imposition d'une seule volonté. »

La foule acquiesce, appréciant la pertinence de ton approche. Des signes d'approbation et des discussions animées émergent, les gens réfléchissant à l'importance du dialogue et du compromis.

Enfin, tu présentes un dilemme : « Un fermier a une graine unique, capable de produire une récolte abondante, mais elle nécessite beaucoup d'eau. Doit-il la planter et risquer d'épuiser son sol, ou la garder en attendant des jours meilleurs ? »

Le Sage de l'Abondance penche pour la plantation immédiate, inquiet du risque potentiel de dégradation du sol. Le Sage de la Conservation conseille de conserver la graine, mais il est préoccupé par l'opportunité manquée d'une récolte abondante. Tu conseilles alors au fermier d'évaluer ses besoins actuels et futurs, suggérant une approche équilibrée : « Il peut expérimenter avec une petite partie de la graine, tout en préservant le reste pour plus de sécurité. Ainsi, il apprend et s'adapte, sans mettre en péril l'avenir. »

Alors que tu termines, les applaudissements éclatent, un symbole de l'unité retrouvée. Les sages, autrefois divisés, s'inclinent devant ta sagesse, reconnaissant le pouvoir de ton discours à unir et à guider.

Dans l'air vibrant de l'assemblée, ton discours final se dresse comme un phare de sagesse et d'unité. Tu t'élèves, ton regard balayant la foule suspendue à tes lèvres.

« Chers habitants de notre glorieuse cité, ta voix, ferme et claire, perce le silence, aujourd'hui, nous avons voyagé à travers les eaux tumultueuses de débats passionnés. Nous avons écouté les hymnes de la croissance et les chansons de la conservation, chacune jouant une mélodie distincte. Or, la vraie symphonie naît de l'harmonie entre ces notes, dans l'équilibre fragile mais essentiel entre le don et la retenue, entre le nourrir et le préserver. »

Tu fais une pause, ton regard intense captivant chaque âme présente. « Regardez le Sindhu, notre fleuve vénéré, serpentant avec dignité à travers nos terres. Il ne se précipite ni ne stagne, mais trouve sa voie dans un équilibre naturel. C'est ainsi que nous devons gérer nos trésors, comme l'eau, source vitale et bien précieux. »

Tu marques une pause, laissant tes mots imprégner les cœurs et les esprits. « Je vous propose donc une vision, une voie médiane qui honore à la fois l'abondance et la conservation. Imaginons des systèmes d'irrigation avancés, conçus non seulement pour arroser nos champs, mais pour le faire avec sagesse, en distribuant l'eau de manière égale et juste, en veillant à ce que chaque goutte soit utilisée de la façon la plus efficace. »

Tu termines, ta voix empreinte de force et de foi : « Nous plantons aujourd'hui les graines d'un avenir resplendissant, un avenir où notre ville rayonnera non seulement par sa prospérité, mais aussi par sa prudence. Que nos descendants se souviennent de nous, non avec regret, mais avec respect, pour les choix éclairés que nous faisons. Ensemble, édifions ce rêve. Ensemble, traversons ce pont vers un futur où l'abondance et la conservation ne sont pas adversaires, mais alliées, garantissant la survie et le rayonnement de notre peuple. »

Un silence respectueux s'installe à la fin de ton discours, rapidement rompu par une salve d'applaudissements. Les visages autrefois marqués par la division et l'incertitude s'illuminent d'espoir et de détermination, unis dans la quête d'un avenir équilibré et durable.

Après avoir apaisé le conflit et initié des changements déterminants pour l'avenir de ton village, tu t'accordes enfin un moment de solitude. Les étoiles scintillent au-dessus de toi, chacune semblant te montrer un nouveau chemin, une destinée à choisir. Deux voies s'offrent à toi, chacune menant à un avenir radicalement différent.

La première voie t'emmènerait à focaliser ton attention sur la communauté dans son sens large. Tu pourrais ainsi changer le destin de nombreuses personnes, en te concentrant sur des projets d'envergure qui améliorent la vie de tous. Ce chemin mène au **CHAPITRE 5**, où tu explorerais comment ton leadership et ta vision pourraient transformer la société et laisser une empreinte durable.

La seconde voie te pousse à comprendre les dynamiques familiales et à privilégier un cercle plus intime. Tu pourrais choisir de te concentrer sur la compréhension du lien intime, en t'efforçant d'appréhender des émotions profondes telles que l'amour. Ce chemin te mène au **CHAPITRE 22**.

RESSOURCES RÉCUPÉRÉES PAR L'ÂME DANS CETTE VIE

Sagesse pratique : capacité à appliquer des connaissances et des expériences de vie de manière judicieuse et efficace dans des situations quotidiennes. Elle implique le bon jugement, la prise de décision éclairée et la capacité à anticiper les conséquences de ses actions. Cette sagesse englobe également la compréhension des nuances des situations humaines et la capacité à naviguer dans la complexité avec discernement.

Transcendance des dualités : dépasser les modes de pensée basés sur les oppositions binaires telles que bien/mal, succès/échec, plaisir/douleur. Cela implique une compréhension plus nuancée et intégrée de la réalité, reconnaissant la complexité et l'interconnexion des expériences de vie. Cette approche permet de voir au-delà des étiquettes et des jugements simplistes, favorisant une perspective plus holistique.

Ouverture d'esprit : disposition à accepter et à explorer de nouvelles idées, des perspectives différentes et des expériences inconnues. Cela implique la flexibilité de pensée, la curiosité intellectuelle et la volonté de remettre en question ses propres croyances

•••

•••

et préjugés. Une âme ouverte d'esprit est généralement tolérante et réceptive à la diversité des pensées et des cultures.

Bonne communication : habileté à transmettre des informations, des idées ou des sentiments de manière claire, concise et efficace. Elle englobe l'écoute active, l'expression verbale et non verbale adéquate, et la capacité à adapter son message en fonction de l'auditoire. Une bonne communication implique également de l'empathie et de la sensibilité dans l'interaction avec les autres, facilitant ainsi la compréhension et la collaboration.

Chapitre 5

Tu joues sur le sol froid du palais royal, les murmures incessants de guerre et de vengeance berçant ton innocence. Ton père, le roi, un guerrier sculpté par des batailles interminables, t'inculque une rancœur profonde contre les envahisseurs. Chaque soir, il te berce de récits de gloire et de défaite, de terres usurpées et d'un peuple réduit à l'esclavage, attisant en toi la flamme de la résistance.

Les récits de conquêtes et de pillages, de héros tombés et d'un peuple humilié imprègnent ton jeune esprit. Ton père te montre les étoiles, te disant que chacune représente un guerrier tombé, un héros de votre peuple, ancrant en toi la haine de l'envahisseur comme un héritage indélébile.

Ton enfance se déroule au rythme des préparatifs à la guerre. L'art de la bataille n'est pas une simple théorie pour toi, mais une réalité viscérale que tu apprends au milieu du fracas des épées et du bruit des tambours. Les champs d'entraînement sont tes terrains de jeu, les généraux, tes mentors. Chaque cicatrice est une leçon de vie, chaque douleur un rappel de l'oppression que subit ton peuple.

Lorsque l'heure sonne enfin, ton éducation militaire se mue en une rage guerrière. Dès que tu peux brandir une épée, tu es plongé au cœur de la bataille. Sur le champ de bataille, ton courage brille comme un phare dans l'obscurité de la guerre.

Autour de toi, la violence se déchaîne. Chaque jour, tu te confrontes au sang, à la peur, à l'adrénaline qui coule dans les veines des guerriers. Les cris des mourants et le fracas des armes composent une symphonie chaotique. Mais loin de te briser, ces épreuves nourrissent ta détermination. Tu vois la peur dans les yeux de tes hommes, et tu la transformes en force.

Puis, un jour fatidique, ton père, le roi, succombe au combat. Sa chute te frappe en plein cœur. La douleur de la perte se mue en une rage brûlante, décuplant ta détermination. Animé par un feu intérieur inextinguible, tu te lances à corps perdu dans la bataille, bien décidé à repousser les envahisseurs et à venger l'honneur de ton père.

Sous ton commandement, chaque bataille se mue en une tempête impitoyable. Tu galvanises tes troupes, transformant leur désespoir en une volonté de fer. Ta présence sur le champ de bataille est électrisante, ta voix un tonnerre d'espoir. Tes hommes, autrefois brisés par la défaite, se battent désormais avec une rage et une énergie nouvelles, inspirés par ta bravoure et ton charisme.

Après des années d'une occupation humiliante, l'impensable se produit. Sous ta direction éclairée, les envahisseurs sont repoussés hors de vos terres ancestrales. Mais ta soif de justice ne s'arrête pas là. Tu poursuis les ennemis, les chassant définitivement de votre royaume dans des batailles d'une intensité inouïe.

Ces victoires, loin d'être de simples exploits militaires, révèlent au monde la force intérieure qui t'habite. Tu deviens un symbole de résistance, un héros forgé dans le feu de la guerre, un prince qui a transformé son chagrin et sa rage en une revanche éclatante.

De retour dans ton palais, couronné roi, tu écoutes les voix insistantes de tes conseillers, grisés par la victoire. Ils te poussent à étendre ton règne, à conquérir les terres de ceux qui t'ont autrefois asservi. « Transformons notre victoire en empire », clament-ils, avides de vengeance et de gloire.

Mais face à ces appels à la guerre, tu te dresses, un phare de sagesse dans une mer d'agitation. Contre toute attente, tu refuses. Dans tes yeux brille une lueur de clairvoyance qui dépasse ton jeune âge et ton expérience récente des champs de bataille. Tu sais, avec une certitude qui transcende les désirs de vengeance et les rêves de conquête, que la guerre ne profite jamais à personne.

Tu regardes au-delà des chants de revanche, au-delà de l'attrait trompeur des conquêtes éphémères. Tu comprends, avec une maturité qui étonne et inspire, que la véritable force d'un roi ne réside pas dans sa capacité à envahir, mais dans son pouvoir de bâtir la paix et la prospérité pour son peuple.

Tu te promènes dans les jardins du palais, respirant les parfums des fleurs nouvellement écloses. Chaque pétale, chaque brise te rappelle ta décision de choisir la paix plutôt que la vengeance aveugle. Tes pas te mènent à un mémorial dédié à ton père, le roi guerrier. Devant cette pierre gravée, tu te recueilles, une larme perlant au coin de ton œil. Ici, le souvenir de la guerre se mêle à celui du sacrifice.

Des enfants jouent dans les allées, leurs rires innocents contrastant avec les souvenirs sombres de ton enfance. Tu vois en eux l'avenir, un avenir que tu as choisi de façonner avec espoir et non avec des armes. Leur insouciance est le fruit de ta décision courageuse, un signe que les cicatrices du passé peuvent être guéries.

Le soir venu, tu te tiens devant ton peuple, ton discours résonnant non pas de mots de guerre, mais d'unité et de progrès. Tu parles de construire, non pas de détruire ; de planter des graines de savoir et de paix, non pas de semer la discorde. Ton regard se pose sur les visages de ton peuple, et tu y lis de l'admiration et du respect.

Maintenant que tu as évité une guerre de plus grande envergure, un choix crucial se présente. Devant toi s'ouvrent deux voies pour ton âme, chacune reflétant une facette de ta sagesse et de ton expérience.

La première voie t'invite à mettre en avant la ruse et l'intelligence plutôt que la domination brute. En choisissant cette voie, tu privilégierais la diplomatie, la stratégie et la négociation pour résoudre les conflits et étendre l'influence de ton royaume. Cela t'orienterait vers le **CHAPITRE 11**, où tu pourrais explorer comment utiliser ton esprit et ta sagacité pour naviguer dans le monde complexe.

La seconde voie te mène toujours plus loin dans les profondeurs du conflit et de la guerre. Même si tu as choisi la paix pour le moment, cette voie te préparerait à affronter les inévitables défis futurs avec une force et une détermination renouvelées. Ce chemin t'amènerait au **CHAPITRE 24**.

Alternative

Durant ton règne éclairé, une découverte émerge, porteuse d'espoir et de renouveau. Tes savants et agriculteurs ont mis au point une méthode agricole révolutionnaire, capable de transformer radicalement les pratiques de culture et de mettre fin à la famine qui sévit depuis des générations.

Cette innovation est une aubaine pour ton peuple, mais elle porte en elle un potentiel bien plus grand. Devant toi se présente un choix de portée historique : garder ce savoir précieux pour ton royaume, garantissant de cette manière la prospérité et l'abondance de tes sujets, ou partager cette connaissance avec le monde, offrant ainsi une chance à l'humanité de surmonter l'un de ses plus grands fléaux.

Si tu décides de partager librement cette découverte, ton choix conduira au **CHAPITRE 43**. Ce choix reflétera ton impact altruiste sur la survie de l'humanité. Néanmoins, il ne permettra plus à ton âme d'acquérir des ressources, mais élèvera ton esprit à un niveau supérieur.

RESSOURCES RÉCUPÉRÉES PAR L'ÂME DANS CETTE VIE

Capacité à inspirer et à diriger : habileté à guider, à influencer et à motiver les autres vers un but commun ou une vision partagée. Elle implique la prise de décisions stratégiques, la gestion efficace d'équipes et la capacité à inspirer et à encourager les autres. Elle implique également de faire preuve d'intégrité, de responsabilité, et d'avoir la capacité de communiquer clairement et d'écouter activement.

Lucidité dans le chaos : capacité de penser clairement et de rester concentré lors de situations tumultueuses ou confuses. Elle demande de garder son sang-froid, de faire preuve de discernement et de prendre des décisions réfléchies.

Sens de la justice et de l'équité : se traduit par la recherche d'un traitement juste et égal pour tous, sans discrimination ni favoritisme. Il vise à corriger les injustices et à garantir que chacun reçoive ce qui lui est dû en fonction de ses besoins et de ses contributions.

Courage de penser différemment : permet de remettre en question les idées reçues et de proposer des solutions nouvelles et innovantes. Cela implique la capacité de s'affranchir des dogmes et des conventions, de sortir des sentiers battus et d'explorer de nouvelles perspectives.

6

Chapitre

Les sommets escarpés des montagnes d'Anatolie, dans leur grandeur austère et majestueuse, se dessinent faiblement contre l'éveil timide du ciel. Alors que l'aube et le crépuscule s'entremêlent dans une danse silencieuse, tu es là, jeune villageoise hittite, seule, silhouette fugace embrassée par l'immensité de la nature. Le vent, tel un vieux conteur, murmure à travers les reliefs des secrets anciens, caressant les pierres et les herbes d'une main invisible, tandis que tu inspires à pleins poumons l'air frais du matin, un souffle pur et vivifiant qui te remplit d'une énergie nouvelle.

Tes pas, délicats et pourtant empreints d'une assurance inébranlable, tracent un chemin sur le tapis rocailleux. Ces instants, suspendus dans un temps immémorial, sont ton sanctuaire, un havre de paix où tu te retrouves, où tu renoues avec l'esprit des ancêtres qui ont foulé cette même terre.

Perdu dans une rêverie profonde, ton regard embrasse l'horizon quand soudain un cri déchire le voile de tranquillité, un son si poignant qu'il semble fendre l'air même de l'aube. Cet appel désespéré, chargé d'une douleur brute, fait vibrer quelque chose en toi, une corde sensible et primitive. C'est un appel que tu ne peux ignorer, une supplication qui réclame ton attention.

Poussées par un instinct inébranlable, tes jambes se mettent en mouvement, te guidant instinctivement vers la source de ce cri. Chaque foulée te rapproche de l'inconnu, de cet appel mystérieux qui a perturbé la paix de l'aube. Tu cours, portée par une urgence nouvelle, ignorante du danger.

Guidée par ces appels, tu découvres une scène bouleversante : une pouliche agonisante, à côté de sa mère inerte, victime des lions. Les histoires terrifiantes des anciens te reviennent en mémoire, celles qui dépeignent les chevaux comme des bêtes féroces, avides de chair humaine. Mais en observant la créature épuisée, ses yeux remplis de douleur et de peur, tu ne vois pas un monstre. Tu vois un être vivant, vulnérable, appelant à l'aide.

Approchant avec prudence, tu sens ton cœur battre à l'unisson avec celui de la pouliche. Elle te regarde, tremblante, épuisée. Ses blessures, bien que superficielles, parlent des jours d'agonie qu'elle a endurés, cachée, terrifiée, seule.

Tu t'agenouilles à ses côtés, tes genoux s'enfonçant doucement dans le sol humide de la forêt. Ta présence est un baume pour l'âme tourmentée de la pouliche. Tu tentes de la calmer par des murmures rassurants, comme tu le ferais pour un nourrisson. Les mots s'écoulent de tes lèvres comme une mélodie apaisante. À ta grande surprise, ces sons semblent atteindre la petite créature. Ses yeux effrayés se posent sur toi, une lueur d'espoir se mêlant à la douleur.

Ton cœur se serre en la regardant, si fragile et si désespérée. L'idée de la laisser succomber te transperce l'âme. Après un moment d'hésitation, ta décision est prise. Résolue, tu te lèves et retournes au village, le cœur battant, la tête pleine de plans. Tu rassembles du lait et des céréales, ignorant les regards curieux de tes parents. Malgré les légendes terrifiantes sur les chevaux, échos de ton enfance, ton esprit est entièrement absorbé par le sort de la pouliche en détresse.

À ton retour, tu la retrouves là où tu l'avais laissée, allongée, immobile, mais ses yeux s'illuminent à ta vue. Elle accueille la nourriture avec une faim vorace. En la touchant, tu sens la chaleur de son corps, sa respiration s'apaisant sous ta caresse. Elle est si tendre, si innocente. Tu sais alors, avec une certitude inébranlable, que cet être ne peut pas te faire de mal.

Les jours s'écoulent, et avec eux se tisse un lien indescriptible entre toi et la pouliche. Tu la soignes avec dévouement, lui parles comme à une vieille amie, la protèges des dangers cachés de la forêt. En échange, elle t'offre sa confiance, un trésor précieux dans un monde où la méfiance est la norme.

Pendant ce temps, au village, tes absences répétées commencent à alimenter les conversations. Des rumeurs circulent, évoquant un amant mystérieux que tu rencontrerais dans la montagne. Tu essaies de te soustraire à ces commérages, mais tu sens les regards de tes parents devenir de plus en plus lourds de suspicion. Dans ton cœur, tu gardes ce secret, consciente que ce que tu bâtis dépasse de loin les mots et les croyances du village, et tu préfères que personne d'autre ne s'immisce pour l'instant.

Un jour, alors que tu te rends vers ta pouliche, une présence familière te suit discrètement. C'est ton père. Il t'observe, curieux et inquiet, tandis que tu t'approches de l'animal pour le nourrir comme à ton habitude. Soudain, il surgit, hurlant de terreur, te pressant de te cacher de la vue de l'animal si dangereux. Mais au lieu de la peur, c'est un rire joyeux qui s'échappe de tes lèvres. Sous les yeux écarquillés et effarés de ton père, tu lui présentes ta compagne, la pouliche qui sautille joyeusement à côté de toi.

Son air incrédule te fait rire, alors que tu lui démontres la docilité inattendue de l'animal. Ton père, soulagé mais encore déconcerté, ne peut s'empêcher de se demander comment cet animal, jadis redouté, ne t'a pas dévorée. Patiemment, tu lui expliques que les chevaux sont parmi les créatures les plus douces et intelligentes de la Terre, et que les idées effrayantes à leur sujet ne sont que des superstitions colportées par l'ignorance.

Mi-convaincu, mi-résigné, ton père retourne au village, porteur de ton incroyable histoire. Les nouvelles de ton amitié avec la pouliche se répandent comme une traînée de poudre, attirant bientôt une foule de curieux venus assister à ce qu'ils considèrent comme un miracle. Ils te voient toucher le cheval, jouer avec lui, émerveillés et perplexes. La pouliche, elle, continue de grandir, atteignant presque ta taille. Les nuits où elle dormait dans tes bras, comme un jeune poulain, ne sont plus qu'un tendre souvenir.

Avec le temps, ta curiosité pour cette relation extraordinaire grandit. Un jour, guidée par une impulsion audacieuse, tu décides d'essayer de monter sur son dos. La sensation est électrisante, exaltante. Vous galopez ensemble, la pouliche semblant comprendre et partager ton plaisir. Cette symbiose entre vous est magnifique, presque magique.

Quand enfin vous vous arrêtez, ton visage est baigné de larmes d'émotion. Tu as été le vent, grâce à ta pouliche que tu aimes tant. Dans un geste de respect profond, tu la prends dans tes bras et t'agenouilles devant elle, comme tu le ferais devant la statue d'une divinité. Ce cadeau de l'amitié et de la confiance mutuelle est plus précieux que tout. Tu sais désormais que cette relation a changé ta vie pour toujours, ouvrant la voie à un monde nouveau.

Peu à peu, ton village, autrefois ancré dans la méfiance et la peur, commence à entrevoir le monde à travers tes yeux. L'intérêt pour cet animal unique, que tu as su apprivoiser et comprendre, s'intensifie jour après jour. Tu deviens une figure emblématique, celle qui a brisé les barrières de la peur, mais aussi celle qui a introduit une nouvelle ère de possibilités, d'innovation. Des hommes, impressionnés par ton courage et ta détermination, décident de suivre tes pas. Ils capturent plusieurs jeunes chevaux, espérant découvrir les secrets de cette relation unique que tu as forgée avec ta pouliche. Ils viennent te chercher, te demandant de les aider dans cette tâche ardue.

Au début, tu hésites, consciente de la responsabilité et du défi que cela représente. Mais guidée par ton amour pour les chevaux et ta patience inébranlable, tu acceptes. Face à la méfiance initiale des nouveaux chevaux, tu déploies les mêmes techniques de douceur et de compréhension qui t'ont permis de gagner la confiance de ta pouliche. Tu parles aux chevaux avec tendresse, en les approchant avec respect, leur montrant que tu ne leur veux aucun mal.

Après des mois de persévérance, de caresses et de soins constants, tu réussis à apprivoiser ces chevaux comme tu l'as fait avec ta pouliche. Tu les habitues à la présence humaine, à être caressés, guidés, et enfin à porter un cavalier.

Ta connexion profonde avec la pouliche et ton talent pour apprivoiser les chevaux t'ont menée à un moment décisif de ton existence. Devant toi s'ouvrent plusieurs chemins, chacun reflétant une direction différente pour ton âme curieuse et audacieuse.

Si tu désires comprendre l'importance de la vie, ce chemin t'amènera au **CHAPITRE 2**. Ici, tu exploreras les questions fondamentales de l'existence, cherchant à saisir le sens profond de la vie à travers tes expériences avec les chevaux et la nature.

Si tu préfères affûter ton esprit, tu te dirigeras vers le **CHAPITRE 3**. Ce choix te conduira à approfondir ta connaissance et ta compréhension du monde, en utilisant ta relation unique avec les chevaux comme une source d'inspiration pour ta quête intellectuelle.

Si tu te sens attirée par les compréhensions plus profondes de l'univers, tu prendras la voie du **CHAPITRE 10**. Sur ce chemin, tu chercheras à explorer les mystères de la Création et de l'univers, en te servant de ton lien avec les chevaux comme un miroir pour refléter les vérités cosmiques.

RESSOURCES RÉCUPÉRÉES PAR L'ÂME DANS CETTE VIE

Compassion innée : sensibilité profonde et naturelle aux souffrances ou aux besoins des autres, accompagnée d'un désir sincère de les soulager ou de les aider. Cette qualité permet de faire preuve d'empathie et de compréhension envers autrui, favorisant ainsi des relations humaines plus profondes et plus significatives.

Lien particulier avec les animaux : capacité naturelle à comprendre, à communiquer et à se connecter à eux. Cela peut se manifester par une facilité à interagir avec les animaux, à comprendre leurs besoins et comportements, et à établir avec eux une relation de confiance et de respect mutuel. La communication animale intuitive est possible.

Capacité innovatrice : capacité de percevoir instinctivement des solutions créatives et originales à des problèmes ou des situations. Elle combine l'instinct avec la pensée innovante, permettant de générer des idées novatrices ou de voir des possibilités là où d'autres ne voient que des obstacles.

Bon karma : accomplir de bonnes actions et avoir des intentions positives entraînent des conséquences positives dans le futur. Cela implique une compréhension de la connexion entre les actions et leurs effets sur notre vie et celle des autres, favorisant ainsi un comportement éthique et bienveillant.

Chapitre 7

Tu es là, sur la plage, les pieds enfoncés dans le sable chaud, les yeux rivés sur l'immensité bleue. Chaque vague qui s'écrase sur le rivage chante une chanson d'aventure et d'inconnu. Tu respires profondément, l'air salé te remplissant les poumons, et avec lui, un désir ardent de découvrir ce qui se cache au-delà de l'horizon.

Ton père, dans son atelier, façonne le bois avec une habileté héritée de générations. Mais pour toi, chaque copeau de bois, chaque navire qu'il construit représente une promesse, une évasion. Tu te faufiles souvent dans l'atelier, caressant le bois lisse, imaginant les mers qu'il traversera, les histoires qu'il racontera.

Les marins viennent et vont, chacun avec son récit, sa légende. Tu t'approches d'eux, les yeux brillants de curiosité. « Qu'avez-vous vu ? », « Quels dangers ? », « Quelles merveilles ? ». Tu les assailles de questions, buvant leurs paroles comme un nectar précieux. Leurs histoires te transportent, t'envolent vers des mondes exotiques, des civilisations lointaines, des créatures de légende.

Tu ressens chaque mot, chaque récit. Ton cœur bat au rythme des tempêtes qu'ils décrivent, tes mains tremblent à l'idée des trésors cachés. Dans ton esprit, tu navigues déjà sur ces mers tumultueuses, tu affrontes les dangers, tu découvres les secrets oubliés.

Ton père, témoin de ton enthousiasme, tente parfois de te ramener à la réalité. « La mer est traîtresse, la vie d'un marin est dure », dit-il. Mais pour toi, chaque avertissement n'est qu'une étincelle de plus dans le feu de ton ambition.

Dans ton monde, chaque coucher de soleil sur la mer est une invitation, chaque navire qui quitte le port un appel. Tu la sens au plus profond de toi, cette certitude indéniable : ton destin n'est pas ici, sur cette terre ferme, mais là-bas, parmi les vagues et les étoiles.

Et chaque nuit, en te couchant, tu ne vois pas le plafond de ta chambre, mais un ciel étoilé infini, promesse de l'aventure à venir. Tu t'endors avec un rêve, un rêve où tu es le capitaine de ton destin, bravant les mers, écrivant ta propre légende.

Le quotidien, autrefois rythmé par le son des marteaux et le parfum du bois fraîchement coupé, te pèse de plus en plus. Chaque jour passé à l'atelier sous l'œil attentif de ton père te rappelle ce que tu n'es pas, ce que tu ne veux pas devenir. Tu es un oiseau en cage, avide d'espace et de liberté. Ton âme aspire à l'immensité de la mer, à l'aventure qui te promet de te révéler à toi-même.

Un jour, alors que tu aides ton père à livrer des pièces taillées à un capitaine, une conversation capte ton attention. Le capitaine parle d'une traversée extraordinaire, un périple de plusieurs années autour de la mer, à la découverte de contrées lointaines et de peuples mystérieux. Les risques sont grands, peu de marins osent s'y aventurer.

Ton cœur s'emballe. C'est l'opportunité que tu attendais, le signe que tu guettais.

Avec une audace qui te surprend toi-même, tu t'approches du capitaine et te proposes pour l'expédition. Il te jauge d'un regard perçant, te jugeant trop jeune, trop inexpérimenté. « Tu es bien trop frêle et tu ne sais rien de la vie en mer », dit-il en riant. Mais tu ne te laisses pas démonter.

Tu le défies de t'interroger. Tu démontres ta connaissance des bateaux, chaque pièce, chaque fonction. Tu racontes les histoires de mer que tu as apprises, les routes commerciales, les courants marins. Le capitaine, d'abord sceptique, ne peut cacher son impression. Tu insistes, la voix vibrante de détermination : « Je suis prêt à embarquer. »

Le départ est fixé dans deux jours. Ces deux journées te semblent à la fois une éternité et un souffle. Tu es partagé entre la peur de l'inconnu et l'excitation de l'aventure qui t'attend. La nuit précédant le départ, tu ne trouves pas le sommeil, ton esprit est un tourbillon d'émotions contradictoires.

Le matin tant attendu arrive. Tu es nerveux, déterminé, mais aussi tiraillé par la culpabilité de ne pas avoir prévenu ton père. Tu sais qu'il essaierait de t'en empêcher. Plusieurs fois, tu hésites, ton pas se fait lourd en direction du port. Chaque pas est un combat intérieur, un mélange de loyauté envers ton père et de fidélité à tes rêves.

Enfin, tu te tiens là, devant le navire qui sera ta maison pour les années à venir. Tu respires profondément, regardant une dernière fois vers la terre ferme, vers l'atelier de ton père, vers tout ce que tu laisses derrière toi. Puis, avec un soupir mêlé d'excitation et d'appréhension, tu franchis le pont du bateau.

Le navire s'éloigne du quai, laissant derrière lui le tumulte de la ville et les souvenirs de ton ancienne vie. Tu sens le vent salé fouetter ton visage et tu observes le paysage familier se réduire à l'horizon. Un sentiment d'excitation et d'appréhension mêlées t'envahit.

Devant toi s'étend l'immensité bleue, une invitation à l'aventure et à la découverte. L'infini des possibles se déroule à perte de vue, promettant des merveilles et des dangers insoupçonnés. Tu es prêt à vivre intensément, à te laisser emporter par les flots de l'aventure et à te découvrir toi-même au-delà de tes limites.

Après des années en mer, tu te retrouves à un carrefour décisif de ton périple. Les découvertes que tu as faites t'ont ouvert des chemins inattendus, chacun avec ses promesses et ses défis. Pour ton âme, deux choix s'offrent à toi, chacun reflétant une facette différente de ton âme d'explorateur.

Le premier choix t'invite à faire ta place dans la société en tant qu'individu. Tu pourrais utiliser tes connaissances et ton expérience pour t'élever, pour devenir une figure respectée et influente. Ce chemin te mènerait vers le **CHAPITRE 16**, où tu explorerais comment ta soif d'aventure et tes découvertes pourraient te propulser dans les hautes sphères de la société, te permettant de laisser une empreinte indélébile sur le monde.

D'autre part, tu apprécies la vie en communauté et préfères lui donner un avantage. Tu pourrais choisir de partager tes découvertes et ton savoir avec les autres, contribuant ainsi au bien-être collectif. Ce choix te conduirait au **CHAPITRE 4**, où tu te dédierais à l'enseignement et à la diffusion de tes connaissances, aidant les autres à naviguer dans leurs propres voyages et à construire une communauté plus éclairée et unie.

Une opportunité se présente. Un concurrent menace ton commerce maritime. Tu as l'option de saboter son navire, en engageant des pirates, pour assurer ta richesse et offrir une vie de sécurité à ton pauvre père resté en Phénicie. Cependant, cette décision entraînerait la perte de vies innocentes, un poids lourd sur ta conscience. Choisir cette voie te conduirait au **CHAPITRE 42**.

RESSOURCES RÉCUPÉRÉES PAR L'ÂME DANS CETTE VIE

Curiosité : désir naturel d'apprendre, de découvrir et de comprendre. Elle pousse l'âme à explorer son environnement, à poser des questions et à chercher de nouvelles expériences. La curiosité est la force motrice derrière l'innovation et l'acquisition de connaissances, elle ouvre l'esprit à de nouvelles idées et perspectives.

Courage et audace : capacité à affronter la peur, la douleur, le danger, l'incertitude ou les intimidations. L'audace, étroitement liée au courage, est la volonté de prendre des risques ou d'entreprendre des actions malgré les incertitudes et les éventuelles conséquences. Ensemble, le courage et l'audace permettent de surmonter les obstacles et de poursuivre ses objectifs malgré les défis.

•••

Autodidacte : être autodidacte signifie avoir la capacité et la volonté d'apprendre et de se former par soi-même, souvent en dehors d'un cadre éducatif formel. Cela implique une grande motivation personnelle, une capacité à rechercher et à assimiler des informations, et la discipline nécessaire pour acquérir des compétences ou des connaissances de manière autonome.

Vision et imagination : capacité de voir au-delà de l'état actuel des choses et d'imaginer ce qui pourrait être possible dans le futur. Elle implique de penser de manière créative et stratégique pour élaborer des plans ou des idées qui anticipent et façonnent l'avenir. L'imagination, quant à elle, est la faculté de l'esprit à créer des images, des idées, des concepts ou des mondes qui ne sont pas présents à la perception sensorielle. Elle est essentielle pour l'innovation, la création artistique et la résolution de problèmes.

8
Chapitre

Le soleil est déjà haut dans le ciel lorsque tu émerges, péniblement, des brumes de la nuit précédente. L'agora est un foisonnement de vie et de bruit, un contraste violent avec ton état intérieur. Tu te fraies un chemin à travers la foule, le ventre creux, la tête battante sous les coups d'une migraine implacable. La nuit a été longue, trop longue, marquée par l'excès et l'oubli. Le vin a coulé sans fin, les rires de tes compagnons d'infortune sonnant aussi faux et creux que les coupes que tu as vidées l'une après l'autre.

Tu te sens épuisé, émotionnellement et physiquement. Fatigué de ces nuits interminables, de cette quête sans fin de plaisirs éphémères. Les corps offerts, les caresses des prostituées, autrefois sources d'un plaisir fugace, te laissent désormais froid, insensible. Tu en as assez des mascarades, des sourires forcés de ceux qui gravitent autour de toi, cherchant à profiter de ta position, de ton nom. Chaque sourire calculé, chaque éclat de rire artificiel des courtisans t'écorche un peu plus l'âme, te rappelant cruellement le vide abyssal de ton existence.

Tu avances, ton esprit noyé dans un tourbillon de pensées sombres. Soudain, une voix incisive et puissante fend l'agitation de l'agora, captant ton attention. Elle est suivie d'applaudissements nourris. Curieux et cherchant à échapper à tes propres ruminations, tu te diriges vers la source de cette agitation. Là, un vieux philosophe, debout sur un promontoire, dispense son enseignement.

Au début, son discours est une intrusion indésirable dans tes réflexions maussades. Pourtant, malgré toi, tu te surprends à écouter avec plus d'attention. Il parle de thèmes éternels – la vie, la mort, l'essence même de l'existence – et avec chaque mot, chaque phrase, un écho se forme en toi, vibrant d'une étrange résonance. C'est d'abord juste un murmure dans ton esprit, mais plus tu écoutes, plus ce murmure se transforme en un appel, presque irrésistible.

C'est comme si, pour la première fois depuis longtemps, tu entendais des mots qui parlent directement à ton âme, qui éveillent en toi un désir de comprendre ce qui se cache derrière le simple fait d'être en vie.

Ces paroles agissent en toi comme un catalyseur. Subitement, tu es avide de comprendre, de chercher, de découvrir. Tu sens en toi naître un désir brûlant de savoir, de dépasser les limites de cette existence superficielle. Comme en transe, tu te rapproches encore plus de lui pour le regarder avec attention. Tu es irrésistiblement attiré par cet homme, par ses idées qui défient toute conception antérieure. Avant même d'en prendre pleinement conscience, tu sais que tu le suivras. Tu apprendras de lui, tu plongeras dans les profondeurs insondables de la philosophie, naviguant dans ses courants tourbillonnants et enivrants. C'est une décision qui marque un tournant dans ta vie, un engagement vers un voyage intellectuel et spirituel sans retour.

Tes premiers pas dans cette quête te confrontent à l'éphémère. Le philosophe, maintenant devenu ton maître, t'enseigne que les plaisirs terrestres, bien que séduisants, sont comme des ombres fugitives. Ils ne sauraient apporter une satisfaction durable. Avec une clarté implacable, il détricote les illusions des ambitions mondaines. Tu apprends que la gloire, la richesse, les plaisirs sensuels ne sont que des leurres, des mirages qui te détournent de la véritable essence de la vie. Chaque leçon est un pas de plus loin des distractions superficielles, un voyage vers une compréhension plus profonde de ce qui importe vraiment.

La vertu, tu apprends, n'est pas une simple notion morale ; c'est le pilier sur lequel repose une vie pleine de sens. Tu t'efforces de trouver l'équilibre parfait entre ton esprit et ton corps, cherchant une harmonie qui transcende la simple existence physique.

La notion d'*eudaimonia*, ce bonheur profond et durable qui émerge d'une vie vertueuse et intentionnelle, devient ton objectif ultime. Ces idées, autrefois abstraites, se transforment en une carte pour naviguer dans la complexité de la vie. Elles t'enseignent à chercher un contentement qui ne dépend pas des caprices de la fortune, mais qui est enraciné dans la poursuite de la sagesse et de l'équilibre.

Ton maître t'initie à la théorie platonicienne des Formes, révélant des vérités éternelles et immuables qui se cachent au-delà du voile du monde physique. Cette révélation est comme un lever de soleil dans ton esprit, illuminant une nouvelle perception de la réalité. Tu commences à voir le monde matériel non pas comme la vérité ultime, mais comme une ombre pâle d'une réalité plus profonde, plus significative.

Cette compréhension te bouleverse. Les choses matérielles, les plaisirs éphémères, perdent leur éclat face à cette nouvelle vision du monde. Tu te retrouves fasciné par l'idée que derrière chaque forme, chaque objet se cache une essence pure, une vérité immuable. C'est une révélation qui te guide vers une quête de sens plus vaste, te poussant à chercher la vérité non dans le superficiel, mais dans la profondeur de l'existence elle-même.

Alors que tu avances dans ton parcours philosophique, ton maître, avec ses yeux qui semblent sonder l'âme, t'ouvre à des concepts plus profonds encore. Outre la fugacité des plaisirs terrestres et la poursuite de l'*eudaimonia*, il te plonge dans le monde captivant de la dialectique et de la maïeutique.

La dialectique, il t'explique, n'est pas une simple joute verbale ; c'est un art de penser, une méthode pour explorer la vérité à travers le dialogue et la contradiction. À travers cet art, tu apprends à déconstruire les arguments, à affiner ta pensée, à atteindre une compréhension plus claire et plus nuancée des sujets complexes.

Quant à la maïeutique, elle s'avère être une révélation en soi. Ton maître t'enseigne comment, à l'instar de Socrate, utiliser des questions pour guider autrui vers la prise de conscience de ses propres connaissances et croyances. Il te montre comment cette méthode peut révéler des vérités cachées dans l'esprit de chacun, comment elle peut éveiller une compréhension personnelle et profonde, plutôt que de simplement transmettre des connaissances.

En plus de ces méthodologies, ton maître t'introduit aux principes de la logique aristotélicienne. Tu apprends à discerner la structure des arguments, à identifier les syllogismes et à comprendre comment la raison peut être utilisée pour parvenir à des conclusions solides et incontestables.

Enfin, il t'emmène dans le domaine de la métaphysique. Tu explores des questions sur l'être, l'existence, la réalité. Tu apprends à différencier l'essence de l'accident, l'universel du particulier. Ces concepts, qui semblaient autrefois lointains et abstraits, commencent à prendre forme dans ton esprit, t'offrant un nouveau prisme à travers lequel voir le monde.

Chaque leçon que tu reçois s'ancre en toi, pas seulement dans ton esprit, mais dans chaque fibre de ton être. Les discussions avec le philosophe t'emportent vers des horizons de pensée inexplorés, audacieux. Parfois, tu te sens comme un navigateur perdu en haute mer, parfois comme un explorateur ébloui par de nouveaux mondes, mais toujours, tu es intensément vivant, vibrant au rythme des idées révolutionnaires. La philosophie n'est plus un simple sujet d'étude, elle devient l'air que tu respires, le battement de ton cœur, l'essence de ton existence.

Ce voyage initiatique auprès du philosophe te métamorphose de l'intérieur. Tu émerges de cette forge intellectuelle et spirituelle comme un être transfiguré. Les chaînes de ta jeunesse, de ton ancienne vie, se sont brisées. Tu n'es plus le jeune homme insouciant qui a un jour franchi les portes de l'agora. Non, tu es maintenant une entité nouvelle, illuminée de l'intérieur, porteuse d'une sagesse et d'une clarté qui irradient au-delà de ta propre existence.

Alors que tu émerges de cette intense période d'apprentissage, tu te rends compte que tu n'es plus celui que tu étais. Transformé, éveillé, tu es devenu un penseur indépendant, porteur d'une vision et d'une compréhension qui transcendent ta propre existence. Tu es prêt à disséminer cette lumière nouvellement acquise, à partager ton feu intérieur avec le monde.

Deux sentiers se déploient devant toi, chacun promettant une aventure différente.

D'un côté, tu envisages d'utiliser tes connaissances et ton acuité intellectuelle pour naviguer habilement dans la vie, te libérant des contraintes habituelles et profitant pleinement des plaisirs qu'elle offre. Ce choix suggère une vie où tu pourrais, par ta compréhension de l'esprit humain, te mouvoir avec aisance dans toutes les difficultés que tu vas rencontrer.

Ce chemin te mène au **CHAPITRE 32**, où tu exploreras comment la sagesse et la perspicacité peuvent te permettre de vivre une existence plus libre et plus épanouissante.

De l'autre, tu pourrais choisir de réellement tester tes théories dans la dureté des émotions humaines. Seras-tu à la hauteur de tes enseignements ou bien te laisseras-tu happer par le poids de l'incarnation ? Ce choix t'invite à affronter la complexité des relations humaines, à éprouver la solidité de ta philosophie face aux aléas de la vie. Tu te dirigeras alors vers le **CHAPITRE 18**, où tu seras confronté à des situations qui mettront à l'épreuve tes convictions et ta capacité à rester fidèle à tes principes dans un monde imparfait.

RESSOURCES RÉCUPÉRÉES PAR L'ÂME DANS CETTE VIE

Esprit critique : capacité à analyser et à évaluer de manière objective et raisonnée des informations ou des situations. Cela implique une pensée indépendante, le questionnement des prémisses et des conclusions, et l'examen minutieux des preuves et des arguments. L'esprit critique permet de distinguer la vérité de la fiction, de reconnaître les biais et les erreurs de raisonnement, et de prendre des décisions éclairées basées sur des analyses logiques et des preuves tangibles.

Harmonie intérieure : état de paix, d'équilibre et de bien-être au niveau mental et émotionnel. Cela se manifeste par une tranquillité d'esprit, une acceptation de soi et une congruence entre ses pensées, ses émotions et ses actions. L'harmonie intérieure est souvent le résultat d'une introspection profonde, de la maîtrise de soi

•••

et de la capacité à gérer les émotions et le stress de manière saine. Elle permet de vivre avec sérénité, en alignement avec ses valeurs et ses convictions personnelles.

Illumination intellectuelle et émotionnelle : éveil ou compréhension profonde à la fois sur les plans intellectuel et émotionnel. Cela implique une prise de conscience et une compréhension accrue de soi, des autres et du monde. Sur le plan intellectuel, cela peut signifier la saisie de concepts complexes ou la résolution de problèmes difficiles. Sur le plan émotionnel, cela implique une profonde empathie, une sensibilité accrue et une capacité à comprendre et à se connecter aux émotions propres et à celles des autres.

Transformation personnelle : processus par lequel une personne subit un changement significatif dans sa manière de penser, de ressentir ou d'agir, conduisant à un nouveau niveau de compréhension de soi et du monde. Cette transformation peut être le résultat d'expériences, d'apprentissages ou de prises de conscience. Elle implique souvent un changement profond dans les croyances, les valeurs ou les comportements, et mène à une croissance personnelle, à une meilleure qualité de vie et à un sens accru du but et de la direction dans la vie.

Chapitre 9

Dans les couloirs feutrés du Sénat, où les jeux de pouvoir se tissent dans l'ombre, tu te retrouves face à un choix qui menace de te consumer de l'intérieur. Des sénateurs du parti adverse, connus pour leur ruse et leur ambition démesurée, t'approchent en secret. Leur proposition est aussi tentante qu'elle est dangereuse : rejoindre leurs rangs et participer à un complot visant à empoisonner des membres clés du Sénat, des obstacles à leur ascension au pouvoir.

Le poste qu'ils te proposent, tu le convoites depuis des années. Une position élevée, un sommet de pouvoir et d'influence que tu n'as jamais pu atteindre. L'ambition, un feu longtemps contenu, commence à crépiter en toi. Les paroles des conspirateurs résonnent, promettant gloire et puissance, te plaçant au cœur de l'arène politique romaine.

Dans le silence de ta chambre, loin des murmures du Sénat, tu te confrontes à un dilemme qui te torture. La proposition des conspirateurs, bien qu'insidieuse, réveille en toi des pensées que tu avais longtemps réprimées. Ces hommes que l'on te propose d'éliminer, ces sénateurs qui tiennent les rênes de la République, leur incompétence te saute aux yeux chaque jour.

Tu les as vus, engoncés dans leurs toges, se vautrer dans la luxure et l'opulence, négligeant les affaires de l'État pour des plaisirs éphémères. Leur gestion des affaires romaines te semble désastreuse, une myopie politique menaçant l'avenir même de la République. À maintes reprises, tu t'es demandé si Rome ne serait pas mieux sans eux, libérée de leur influence stérile et égoïste.

D'un autre côté, les conspirateurs te présentent une vision de Rome renouvelée, une Rome où les affaires politiques sont menées avec intelligence et dévouement. Ils parlent de réformes, de projets pour améliorer la vie des citoyens, de relancer l'économie et de restaurer la gloire de la République. Dans leurs yeux, tu vois une lueur qui te semble être celle de la sincérité et de l'ambition pour le bien commun. N'est-ce pas, après tout, une opportunité d'améliorer le sort de la République ?

Ce conflit intérieur te tourmente. Si tu trahis tes principes moraux, tu pourrais, paradoxalement, servir un plus grand bien. Dans ton cœur, tu sens qu'éliminer ces hommes pourrait effectivement rendre service à la République. Leur disparition ferait place à de nouvelles idées, à une gestion plus rationnelle et visionnaire des affaires de l'État.

Mais cette pensée te hante. Peut-on vraiment bâtir un avenir sur le sang et la trahison ? Peut-on bâtir un avenir meilleur sur des fondations corrompues ? Cette idée de trahir non seulement tes pairs, mais aussi tes propres valeurs ébranle ton âme.

La nuit est longue alors que tu pèses chaque argument, chaque conséquence possible. Tu visualises les deux Rome : l'une, stagnante sous le poids de l'incompétence actuelle ; l'autre, peut-être plus prospère, mais née d'un acte de trahison.

La décision que tu dois prendre n'est pas seulement politique, elle est profondément personnelle et morale. La tentation de la facilité, de l'ascension rapide, se heurte à la dure réalité de tes convictions.

Dans ces moments de solitude, tu revis les leçons de ton passé, les enseignements de tes mentors. Rome ne s'est pas bâtie par la trahison, mais par la force de la loi, l'équité et le respect des traditions. Accepter cette proposition, c'est non seulement trahir tes principes, mais aussi t'engager sur un chemin sans retour.

Après une nuit de réflexion et de tourments, tu arrives à une conclusion. Bien que séduisante, la voie de la conspiration est un chemin que tu ne peux emprunter. Tu choisis de rester fidèle à tes principes, même si cela signifie endurer et combattre la médiocrité et la décadence à armes égales. Car au fond de toi, tu sais que la véritable grandeur de Rome ne peut être forgée dans les ombres de la trahison et du mensonge.

Peu de temps après, la conspiration secrète est exposée au grand jour. Les conspirateurs, pris dans les filets de la justice, sont arrêtés et traînés devant le tribunal et condamnés à mort. Leurs noms, autrefois respectés, sont désormais synonymes de trahison et de honte.

Si tu avais cédé à la tentation, tu aurais partagé leur sort funeste. Tu aurais été emporté dans leur chute, ta réputation ruinée, ta vie et ta carrière réduites à néant. En choisissant de rester fidèle à tes valeurs, tu as non seulement sauvé ton honneur, mais aussi ta vie.

L'écho de leur chute résonne dans les halls du pouvoir, servant d'avertissement à tous ceux qui seraient tentés par la voie de la trahison. Toi, par contre, tu ressors de cette épreuve renforcé, ton intégrité intacte. Tu es désormais vu non seulement comme un sénateur compétent, mais aussi comme un homme de principes inébranlable, un pilier de la vertu dans un monde où celle-ci est souvent une monnaie en voie de disparition.

Dans les jours qui suivent, tu comprends, avec une clarté éclatante, que commettre une mauvaise action, même dans un but altruiste, ne peut semer que les graines de futures discordes. Une action malhonnête, même si elle apporte un soulagement immédiat ou un avantage tangible, est comme un poison lent. Elle se propage insidieusement, sapant les fondations de la confiance et de la moralité sur lesquelles repose une société saine.

Tu réalises que seules l'intégrité et l'honnêteté ont le pouvoir véritable de changer les esprits et de modeler l'avenir. Même si une action répréhensible peut sembler efficace à court terme, les conséquences à long terme sont souvent désastreuses, engendrant la méfiance, l'amertume et la corruption. La vérité, bien que parfois difficile et douloureuse, est l'unique terreau sur lequel peuvent fleurir la paix et le progrès authentiques.

Tu penses aux grands hommes de Rome, à ceux qui ont bâti la République sur des principes de justice et de courage. Leur héritage perdure non pas parce qu'ils ont choisi la facilité ou la ruse, mais parce qu'ils ont agi avec honneur et droiture. Ces valeurs, tu le sais maintenant, sont les véritables piliers d'une société florissante et juste.

Ainsi, fort de ces enseignements, se dressent maintenant deux chemins cruciaux, chacun marquant une direction distincte pour ton âme.

Le premier chemin t'invite à te plonger dans la profondeur et la richesse du savoir. Inspiré par les épreuves que tu as surmontées, tu décides de consacrer ta vie à l'éducation et à l'illumination des autres. En partageant ta sagesse et ton expérience, tu espères élever la conscience collective. Ce chemin te mènerait au CHAPITRE 36.

L'autre voie te propose, après avoir atteint les sommets sociaux, de te faire expérimenter la pauvreté et la misère. Cette épreuve ultime testera la solidité de ton intégrité et de ta vertu. Dans ce voyage d'humilité et de compréhension, tu découvriras si tu peux maintenir ta droiture même dans les conditions les plus adverses. Ce chemin t'amènera au **CHAPITRE 33**.

RESSOURCES RÉCUPÉRÉES PAR L'ÂME DANS CETTE VIE

Force morale : qualité intérieure qui permet de surmonter les épreuves et les difficultés de la vie avec courage, dignité et persévérance. Elle se manifeste par une volonté inébranlable de faire face aux défis, de défendre ses valeurs et de rester fidèle à ses principes, même dans les moments les plus sombres.

Vision à long terme et responsabilité : capacité de voir au-delà de l'immédiat, de planifier et de préparer l'avenir en tenant compte des conséquences à long terme des actions présentes. Elle implique la compréhension des tendances, des enjeux et des possibilités futures et la préparation adéquate pour les affronter. La responsabilité se réfère à l'obligation de rendre compte de ses actions, de les assumer pleinement, et de réparer les erreurs commises. Elle implique un engagement envers la fiabilité, la confiance et le respect des engagements et des obligations.

Sagesse et discernement : capacité de penser et d'agir en utilisant la connaissance, l'expérience, la compréhension, le bon sens et l'intuition. Elle implique

•••

•••

une profonde compréhension des personnes, des choses, des événements ou des situations, permettant d'appliquer des jugements justes et équilibrés. Le discernement est la capacité à juger bien et clairement, à comprendre la différence entre ce qui est juste et ce qui est faux, ou ce qui est souhaitable et ce qui ne l'est pas, souvent dans des situations complexes ou ambiguës.

Intégrité et honneur : l'intégrité est la qualité d'être honnête et d'avoir des principes moraux forts ; c'est une cohérence de caractère. Elle implique la sincérité, la fiabilité et la droiture. L'honneur est un concept qui englobe la probité, le respect, la dignité et la fiabilité. Il fait référence à la qualité de respecter les normes éthiques et morales élevées dans toutes les actions et décisions, et de vivre selon un code de conduite personnel basé sur le courage, la rectitude et l'éthique.

Chapitre 10

La nuit enveloppe le temple d'un silence solennel. Tu t'apprêtes à communier avec les dieux, à recevoir leurs messages à travers la décoction sacrée. Tu avales le breuvage amer, fermes les yeux et respires profondément l'air parfumé d'encens. Une sensation de flottement familière t'envahit, les ombres dansantes des colonnes se dissolvent dans un néant brumeux. Ton esprit s'élève, quittant le monde terrestre pour un royaume où le temps et la matière se confondent.

La vision se dévoile d'abord comme un murmure, une caresse invisible sur ton âme. Puis, elle explose dans une symphonie de couleurs et de lumières. Tu arrives au domaine céleste, où les dieux règnent en maîtres absolus.

Au centre trône le grand dieu olmèque, une figure imposante et magnifique. Son visage, à la fois terrifiant et majestueux, est sculpté dans l'or et les pierres précieuses. Ses yeux, ardents comme des soleils, te fixent avec une intensité qui transperce ton âme. Saisissement et beauté se mêlent en toi, te prosternant devant cette puissance divine.

Sa voix tonne, résonnant dans les profondeurs de ton être : « Crée pour moi une sculpture colossale, un monument à la gloire de mon nom. Qu'elle reflète la puissance et l'essence de ton peuple, un symbole de votre foi et de votre dévotion ardentes. Que cette œuvre s'élève comme un témoignage immortel de notre lien sacré, inspirant les générations futures par sa magnificence et sa grandeur. »

Une image s'imprime dans ton esprit, chaque détail gravé dans ton âme : les courbes majestueuses, les couleurs vives, les gravures chantant les louanges des dieux. Tu ressens la texture de la pierre sous tes doigts, bien que tu n'aies encore touché aucun outil. Cette sculpture transcende l'art, une prière pétrifiée, un monument traversant les âges pour l'éternité. Sa beauté te subjugue.

Lorsque la vision se dissipe, tu ouvres les yeux, de retour dans la réalité familière du temple. Le poids de la mission divine repose sur tes épaules. Une résolution inébranlable t'anime : cette sculpture, ce rêve divin, deviendra réalité sous tes directives, guidée par la volonté des dieux.

Sans hésitation, tu demandes audience au roi. Ton cœur bat la chamade à l'idée de partager cette vision, de convaincre le monarque de soutenir ce projet monumental. Tu traverses les couloirs sacrés du temple, les torches projetant des ombres dansantes sur ton chemin, comme un écho de ta détermination.

Lorsque tu te présentes devant le roi, tes yeux brillent d'une conviction inébranlable. Ta voix, vibrante d'une passion qui dépasse ton statut de prêtresse, résonne dans la salle du trône. Tu n'es plus une simple servante des dieux, tu es leur messagère, porteuse d'un destin qui façonnera l'avenir de ton peuple.

« Majesté, proclames-tu, cette sculpture n'est pas une simple figure de pierre. Elle est une incarnation du divin dans sa forme la plus pure et la plus puissante. L'art, dans son essence, dépasse la simple recherche de beauté ou l'exaltation du pouvoir d'un monarque. Il a une fonction bien plus profonde, une mission sacrée.

« Cette sculpture, majestueuse et immense, sera un réceptacle d'émotions, un catalyseur pour réveiller les mémoires anciennes liées à nos dieux. À travers elle, l'art devient un langage universel, capable de toucher chaque individu au plus profond de son être.

« Ce que nous créons, Majesté, c'est un instrument de résonance. Chaque courbe, chaque ligne de la sculpture nous fera vibrer à l'unisson avec le divin. Cette œuvre parlera non seulement à nos yeux, mais aussi à notre âme, éveillant une compréhension et une connexion profondes avec les forces célestes qui nous guident.

« Mais au-delà de cette sculpture, Majesté, pensez à l'art dans son ensemble. L'art est un pont entre le terrestre et le divin, un moyen par lequel nous, mortels, pouvons toucher l'essence même de l'existence. Dans chaque création, qu'elle soit peinte, sculptée ou chantée, réside un fragment de l'infini, une étincelle de la vérité éternelle.

« En soutenant ce mode d'expression, en permettant à des mains humaines de façonner cette vision divine, nous faisons bien plus que créer un symbole. Nous initions un dialogue avec les dieux. Nous offrons à notre peuple un moyen d'explorer et de comprendre ce qui le dépasse, simplement grâce à ses émotions. »

Tu observes un silence attentif s'installer dans la salle du trône. Tes paroles ont touché le cœur du roi, lui ouvrant les yeux sur le rôle véritable et transcendant de l'art. En cet instant, tu sais que tu as accompli bien plus que transmettre la volonté des dieux. Tu as partagé une vision, une compréhension de l'art comme un outil essentiel pour l'éveil et l'élévation spirituelle de ton peuple.

Le roi, saisi par la grandeur de ta vision et la puissance de la volonté divine, s'engage solennellement à soutenir ce projet monumental. Sa décision ouvre les vannes du royaume, et bientôt, les meilleurs artistes et artisans de la terre olmèque se rassemblent sous ta direction.

Tu quittes les volutes d'encens du temple pour l'atelier, où de massifs blocs de pierre brute et des rangées de pinceaux et de pigments t'attendent. Chaque artiste et artisan présent ressent le poids de la mission qui lui incombe.

Lorsque le travail commence, tu guides chaque sculpteur et peintre avec une précision et une passion inspirées. Tes paroles ne sont pas de simples instructions, elles sont empreintes de la ferveur de tes convictions, chaque phrase teintée de la spiritualité que tu as ressentie dans tes visions. « Regardez au-delà de la pierre, murmures-tu, voyez la présence du divin dans chaque coup de ciseau, dans chaque trait de pinceau. »

Tu te déplaces parmi eux, une figure inspirante, insufflant ton énergie et ta foi dans leur travail. Touchés par ton dévouement, les artisans travaillent avec un respect et une attention renouvelés. Ils sentent que leurs mains ne façonnent pas simplement une matière inerte, mais qu'elles donnent vie à une part du cosmos.

Le son des marteaux et des ciseaux résonne comme une symphonie, une ode à la création. Tu fermes les yeux un instant, te laissant emporter par cette mélodie du travail. Chaque coup de burin frappé est un écho de la volonté divine, chaque pinceau qui glisse sur la pierre est un geste de prière. La pierre se métamorphose, révélant peu à peu les traits du Dieu tel que tu l'as vu dans ta vision. C'est un processus magique, presque surréaliste, de voir cette entité divine émerger du néant matériel.

Le travail touche à sa fin. La sculpture se dresse, colossale et vibrante de spiritualité. Elle devient un lieu de rassemblement, un symbole autour duquel ton peuple se réunit, partageant les histoires et les chants qui nourrissent son âme. Tu réalises alors combien l'art peut influencer et unifier une société, unissant les individus dans une communion profonde avec le divin et les valeurs qui les rassemblent.

Trois chemins s'ouvrent désormais devant toi, chacun promettant un avenir différent, une nouvelle façon d'explorer et d'exprimer ta créativité et ta foi.

Le premier chemin est celui de développer encore plus profondément tes capacités extrasensorielles. Ce choix te mènerait au **CHAPITRE 20**, où tu pourrais toucher les fils du passé, te connectant à l'histoire et aux traditions de ton peuple d'une manière encore plus intime. Tu pourrais utiliser ces capacités pour guider et éclairer ton peuple, en devenant un pont entre le présent et le passé, entre le matériel et le spirituel.

Le deuxième chemin est celui de l'apprentissage spirituel encore plus profond. Ce voyage te conduirait au **CHAPITRE 14**, où tu explorerais les mystères de la foi et de la spiritualité. Tu pourrais approfondir ta compréhension de l'univers et de ta place en son sein, en cherchant à atteindre une harmonie plus profonde avec le divin et à partager cette sagesse avec ton peuple.

Le troisième chemin est celui de l'enseignement et de la transmission de ton savoir. En choisissant cette voie, tu pourrais ouvrir une école pour former la prochaine génération de prêtres et d'artistes, leur transmettant les traditions sacrées et les techniques artistiques de ton peuple. Ce chemin te mènerait au **CHAPITRE 36**, où tu pourrais semer les graines de l'avenir, en assurant que les connaissances et les valeurs de ton peuple perdurent à travers les âges.

RESSOURCES RÉCUPÉRÉES PAR L'ÂME DANS CETTE VIE

Créativité artistique : capacité de concevoir et de réaliser des œuvres d'art originales et expressives. Elle englobe l'imagination, l'innovation et la capacité à visualiser des concepts uniques, ainsi que la compétence technique pour les matérialiser. Cette créativité est souvent alimentée par une sensibilité personnelle et une perception unique du monde, permettant à l'artiste de créer des œuvres qui peuvent émouvoir, interpeller ou inspirer les autres.

Connexion avec le divin : capacité d'une personne à ressentir, à comprendre et à communiquer avec le divin ou le monde spirituel. Elle implique souvent une quête de sens, de compréhension de l'univers, et une exploration des dimensions plus profondes de l'expérience humaine. Cette connexion permet de recevoir des messages à travers l'intuition et engendre généralement un sentiment de paix.

Capacité de fédérer et d'inspirer : faculté de rassembler des individus autour d'une vision ou d'un objectif commun et de les motiver à agir vers un but partagé. Elle inclut des compétences en leadership, en communication, et la capacité à susciter l'enthousiasme et l'engagement chez les autres. Cette capacité est cruciale dans les rôles de leadership, de mentorat, d'enseignement, et dans tout contexte où il est nécessaire de mobiliser un groupe.

Sens esthétique : capacité de percevoir, d'apprécier et de créer la beauté dans l'art et dans l'environnement. Cela implique une sensibilité aux formes, aux couleurs,

•••

aux textures, aux sons et à la composition générale, permettant à une personne d'apprécier ou de créer des œuvres qui plaisent aux sens ou qui évoquent des émotions. Le sens esthétique est souvent associé à une appréciation de l'harmonie, de l'équilibre et de l'originalité dans l'expression artistique.

11
Chapitre

Tu te sens perdu, noyé dans la marée humaine de ce marché immense. Fragile, tu es une anomalie parmi les corps robustes et vigoureux qui t'entourent. Vendu aux côtés des indigents et des vieillards, ton apparence frêle te rend presque invisible, un fantôme parmi les géants.

Les rires moqueurs et les regards méprisants des autres esclaves te fustigent comme des fouets. Chaque mot cruel s'enfonce profondément dans ton cœur, creusant un sentiment d'isolement et de vulnérabilité.

Les acheteurs te toisent sans s'attarder, préférant ceux qui exhibent une force et une endurance que tu ne possèdes pas. Tu es un Perse chétif et, dans ce marché impitoyable, tu n'intéresses personne.

Les chaînes froides qui entravent tes poignets semblent peser de tout le poids de ta misère. Tu baisses les yeux, incapable de soutenir le regard de ceux qui te considèrent comme un rebut, une chose sans valeur. Dans ton esprit, un tourbillon de peur et d'incertitude te submerge, te faisant douter de ton avenir, de ta simple survie.

Autour de toi, les esclaves musclés et vigoureux attirent les regards comme des aimants. Leurs rires tonitruants et leurs démonstrations de force contrastent cruellement avec ta stature frêle et discrète.

« Regardez celui-là ! Il soulèverait un bœuf ! » s'exclame un acheteur en tapant l'épaule d'un colosse à la carrure imposante. Les rires et les exclamations d'admiration fusent, nourrissant une atmosphère de compétition et de vantardise.

Un autre esclave, à quelques pas de toi, se pavane, exhibant ses muscles saillants. « Je peux porter le double de mon poids ! Je serai un excellent esclave ! » clame-t-il d'une voix de stentor. On s'approche de lui avec intérêt.

Un acheteur s'approche, son regard te balaye brièvement avant de se détourner avec dédain. « Celui-là est bon à jeter », dit-il d'un ton cinglant à son compagnon, qui acquiesce d'un signe de tête. Leurs paroles, tranchantes comme des lames, te lacèrent l'âme, ravivant ta détresse et ton sentiment d'impuissance.

Le vendeur tente de défendre sa marchandise : « Cet esclave est certes maigre, mais il vient d'Égypte et il est instruit en de nombreuses choses ! Il ferait un merveilleux intendant. » Mais les deux hommes restent indifférents. « Que ferait-on d'un esclave intelligent ? »

Le découragement t'envahit. Tu es un paria, un rebut, condamné à une vie de servitude et de misère. Tes espoirs s'amenuisent, laissant place à une résignation amère.

Un silence soudain s'abat sur le marché, brisant l'agitation frénétique. Un homme drapé de soieries chamarrées fait son entrée, semant un vent de terreur dans son sillage. « C'est lui, murmurent les esclaves, le maître cruel qui recherche ses victimes. »

Le vendeur d'esclaves, un sourire obséquieux sur le visage, s'empresse d'accueillir ce personnage sinistre. « Montrez-moi ceux qui divertiront mes mercenaires, ordonne le maître d'une voix glaciale. Je ne paierai que quelques pièces pour ceux qui n'ont aucune valeur. »

Un frisson d'horreur te parcourt l'échine. Les autres esclaves se recroquevillent, cherchant à se fondre dans la masse, à échapper à ce regard impitoyable. Ton cœur bat à tout rompre, résonnant dans tes oreilles comme le tambour de ton propre destin.

Le vendeur, d'un regard froid et calculateur, désigne les esclaves les plus faibles. Son choix se fige finalement sur toi. « Celui-ci, dit-il en te pointant du doigt, je te l'offre pour deux pièces. » Le maître éclate de rire, un rire cruel et moqueur. Il désigne ensuite deux vieillards et un homme visiblement malade. « Parfaits pour l'entraînement », ajoute-t-il avec un sourire glacial.

Tu te sens comme une proie traquée, impuissante face à ce prédateur impitoyable. L'idée de servir de chair à canon pour les exercices sanglants des mercenaires te remplit d'une terreur indicible. Les rires du maître et de ses hommes te semblent lointains, comme si tu étais déjà en dehors de ton corps, observant la scène d'un endroit sûr, loin de cette réalité cruelle.

Chaque pas que tu fais en direction de ton nouveau maître te précipite dans un cauchemar éveillé. Tu lances des regards désespérés autour de toi, cherchant une échappatoire, un miracle. Mais il n'y a que des visages résignés, des yeux qui fuient les tiens. Tu comprends alors que si tu veux survivre, tu ne pourras compter que sur ta ruse et ton intelligence.

Menotté et secoué par les cahots du chariot qui t'éloigne du marché aux esclaves, ton esprit est en ébullition. La peur, mêlée à une détermination farouche, aiguise chacun de tes sens. Tu observes, tu analyses, tu emmagasines chaque détail de ton environnement, cherchant désespérément une brèche, un moyen de te soustraire à ce destin cruel.

Les terres arides qui s'étendent à perte de vue sous un soleil implacable attirent ton attention. Le contraste est saisissant avec les paysages verdoyants de ton enfance en Égypte. Tu observes les champs desséchés, les systèmes d'irrigation rudimentaires, et un déclic se produit dans ton esprit. Tu te rappelles les techniques avancées d'irrigation de ton pays natal : les canaux ingénieusement conçus, les chadoufs qui puisent l'eau avec efficacité. Une idée germe en toi, audacieuse et désespérée.

La connaissance de l'agriculture que tu as héritée de ton enfance égyptienne te murmure une promesse d'espoir. Tu te mets à imaginer comment ces terres stériles pourraient être transformées, comment, avec les bonnes techniques, la production pourrait être non seulement améliorée, mais triplée. Tu visualises les canaux serpentant à travers les champs, apportant la vie là où il n'y a que désolation.

Chaque secousse du chariot devient un rappel de ta situation précaire, mais aussi un stimulant pour ton ingéniosité. « Si je peux lui montrer comment enrichir ses terres, peut-être... » La pensée est risquée, folle même, mais c'est la seule lumière dans l'obscurité de ton destin actuel.

Tu griffonnes mentalement un plan, élaborant chaque détail de ton projet d'irrigation. L'image de ces terres transformées, abondantes et fertiles, devient ton ancre, ton point de focus dans le tumulte émotionnel qui te submerge. La peur et l'incertitude sont toujours là, tapies dans les coins de ton esprit, mais tu les repousses avec la force de ton désir de vivre, de changer le cours de ton histoire.

Le chariot cahotant te rapproche inexorablement de la demeure du seigneur. Ton plan, élaboré dans l'urgence et le désespoir, prend forme dans ton esprit. Tu sais que la tâche sera ardue, que convaincre un maître cruel et impitoyable est un exploit quasi impossible. Mais tu n'as plus rien à perdre. Ta vie est déjà en jeu, et cette idée née de ton ingéniosité est ton unique chance de salut.

On te jette dans une pièce sombre et étouffante, une cellule empuantie par l'odeur âcre d'urine. Les murs froids et sans ouvertures semblent se refermer sur toi. La peur et l'angoisse t'envahissent, mais tu forces ton esprit à rester alerte, à envisager toutes les issues possibles.

Soudain, la porte s'ouvre brutalement. Un des vieillards est arraché à sa cellule. Les sons étouffés d'un combat parviennent à tes oreilles, accompagnés du bruit sourd des coups et des cris de douleur. L'autre vieillard, paralysé par la terreur, semble à peine conscient de ce qui l'entoure. Toi, tu restes concentré, écoutant attentivement, essayant de déduire le nombre de personnes présentes, de saisir chaque indice qui pourrait t'aider.

La voix de ton maître, tranchante et impérieuse, résonne dans le couloir : « Au suivant ! » C'est ton tour. Ton cœur bat à tout rompre, mais tu gardes la tête froide, ton plan se précisant dans ton esprit.

Lorsque tu arrives dans l'arène, un lieu de désolation et de mort, tu es saisi par l'odeur du sang. Le corps sans vie du vieillard gît sur le sable. On te tend un bouclier et on te crie de courir. À l'autre bout, un homme armé d'une épée t'attend.

Mais au lieu de fuir ou de combattre, tu fais un choix audacieux. Tu te redresses, ton bouclier à la main, et d'une voix forte, tu t'adresses directement à ton maître.

« Seigneur, cries-tu, attirant son attention, vos terres sont arides et vos récoltes maigres. Je peux changer cela. Donnez-moi trois mois, et je vous promets de tripler vos productions agricoles. » Tu marques une pause, laissant tes mots imprégner l'air. « Je suis un ingénieur expérimenté dans mes terres natales. Sous ma direction, vos champs se transformeront et vous deviendrez l'homme le plus riche de la région. »

Le maître, d'abord déconcerté par ton audace, laisse ensuite un sourire sarcastique se dessiner sur son visage. « Un grand ingénieur, hein ? dit-il, son ton empreint de sarcasme et de curiosité. Très bien, esclave. J'accepte ton défi. Trois mois pour prouver ta valeur et ta prétendue expertise. Si tu réussis, tu auras la vie sauve. Si tu échoues... » Sa voix s'élève, portant une menace implicite qui te glace le sang.

Tu hoches la tête, conscient du danger que représente ce pari. Alors que tu es escorté hors de l'arène, le poids de la tâche à venir pèse lourdement sur tes épaules. Mais dans ton cœur, l'espoir s'est rallumé. Tu as une chance, aussi mince soit-elle, de changer ton destin et de prouver la force de ton esprit et de ton ingéniosité.

Escorté jusqu'à la demeure somptueuse du seigneur, tu sens le poids de ta mission peser sur tes épaules. Le maître te présente à son intendant, un homme au regard scrutateur, et lui donne des instructions claires : « Cet esclave prétend pouvoir améliorer nos récoltes. Je lui donne trois mois. S'il échoue, il retourne dans l'arène. »

Tu acquiesces d'un signe de tête, ton esprit déjà en train de tracer les plans de ta grande entreprise. Avec la liberté d'action accordée par le seigneur, tu commences immédiatement à travailler. Tu expliques tes idées à l'intendant, qui, bien que sceptique, te fournit les ressources nécessaires.

Tu te lances dans la conception d'un réseau complexe de canaux, inspiré par les systèmes d'irrigation égyptiens. Tu supervises l'installation de chadoufs, expliquant patiemment aux autres esclaves comment ils fonctionnent et comment ils peuvent actionner leur mécanisme simple d'irrigation. Tu n'oublies pas les vieux et les faibles, leur confiant la tâche facile mais essentielle de pomper l'eau. Tu convaincs le maître de leur utilité, lui démontrant que même les plus fragiles peuvent contribuer à la prospérité commune.

Chaque jour qui passe apporte son lot de changements. Les terres arides se métamorphosent, se parant d'une verdure luxuriante. Les champs autrefois stériles se couvrent de cultures florissantes, un spectacle qui remplit ton cœur d'une joie immense. Tu observes la surprise se transformer en admiration dans les yeux des esclaves et des serviteurs, témoins de la réussite de tes techniques.

Le seigneur, d'abord sceptique, est stupéfait par cette transformation. Ses récoltes explosent, sa fortune s'accroît de jour en jour. Reconnaissant ton génie, il te libère de tes chaînes, te concédant la liberté tant espérée. Mais il ne s'arrête pas là. Dans un geste de gratitude et peut-être pour humilier ses ingénieurs arrogants et incompétents, il te propose un poste permanent.

Tu acceptes, car tu vois là une opportunité extraordinaire. Tu peux améliorer la vie des autres esclaves, continuer à développer tes innovations agricoles et faire de ce domaine un havre de paix et de prospérité. Ta nouvelle position te permet d'apporter des changements significatifs, d'améliorer les conditions de travail et de vie de tous. Tu deviens un symbole d'espoir pour ceux qui, comme toi, ont été privés de leur liberté, prouvant que l'intelligence et la détermination peuvent renverser les situations les plus désespérées.

Après avoir transformé les terres stériles en champs fertiles et amélioré la vie des esclaves, tu te retrouves à un carrefour de ta vie. Deux chemins s'ouvrent devant toi, chacun offrant une nouvelle aventure, un nouveau défi à relever.

Le premier chemin t'attire vers le **CHAPITRE 31**. Ici, tu plonges dans l'analyse des conflits qui secouent le royaume, cherchant à comprendre leur origine et leur impact sur les gens. Tu utilises ta position pour apporter des solutions pacifiques, en te basant sur ta sagesse et ton expérience acquises. Ce chemin te permet de découvrir la profondeur des conflits et leur futilité, et de jouer un rôle crucial dans la quête de la paix.

Le second chemin te pousse à rester intègre même dans les pires moments. Au **CHAPITRE 9**, tu te retrouves confronté à des situations où tes valeurs et ta moralité sont mises à l'épreuve. Tu dois naviguer à travers des dilemmes éthiques et des choix difficiles, tout en restant fidèle à tes principes. Ce chemin te teste, te défie et te permet de prouver que l'intégrité peut être maintenue, même face à l'adversité la plus sombre.

RESSOURCES RÉCUPÉRÉES PAR L'ÂME DANS CETTE VIE

Ingéniosité : capacité de développer des solutions créatives et efficaces qui sont directement applicables à des problèmes concrets. Elle combine l'inventivité avec un sens pratique, permettant de transformer des idées novatrices en réalisations tangibles et utiles. Cette compétence implique une compréhension approfondie des enjeux réels et la capacité de concevoir des réponses adaptées aux besoins spécifiques d'une situation donnée.

Ruse : capacité d'utiliser l'intelligence, le flair et la subtilité pour atteindre des objectifs, parfois dans des situations complexes ou difficiles. Elle implique une pensée astucieuse, l'art de la stratégie et souvent une certaine capacité à anticiper les réactions des autres. La ruse peut impliquer la capacité de déjouer les adversaires ou de naviguer habilement à travers des situations délicates, en utilisant l'esprit et la finesse plutôt que la force brute ou l'autorité directe.

Capacité de surmonter la peur et le découragement : capacité à maintenir son calme et sa clarté d'esprit face à des défis ou à des situations stressantes. Cela implique la maîtrise de soi, la résilience émotionnelle et la capacité à rester concentré et rationnel,

•••

•••

même sous pression. Cette qualité permet de réagir de manière réfléchie plutôt qu'impulsive, offrant la possibilité de gérer efficacement les situations difficiles avec grâce et équilibre.

Capacité de persuasion : art d'influencer les pensées, les sentiments et les actions d'autrui par le biais de la communication. Elle vise à amener une personne ou un groupe à adopter un point de vue, à prendre une décision ou à modifier un comportement. Elle ne se résume pas à la manipulation ou à la tromperie. Elle repose sur une communication efficace et empathique qui prend en compte les besoins et les motivations de l'autre.

12
Chapitre

« Réveille-toi. » La voix de ton père, douce et ferme, traverse ton sommeil. Dans la pénombre de l'aube, tu ouvres les yeux, et les premiers rayons du soleil filtrent à travers les rideaux. C'est l'heure de la méditation matinale, un rituel que ton père, un prêtre respecté, a intégré au rythme de ta vie depuis ta plus tendre enfance.

Tu te lèves, les muscles encore endormis, et tu rejoins ton père à l'extérieur. L'air frais et vibrant d'une tranquillité sacrée t'enveloppe. Autour de vous, la nature s'éveille, chuchotant les secrets d'un nouveau jour.

Assis en face de ton père, tu imites sa posture : jambes croisées, dos droit, mains posées délicatement sur tes genoux. Il allume une petite lampe à huile, sa flamme vacillante créant des ombres douces dans la pièce. Le son des mantras qu'il récite, sa voix basse et rythmique, t'envoûte et t'entraîne dans un état de méditation profonde.

Grandir dans la caste des prêtres signifie être immergé dans un monde où la spiritualité n'est pas juste une partie de la vie, elle en est le cœur. Chaque jour est rythmé par des rituels et des enseignements qui façonnent ta vision du monde et nourrissent ton âme.

Les discussions avec ton père après les séances de méditation sont des moments de révélation. Il partage avec toi ses interprétations des textes sacrés, discutant des concepts philosophiques avec une passion qui allume en toi un feu similaire. Ces conversations sont des ponts entre les anciennes écritures et le monde moderne, te montrant comment appliquer ces enseignements ancestraux à la vie quotidienne.

Aujourd'hui n'est pas un jour comme les autres. Tu es devenu un homme, et le moment est venu pour toi de suivre un gourou, de devenir un prêtre, comme ton père l'a été avant toi. L'excitation te parcourt, un mélange de nervosité et d'anticipation pour l'inconnu qui t'attend.

Ta mère, elle, ne parvient pas à retenir ses larmes depuis que l'annonce a été faite. Chaque fois que tu croises son regard, tu y vois un mélange de fierté et de tristesse. Elle pleure non seulement parce que tu vas lui manquer, mais aussi parce qu'elle sait que tu es sur le point d'entreprendre un voyage qui transformera profondément ton être. Ses larmes sont le témoignage de la mort de ton ancien toi, de l'enfant qu'elle a élevé et aimé.

Malgré le chagrin dans son cœur, elle t'aide à préparer ton départ. Elle plie soigneusement ton pagne, seule possession que tu peux emporter, et arrange un petit paquet de nourriture pour ton voyage. Chaque geste est empreint de son amour, chaque pli de ses mains une bénédiction silencieuse pour ta sécurité et ton succès.

Tu arrives enfin au lieu de ta quête spirituelle, le cœur bouillonnant d'anticipation. Tu t'imagines déjà entamer des discussions profondes, t'asseoir en méditation aux côtés d'autres chercheurs de vérité. Mais la réalité est loin de tes rêves.

Au lieu de paroles de sagesse, on te confie des tâches ingrates : balayer le sol, laver la vaisselle, couper du bois. Le silence est assourdissant, personne ne daigne t'adresser la parole. La frustration s'empare de toi, la colère monte dans ton cœur. Tu te sens ignoré, méprisé, ton statut et tes attentes balayés d'un revers de main.

Mais au fond de toi, une petite voix murmure les paroles de ton père : « L'enseignement ne vient que lorsque l'élève est prêt. » Tu t'accroches à ces mots, cherchant un sens à ce silence, une leçon dans chaque coup de balai donné, chaque assiette lavée.

Un an s'écoule ainsi, dans une routine monotone ponctuée de doutes et d'introspection. Un jour, le gourou te convoque sous un arbre immense, ses yeux perçants semblant sonder ton âme.

« Mon enfant, dit-il d'une voix douce et puissante, le Dharma est bien plus qu'une simple loi morale ou un devoir éthique. C'est l'ordre naturel de l'univers, le chemin de la droiture qui guide chaque âme vers son destin véritable. »

Tu l'écoutes, fasciné, chaque mot s'imprimant dans ton esprit comme une graine fertile.

« Il faut apprendre à vivre en harmonie avec son Dharma personnel, poursuit-il. Cela signifie agir en accord avec tes vérités intérieures et les lois universelles. Tu dois trouver un équilibre entre tes désirs personnels et le bien-être de la communauté. »

Soudain, l'année écoulée prend tout son sens. Tu comprends que chaque tâche, chaque moment de solitude était un enseignement en soi, une préparation à recevoir la sagesse du gourou. Ta frustration et ta colère étaient des obstacles à surmonter, des épreuves nécessaires pour te forger un cœur et un esprit réceptifs.

« La vraie connaissance, dit le gourou en se levant, vient de la patience et de l'expérience. Ce que tu as vécu ici est aussi important que les paroles que je te partage. Chaque action, chaque pensée, chaque moment de ta vie est une opportunité de pratiquer ton Dharma. »

Ces dialogues nourrissent ton âme et deviennent le cœur de ton apprentissage. Tu comprends que chaque élément de ta vie est une partie intégrante de ton chemin spirituel. Ta quête de connaissance et d'illumination ne se limite pas aux paroles du gourou, elle se manifeste dans chaque expérience, chaque défi et chaque triomphe de ta vie.

Au fil des jours sous la tutelle du gourou, une nouvelle leçon prend forme dans ton existence. Après t'avoir éclairé sur le Dharma, il se tourne vers le concept du Karma. Un matin, alors que tu balayais les feuilles dans la cour, il s'approche de toi et murmure :

« Le Karma, dit-il en observant les feuilles que tu rassembles, n'est pas une simple question de récompense ou de punition. C'est la manifestation de la loi de cause à effet qui régit l'univers. Chaque action, chaque parole, et même chaque pensée crée une onde qui influence ton futur. »

Tu t'arrêtes, fasciné par ses paroles, comme si chaque mot était une graine précieuse semée dans ton esprit fertile.

« Il faut comprendre que chaque choix que tu fais a un impact, continue-t-il. Comme ces feuilles que tu rassembles, chaque action que tu entreprends s'accumule, formant le chemin sur lequel tu marches. Ta colère et ta frustration de l'année passée, par exemple, étaient des énergies que tu as créées et qui ont influencé ton expérience ici. »

Tu réfléchis à ses paroles, te souvenant des moments où ta colère avait obscurci ton jugement et altéré tes interactions avec les autres.

« Apprends à choisir tes actions, tes paroles et tes pensées avec soin, conseille le gourou. Cultive la conscience dans chaque moment. C'est ainsi que tu crées un Karma qui te guide vers la croissance et l'éveil. »

Cette leçon sur le Karma transforme ta façon de vivre. Tu deviens plus attentif à tes actions, plus conscient de l'impact de tes paroles, et plus vigilant quant à la nature de tes pensées. Tu comprends que chaque instant est une opportunité de semer les graines d'un futur harmonieux, non seulement pour toi-même, mais aussi pour ceux qui t'entourent.

Les mois s'écoulent sous l'aile bienveillante de ton gourou, et une nouvelle dimension de ton voyage spirituel se dessine : la quête du Moksha. Un soir, alors que tu t'assois à ses côtés, observant le crépuscule embraser le ciel de nuances flamboyantes, il aborde ce sujet avec une solennité palpable.

« Le Moksha, murmure-t-il en fixant l'horizon, est la libération ultime. C'est l'instant où l'âme se libère des chaînes de l'illusion matérielle, des cycles incessants de naissance et de mort, pour atteindre une compréhension et une paix absolues. »

Tu l'écoutes, captivé par ses paroles, ressentant la profondeur de chaque mot résonner dans ton âme.

« Pour atteindre le Moksha, poursuit-il d'une voix douce et puissante, il faut transcender les désirs et les attachements qui nous lient à ce monde terrestre. C'est un chemin de renoncement, certes, mais aussi de réalisation profonde. Il ne s'agit pas de rejeter le monde, mais plutôt de voir au-delà de ses illusions, de comprendre sa nature éphémère. »

Tu réfléchis à tes propres attachements, à tes désirs ardents, et à comment ils ont façonné ta vie jusqu'à présent. Une vague de lucidité te submerge.

« La méditation, la réflexion, la pratique du Dharma et du Karma avec conscience et discernement sont des étapes essentielles sur la voie du Moksha, explique le gourou. Chaque expérience, qu'elle soit joyeuse ou douloureuse, chaque défi surmonté, chaque bonheur fugace te rapproche de cette libération ultime. »

Ces paroles te font prendre conscience de la valeur de chaque moment de ta vie, chaque épreuve et chaque triomphe, comme autant de pas sur le chemin de ta libération spirituelle.

« Le Moksha est la réalisation que ton âme, l'Atman, n'est pas séparée du Brahman, l'essence ultime de l'univers, conclut-il. C'est la compréhension que tout est Un, que nous sommes tous connectés par une force invisible et divine. »

Cette leçon sur le Moksha éveille en toi une nouvelle perspective. Tu commences à voir la vie non comme une succession d'événements aléatoires, mais comme un cheminement vers une compréhension plus profonde de toi-même et de l'univers. Tu adoptes une attitude plus détachée face aux plaisirs et aux douleurs de la vie, les reconnaissant comme des expériences temporaires qui ne définissent pas ton essence véritable.

Ton quotidien se transforme progressivement. Chaque action, chaque pensée, chaque instant devient un exercice de réalisation et de libération. Tu te rapproches de plus en plus de cette paix intérieure et de cette compréhension ultime, ressentant parfois des moments de clarté fulgurante où tu perçois la véritable unité de toute existence.

Le Moksha, tu le réalises avec une certitude grandissante, n'est pas une simple destination finale, mais un voyage en soi, un chemin de réalisation constante et de libération intérieure que tu continues de parcourir avec dévotion et conscience. Chaque jour est une nouvelle opportunité de te transcender, de te rapprocher de l'essence divine qui t'habite et de contribuer à l'harmonie universelle.

Après des années d'apprentissage auprès de ton gourou, une dernière leçon essentielle vient couronner ton voyage spirituel : la pratique de l'Ahimsa. Un matin, alors que tu t'attelles aux tâches quotidiennes, il t'invite à une promenade dans la forêt.

En marchant paisiblement, entourés par la sérénité des arbres, il commence à partager sa sagesse sur l'Ahimsa. « L'Ahimsa, murmure-t-il, souvent traduit par "non-violence", est bien plus profond que cela. C'est une attitude de bienveillance absolue envers toute forme de vie, une reconnaissance de la sacralité de chaque existence. »

Tu l'écoutes attentivement, te rappelant les moments de frustration et de colère qui ont marqué ton passé, et comment ils ont affecté ton esprit et ceux qui t'entourent.

« L'Ahimsa ne se limite pas à l'abstention de violence physique, poursuit-il. Elle implique une pureté de la parole, de la pensée et du cœur. C'est vivre chaque instant avec la conscience de la valeur infinie de chaque être, qu'il soit humain, animal ou même végétal. »

Cette révélation te fait réfléchir à l'impact de tes pensées et de tes paroles sur le monde qui t'entoure. Tu observes tes interactions avec plus d'attention, cherchant à être non seulement inoffensif dans tes actions, mais aussi bienveillant et constructif dans tes paroles.

« L'Ahimsa est aussi une pratique d'empathie, dit-il en s'arrêtant pour observer un papillon se poser sur une fleur. C'est la capacité de voir le monde du point de vue de l'autre, de ressentir sa douleur comme la tienne et de chercher à alléger sa souffrance partout où tu la rencontres. »

Cette leçon bouleverse ta quête spirituelle. Tu intègres l'Ahimsa dans tous les aspects de ta vie, transformant tes actions quotidiennes en actes de compassion et de respect. Tu découvres une joie plus profonde dans les interactions paisibles et aimantes, et ressens une harmonie grandissante avec le monde qui t'entoure.

Après ce parcours profondément transformateur et éclairant, où chaque leçon t'a rapproché de la vérité et de la compréhension de toi-même et du monde, tu te tiens à un carrefour décisif. Deux chemins s'offrent à toi, chacun reflétant une manière différente de mettre en pratique les enseignements que tu as reçus.

Sur le premier chemin, tu choisis de développer tes valeurs humaines. C'est un parcours qui promet de révéler la portée réelle de ta transformation spirituelle. Va au **CHAPITRE 25**.

Le second chemin te conduit vers une aspiration à améliorer la vie de tes semblables. Ce choix implique d'utiliser ta sagesse et ta compréhension nouvellement acquises pour contribuer au bien-être et à l'élévation des autres. C'est une route qui te promet de partager les fruits de ta quête spirituelle, de mettre en pratique l'Ahimsa et la compassion dans un cadre plus large, impactant positivement la société et le monde autour de toi. Cette voie t'amène au **CHAPITRE 20**.

Enfin, si ton épiphanie dans la jungle t'inspire à dépasser les limites de la conscience physique et à voguer vers l'inconnu, cela pourrait te conduire au **CHAPITRE 41**. Sur ce chemin, tu explorerais les profondeurs de la spiritualité et de la conscience, cherchant à comprendre les mystères de l'univers et à atteindre des états de réalisation supérieurs. C'est une voie qui promet des découvertes intérieures et une expansion de la conscience au-delà des frontières du monde matériel.

RESSOURCES RÉCUPÉRÉES PAR L'ÂME DANS CETTE VIE

Connexion cosmique : expérience de s'ouvrir à une conscience plus vaste et plus profonde de l'univers. Cela implique la reconnaissance et la compréhension de l'interconnexion et de l'interdépendance de toute chose. Cette prise de conscience élargit la perspective individuelle au-delà du soi personnel, permettant une compréhension plus holistique de la vie et de sa place dans l'ordre cosmique.

•••

•••

Transcendance de l'ego : aller au-delà des limites de la personnalité ou de l'identité individuelle. C'est un processus de dépassement des désirs, des peurs et des préoccupations centrés sur le soi pour embrasser un sens plus large de l'existence. Cette transcendance conduit à une expérience de soi plus grande, moins ancrée dans les réactions émotionnelles et les attachements personnels, et plus alignée avec une conscience unifiée et harmonieuse.

Sagesse : connaissance profonde acquise non seulement par l'étude intellectuelle, mais aussi par l'expérience personnelle et la méditation. C'est une compréhension intuitive de la vérité qui va au-delà des connaissances académiques ou théoriques. La sagesse englobe la capacité de voir clairement la nature de la réalité, de comprendre les lois de la vie et d'agir en accord avec elles.

État de non-dualité : réalisation spirituelle dans laquelle la distinction entre le soi et l'univers s'efface. Dans cet état, la séparation apparente entre le sujet et l'objet disparaît, révélant une unité fondamentale de toute existence. La non-dualité est souvent décrite comme une expérience où les dualités telles que le moi et l'autre, l'intérieur et l'extérieur, ou le sacré et le profane, sont transcendées, menant à un sentiment d'unité avec tout ce qui est.

Chapitre 13

Dès ton plus jeune âge, une ombre de mélancolie plane sur ton enfance, un voile gris qui assombrit tes premiers souvenirs. Les murs de ta maison, chargés de traditions ancestrales, semblent étouffer tes rires, laissant place à un silence pesant, une atmosphère où chaque geste est empreint de retenue.

Ton père, un homme dont le visage porte les marques d'une vie austère, est une silhouette furtive dans les couloirs de la maison. Ses rares interactions avec toi sont empreintes d'une froideur qui glace ton cœur d'enfant. Son regard, souvent perdu dans le vague, semble contempler des horizons lointains, des pensées inaccessibles. Quand il te parle, sa voix est brève, ses mots pesés comme s'il mesurait le poids de chaque syllabe.

Tu te souviens des moments où tu cherchais désespérément son attention, tes petites mains tendues vers lui, implorant un geste tendre, un sourire, un mot qui te ferait sentir aimée et reconnue. Mais ces moments sont rares, et chaque refus renforce le mur qui se construit entre vous.

La maison, censée être un havre de paix, se transforme en un théâtre d'émotions étouffées. Ici, les cœurs battent en silence, chaque membre de la famille enfermé dans sa propre solitude. Dans cet espace froid et impersonnel, tu te sens souvent isolée, errant à la recherche d'une affection qui semble hors de portée.

Ta mère, quant à elle, est une figure inflexible. Ses mains, usées par le travail, ne caressent que rarement tes cheveux pour un fugace moment de réconfort. Ses attentes envers toi sont claires et non négociables : trouver un mari, un pilier traditionnel de stabilité et de sécurité pour une femme dans votre société. La pression est constante, un refrain quotidien qui résonne à tes oreilles et pèse sur ton cœur.

Chaque jour ressemble au précédent, un cycle monotone et prévisible. Tu apprends à te blinder, à construire un sanctuaire intérieur, un refuge où tu peux trouver un semblant de chaleur et de réconfort.

Au fil du temps, la frustration envers tes parents se transforme en un ressentiment profond et sourd. Tu leur en veux pour leur indifférence apparente, leur emprise rigide sur ta vie. Chaque journée est un rappel cuisant de tout ce que tu n'as pas, de tout ce que tu ne peux être. Les années s'écoulent, mais ta colère ne fait que croître, alimentant un feu intérieur qui brûle de plus en plus fort.

Un après-midi ordinaire, comme tant d'autres, tu te glisses dans la cuisine austère de ta maison. Ton regard est attiré par une scène inhabituelle. Cachée à l'angle de la porte, tu observes ton père, cet homme d'ordinaire si réservé, déposer discrètement une partie de son repas dans ton bol. Ce geste, si inattendu et si contraire à son comportement habituel, te laisse interdite, un mélange de confusion et de surprise t'envahit. Pourquoi ferait-il cela ?

Poussée par un mélange de confusion et de curiosité, tu décides de l'observer discrètement, chaque jour avant les repas, pour percer le mystère de son comportement. Ce que tu découvres alors te bouleverse profondément.

Chaque jour, ton père répète le même rituel. Alors qu'il se croit seul, il prend une grande partie de son repas – généralement les meilleurs morceaux – et la glisse dans ton bol, s'assurant que tu aies suffisamment à manger. Puis, il se contente de manger les restes, souvent juste quelques bouchées, juste assez pour apaiser sa faim.

Dans l'ombre, tu observes ce sacrifice quotidien, réalisé dans le silence le plus absolu, sans aucune attente de reconnaissance. Ce n'est pas un acte ponctuel, mais un engagement constant, un témoignage silencieux de son dévouement envers toi. Tu réalises que cet homme, que tu as toujours perçu comme distant et froid, porte en lui un océan d'amour et de sacrifice, dissimulé derrière le masque du stoïcisme.

Ton cœur se remplit d'une multitude d'émotions – de la gratitude, de la tristesse et un sentiment d'admiration profonde pour cet homme qui a enduré la faim en silence pour te nourrir. Tu comprends que son amour pour toi ne s'exprime pas en mots doux ou en gestes tendres, mais dans ces sacrifices quotidiens, ces actes d'amour silencieux mais immenses.

Cette révélation transforme radicalement ta vision de ton père, et même de l'amour en lui-même. Les actions, tu le réalises, parlent souvent plus fort que les mots. Dans les gestes apparemment anodins de ton père, tu discernes une immensité d'affection et de dévotion qui te touche au plus profond de ton être.

Motivée par la révélation silencieuse de ton père, tu commences à regarder tes parents avec des yeux nouveaux, cherchant à percer le mystère de leur vie et à comprendre les raisons qui se cachent derrière leurs actions.

Ton cœur, autrefois empli de colère, s'ouvre progressivement à la compréhension et à l'empathie.

Avec une certaine hésitation, tu décides d'approcher ta mère. Tu veux comprendre son histoire, savoir pourquoi elle insiste tant pour que tu trouves un mari. Au début, tes questions sont accueillies par des réponses évasives, mais peu à peu, au fil des conversations, elle commence à s'ouvrir, révélant les fragments d'une vie qui fut tout sauf facile.

Elle te parle d'une enfance marquée par une pauvreté accablante, une réalité où chaque jour était une lutte contre la faim, le froid et l'incertitude. Sa voix se brise quand elle évoque les rues qui furent son foyer, ses parents incapables de subvenir à ses besoins, engloutis par la misère. Tu l'écoutes, suspendue à ses lèvres, chaque mot peignant une image d'une vie que tu peines à imaginer.

Sa voix se charge d'émotions lorsqu'elle évoque son mariage avec ton père. Dans ses yeux, une étincelle de tendresse se mêle à la nostalgie. Ce mariage, murmure-t-elle, fut son salut, son échappatoire à une existence sans abri, sans sécurité. Ton père, malgré ses propres difficultés, l'a accueillie, protégée, lui offrant une vie de stabilité et de sécurité qu'elle n'avait jamais osé espérer.

Chaque morceau de son récit est comme une pièce d'un puzzle que tu assembles avec soin. Tu comprends enfin son empressement à te trouver un mari, non pas comme un acte de contrôle, mais comme une expression de son amour et de son désir de te protéger. Elle a vécu dans la peur constante de retomber dans les abysses de la précarité et voit le mariage comme un moyen de t'assurer une vie meilleure, plus sûre.

Cette découverte t'apporte une clarté nouvelle sur les actions et les motivations de tes parents. Ta colère se transforme en gratitude, ta frustration en compassion. Tu comprends que leurs exigences et attentes, bien que parfois étouffantes, étaient des manifestations de leur amour, de leur désir de te voir en sécurité, épanouie.

Malgré cette compréhension nouvelle, les cicatrices du passé demeurent. Leur approche, souvent rigide, a façonné ton enfance d'une manière qui n'a pas toujours favorisé ton épanouissement. Leurs choix, dictés par la peur et l'urgence de survivre, n'ont pas toujours été ceux qui t'auraient permis de te sentir pleinement heureuse et libre.

Cependant, avec cette prise de conscience de leurs luttes et de leurs sacrifices, tu commences à les voir sous un jour différent. Tu comprends qu'ils ont fait de leur mieux, dans les limites de leurs propres capacités et de leur compréhension du monde. Leur amour, bien qu'exprimé d'une manière imparfaite, était néanmoins sincère et profond.

Tu reconnais que leurs actions étaient le produit de leurs propres expériences et limitations. Ils n'étaient pas capables d'offrir plus que ce qu'ils connaissaient et comprenaient. Cette réalisation t'apporte une paix intérieure, te permettant d'excuser leurs imperfections et de regarder au-delà de la douleur qu'ils ont pu involontairement causer.

Avec cette nouvelle perspective, tu changes ta façon d'interagir avec eux. Tu les écoutes avec plus de patience, cherchant à comprendre plutôt qu'à juger. Chaque conversation n'est plus un terrain de conflit, mais une opportunité de tisser des liens plus profonds, d'offrir de la compréhension et du soutien là où il n'y en avait pas auparavant.

Tu apprends à accepter leurs défauts, à comprendre leurs peurs et à voir leurs actions à travers le prisme de leurs expériences. Cette approche te permet de guérir les anciennes blessures, de construire des ponts là où il y avait des murs et de forger une relation plus saine et plus aimante avec tes parents.

Ce voyage vers la compréhension et le pardon est difficile, mais il t'enseigne la valeur de l'empathie et de la compassion. Tu te rends compte que chacun a sa propre histoire, ses propres batailles, et que l'amour, même imparfait, est toujours précieux. Cette acceptation t'apporte non seulement la paix avec tes parents, mais aussi avec toi-même, t'ouvrant à une vie où le pardon et la compréhension priment sur le ressentiment et la douleur.

Après avoir traversé les années de ta jeunesse sous le regard austère des traditions de la Chine des Zhou, ta compréhension de l'équilibre et de la modération te mène à un carrefour de décisions. Tu sens en toi la maturité et la sagesse nécessaires pour influencer le monde qui t'entoure, et plusieurs chemins s'offrent à toi.

La première option est de s'ouvrir à une existence différente, où les défis ne concernent pas seulement ta famille. Dans ce cas, va au **CHAPITRE 40**. Ici, tu explorerais des territoires inconnus, confrontant des enjeux qui dépassent les limites de ton foyer. Tu serais amenée à interagir avec des individus aux croyances et aux modes de vie variés, t'offrant une perspective plus large sur le monde et sur toi-même.

Tu peux choisir de comprendre les dynamiques d'amour et de la famille, et de voir à quel point celles-ci peuvent être compliquées. Dans ce cas, va au **CHAPITRE 22**. Ce chemin t'inviterait à plonger plus profondément dans les intrications des relations familiales, à dénouer les fils complexes de l'affection, du devoir et de l'indépendance. Tu apprendrais à naviguer dans les eaux parfois troubles de l'amour familial, cherchant l'équilibre entre respecter les traditions et suivre ton propre cœur.

Enfin, tu pourrais choisir de t'ouvrir à la beauté de la planète et de te détacher des simples interactions humaines. Ce choix te mènerait vers le **CHAPITRE 14**. Sur ce chemin, tu embrasserais une connexion plus profonde avec la nature, découvrant la sagesse et la paix qui résident dans le monde naturel. Tu apprendrais à voir au-delà des préoccupations humaines, à trouver la joie et l'épanouissement dans la simplicité de l'existence, dans le rythme des saisons et dans la symphonie de la vie sur Terre.

RESSOURCES RÉCUPÉRÉES PAR L'ÂME DANS CETTE VIE

Maturité émotionnelle : capacité de comprendre, gérer et exprimer efficacement ses émotions. Elle implique de reconnaître ses propres sentiments ainsi que ceux des autres, de répondre aux situations émotionnellement chargées avec réflexion et discernement, et de maintenir un équilibre émotionnel même dans des circonstances difficiles. La maturité émotionnelle permet également de gérer les conflits de manière constructive et de développer des relations plus profondes et plus satisfaisantes.

Tempérance : capacité de contrôler et modérer ses propres désirs ou comportements pour éviter les excès. Elle est souvent associée à la sagesse et à la discipline de soi. La tempérance permet de prendre des décisions réfléchies plutôt que de céder à des impulsions immédiates, favorisant ainsi un équilibre dans la vie personnelle et professionnelle.

Compassion : capacité de comprendre la souffrance d'autrui et le désir de soulager cette souffrance. Elle va au-delà de la simple empathie en incluant un élément actif de soutien et d'aide. La compassion implique de se mettre à la place de l'autre, de ressentir ses émotions et de prendre des mesures pour aider ou améliorer sa situation.

•••

•••

Capacité de pardon : faculté de laisser aller la rancœur, la colère ou le ressentiment envers une personne ou une situation qui a causé du tort. Le pardon ne signifie pas nécessairement oublier ou excuser le comportement, mais plutôt libérer les émotions négatives associées à cet événement. Cela implique souvent un processus de guérison émotionnelle et peut conduire à une paix intérieure et à la réconciliation avec les autres ou avec soi-même.

Chapitre 14

La nuit s'enroule autour de toi comme un manteau de velours, et tu t'éloignes de la lumière rassurante de ta demeure, attirée par l'appel envoûtant de la forêt sacrée. Druidesse, gardienne des anciens mystères, tu te prépares à célébrer le rituel le plus sacré de l'année, celui qui scelle ton engagement envers ta communauté et la Terre Mère.

Tes pas foulent le sol humide, et les sons nocturnes composent une symphonie envoûtante : le craquement des branches, le chant des grillons, le murmure du vent dans les feuilles. La forêt te berce dans ses bras, t'enveloppant de son énergie protectrice.

Le lieu du rituel se dévoile, un sanctuaire naturel où le temps semble s'être arrêté. Un cercle formé par des chênes majestueux et des pierres dressées, témoins silencieux des rites ancestraux, t'accueille. Au centre, l'autel de pierre, orné de symboles druidiques, vibre d'une énergie palpable.

Tu rejoins tes frères et sœurs dans le cercle, et une vague d'émotions t'envahit. L'air est électrique, chargé de la puissance des liens qui vous unissent. Chaque druide apporte son essence unique à ce rassemblement, créant une chaîne ininterrompue entre le passé, le présent et l'avenir. L'attente du rituel fait battre ton cœur à tout rompre, un mélange d'excitation et de respect profond pour ce moment sacré.

Lorsque les premiers rayons du soleil percent la canopée, illuminant le cercle d'une lumière dorée, un frisson d'extase te parcourt. Les chants s'élèvent, vibrants et harmonieux, comme une offrande à la nature. Tu te laisses emporter par la mélodie, un hymne à la vie, aux cycles éternels de la Terre, à la connexion invisible qui relie tous les êtres.

Le moment du breuvage sacré arrive enfin. Préparé avec soin et sagesse, il symbolise l'essence même de ton devoir. En le portant à tes lèvres, tu ressens la responsabilité immense qui repose sur tes épaules. La potion, fraîche et mystérieuse, est un pont vers une compréhension plus profonde de ton rôle en tant que gardienne de l'équilibre sacré.

La potion te traverse, et c'est une explosion de sensations qui t'emporte. Tu ne fais plus qu'un avec la forêt, fusionnant avec ses arbres majestueux et ses jeunes pousses, vibrant à l'unisson de leur force tranquille et de leur promesse de renouveau.

Le vent dans les feuilles devient ton propre souffle, une mélodie apaisante qui célèbre la vie. Les racines, ancrées dans la terre nourricière, te murmurent des histoires de connexion, de soutien, de vie puisée au plus profond de la Terre. Tu sens le rythme lent et puissant de la vie souterraine, un battement de cœur qui résonne dans chaque fibre de ton être.

Dans cette communion absolue, tu perçois les émotions des arbres comme jamais auparavant. Les vieux chênes te partagent une douce mélancolie, écho des siècles passés, tandis que les jeunes saules au bord de l'étang dansent avec une joie insouciante, vibrants de l'énergie de la vie nouvelle. Une vague d'empathie profonde te submerge, te connectant à leurs luttes silencieuses et à leurs triomphes discrets.

Ton esprit, uni à la forêt, s'étend à présent aux créatures qui l'habitent. Le cerf majestueux dans la clairière te transmet sa fierté et sa noblesse, remplissant ton cœur d'un respect immense. Le lapin blotti dans son terrier te confie sa timidité, son cœur vibrant d'une symphonie de prudence et d'innocence. Tu ressens sa vulnérabilité, un rappel poignant que chaque être vivant est précieux et joue un rôle crucial dans l'équilibre de la vie.

Les insectes, souvent ignorés, révèlent un monde fascinant sous les feuilles et dans les fissures de l'écorce. Tu perçois leur existence grouillante, chaque mouvement témoignant d'une danse complexe de survie. Leurs battements d'ailes, leurs déplacements précipités, tout souligne leur importance capitale dans l'harmonie de la nature.

Tu ressens l'énergie de chaque animal, des écureuils vifs aux renards rusés, leurs émotions, leurs espoirs et leurs craintes se confondant avec les tiens. Ce lien d'empathie dépasse les frontières des espèces, tissant une toile d'amour et de compréhension.

Alors que ta conscience s'élève, embrassant l'essence de la Terre, tu es saisie par la réalité vertigineuse de l'interconnexion de toute vie. Cette expérience transforme ton cœur, t'insufflant un désir ardent de protéger ces créatures, de préserver leur habitat. Tu comprends que leur bien-être et celui de la forêt sont intimement liés à ton propre destin, que tu es une gardienne de ce monde verdoyant, une voix pour ceux qui ne peuvent parler.

Dans les profondeurs de cette communion transcendante, ton esprit s'évade, s'affranchissant des limites de la forêt pour embrasser l'essence même de la Terre. Une sensation vertigineuse t'envahit, te révélant l'interconnexion de toute existence.

Le mouvement des marées, la pulsation puissante des océans, te submerge. Chaque vague qui se brise contre le rivage résonne en toi, un rappel incessant du cycle perpétuel de la vie. Portée par cette force, tu te balances au rythme des flots, un battement de cœur universel qui unit toutes les créatures marines. La grandeur de l'océan devient une part de toi, son mystère insondable ta nouvelle sagesse.

Le souffle du vent t'enveloppe ensuite, te transportant à travers des paysages contrastés : déserts brûlants, sommets enneigés, plaines verdoyantes. Chaque rafale murmure à ton oreille, raconte une histoire de survie, d'abondance ou d'aventure. Le vent, dans son voyage éternel, t'enseigne la liberté et la fluidité, la capacité à franchir toutes les frontières et à effleurer toutes les existences.

La chaleur bienfaisante du soleil sur la Terre te pénètre, infusant la vie partout où sa lumière dorée touche. Cette présence constante, nourricière, devient un symbole d'amour inconditionnel, de générosité universelle, alimentant chaque forme de vie.

Dans cette élévation, tu te sens à la fois infiniment petite et incroyablement vaste, une simple particule dans le tissu complexe de l'existence, mais aussi un esprit s'étendant pour embrasser la planète entière. Un sentiment d'humilité profonde, de merveille et de reconnaissance de ta place dans ce tout majestueux t'emplit.

En revenant à ton état normal, le monde autour de toi semble transformé – plus vivant, plus interconnecté. Une ardente volonté de protéger cette planète, de chérir chaque forme de vie qu'elle abrite, t'envahit. Tu te sens désormais liée à chaque élément de la nature, une connexion qui remplit ton cœur d'amour et d'un sentiment de devoir sacré.

Les larmes qui coulent sur tes joues ne sont ni de tristesse ni de peur, mais d'une joie immense, d'une gratitude sans bornes. Cette révélation émotionnelle est un moment de vérité pure, où tu comprends pleinement ton rôle dans le grand ballet de la vie.

Le cœur vibrant de la sagesse nouvellement acquise, tu retournes dans ton village, l'esprit bouillonnant d'un appel irrésistible à agir, à partager, à éveiller. La connexion que tu as ressentie dans la forêt ne t'a pas seulement transformée, elle a allumé en toi une flamme sacrée, une lumière qui doit maintenant éclairer ta communauté.

Portée par une détermination inébranlable, tu commences à enseigner le respect de la nature, non pas comme une simple règle à suivre, mais comme un mode de vie à embrasser. Tu t'adresses aux chasseurs, ces hommes dont les arcs et les flèches portent les traces de nombreuses quêtes, et tu leur parles du respect de la vie. Tu leur apprends à remercier chaque animal pour son sacrifice, à chasser non par orgueil, mais par nécessité, avec gratitude et honneur.

Aux femmes, tu transmets la sagesse des plantes, leur montrant comment cueillir sans ravager, comment prendre ce dont elles ont besoin tout en laissant la nature prospérer. Tu les guides à travers les herbes et les fleurs, leur apprenant à écouter les murmures des plantes, à comprendre leur langage et leurs dons.

Et pour les enfants, ces âmes pures et curieuses, tu deviens une conteuse, une gardienne des secrets des arbres. Tu les emmènes dans la forêt, leur montrant comment écouter les arbres, comment ressentir leur énergie, leur histoire. Tu leur apprends à voir la forêt non comme un simple lieu, mais comme un ami, un guide, un gardien de sagesse.

Dans chacune de ces rencontres, tu sens un feu brûler en toi, une passion qui ne demande qu'à être partagée. Ton amour pour la nature, cette connexion profonde que tu as vécue, devient un don que tu offres généreusement. Tu vois les yeux s'illuminer, les cœurs s'ouvrir, et tu sais que tu es en train de planter les graines d'un avenir où l'homme et la nature vivront en harmonie.

À présent, avec cette connaissance intime de la nature, plusieurs chemins s'ouvrent devant toi. Tu as le désir ardent de transmettre ton savoir, d'enseigner les vertus des plantes et les mystères de la forêt. Ce chemin de générosité et d'éducation te conduirait au **CHAPITRE 36**, où tu pourrais illuminer les esprits et guérir les corps.

Alternative

Mais alors, une tentation se présente à toi. Lors d'un rituel, une opportunité surgit : user de ton influence pour manipuler les croyances des autres à ton avantage. Tu pourrais te sécuriser un avenir confortable, éviter les conflits, vivre une vie agréable. La tentation est douce, séduisante, presque enivrante. Tu te tiens au bord de ce chemin, sentant le poids de la décision dans ton cœur. Ce chemin de facilité, mais aussi de duperie délibérée, te mènerait au **CHAPITRE 42**.

Dans cette même intersection de destins, une autre voie se révèle. Une recette de potion, capable de sauver des vies menacées par une épidémie, mais avec un danger mortel dans son dosage incertain. Tu te retrouves devant un choix déchirant : tester la potion sur toi-même, risquant ta propre vie pour assurer la sécurité des autres. C'est un acte d'altruisme pur, un sacrifice pour le bien-être de ta communauté. Ton cœur se serre à l'idée du danger, mais l'élan de protéger les innocents est plus fort. Cette décision courageuse et noble te mène au **CHAPITRE 43**.

RESSOURCES RÉCUPÉRÉES PAR L'ÂME DANS CETTE VIE

Optimisme et foi en l'avenir : disposition d'esprit qui consiste à voir le bon côté des choses et à croire que les événements évolueront positivement. Ils se caractérisent par une attente confiante envers l'avenir, une vision du monde positive et une propension à se concentrer sur les solutions plutôt que sur les problèmes. Ils se reposent sur une confiance fondamentale en la bonté humaine, en la capacité de l'homme à surmonter les obstacles et à construire un monde meilleur.

Connexion avec la nature : relation profonde et intuitive avec l'environnement naturel. Elle implique une compréhension empathique et un respect des cycles, des énergies et des êtres vivants qui composent le monde naturel. Les individus possédant cette qualité ressentent souvent un sentiment d'unité avec la nature et tirent de cette connexion inspiration, paix et équilibre. Ils sont également plus susceptibles de se préoccuper de la préservation de l'environnement et de la durabilité et ont un besoin plus grand de proximité avec la nature.

Sensibilité aux énergies subtiles : faculté qui permet de percevoir et d'interagir avec des forces invisibles qui influencent notre monde. Elle se manifeste par une intuition aiguisée, une empathie profonde et une capacité à lire les signes et les présages qui nous entourent. ***Ceux qui sont sensibles aux énergies subtiles*** ont souvent un lien profond avec la nature et les animaux. Ils peuvent ressentir les émotions des autres, percevoir l'aura des personnes et des lieux, et même communiquer avec des êtres spirituels.

•••

•••

Capacité à inspirer et à éveiller les consciences : talent rare et précieux. Elle implique une compréhension profonde de la nature humaine, une passion contagieuse et une vision du monde capable de toucher les cœurs et les esprits. ***Ceux qui possèdent cette capacité*** sont des leaders naturels, des guides et des mentors qui motivent les autres à se dépasser, à réaliser leur plein potentiel et à œuvrer pour un monde meilleur. Ils le font par leur exemple, par leurs paroles inspirantes et par leur engagement inébranlable dans leurs valeurs.

Chapitre 15

L'agora d'Athènes bourdonne comme une ruche agitée, un mélange vibrant de voix et d'attentes. Sous le ciel bleu éclatant, les rayons du soleil éclairent la place centrale où le destin politique se joue. C'est ici que dans quelques minutes, ton avenir va se jouer.

Les mois de préparation, les longues heures passées à écouter les maîtres de la rhétorique, à étudier les subtilités du langage et les caprices de la foule, tout cela converge vers cet instant. Les riches et puissants d'Athènes ont placé leurs espoirs en toi, te voyant comme le chevalier de leurs intérêts, le protecteur de leurs fortunes. La perspective de cette influence te fait frissonner d'excitation, chaque parcelle de ton être vibrant de la promesse du pouvoir.

Ton adversaire se tient en face de toi, un homme dont la sincérité transparaît dans chaque mot, chaque geste. Sa passion pour les misères du peuple, son amour pour la plèbe te semblent à la fois naïfs et exaspérants. Tu ne peux t'empêcher de ressentir un mépris profond pour cet homme qui, bien qu'issu de la même élite que toi, se complaît dans ses illusions de justice et d'égalité.

Les discussions, les débats, les négociations que tu as menés dans l'ombre te reviennent en mémoire. Chaque sourire feint, chaque poignée de main calculée, chaque promesse murmurée te rapproche de ton but ultime. Tu sais que cette élection est plus qu'une simple victoire ; c'est l'aboutissement de toutes tes aspirations, le tremplin vers des sommets encore plus élevés.

Le moment est venu. La foule se tait, suspendue à tes lèvres. Tu respires profondément, cherchant à incarner la figure du protecteur, du père de la nation. Tu veux être leur phare dans la tempête, celui qui les guide vers un havre de sécurité et de prospérité.

« Chers citoyens d'Athènes, commences-tu, ta voix résonnant clairement dans l'air matinal, nous nous trouvons aujourd'hui à un carrefour décisif de notre histoire. Autour de nous, le monde change, et nous devons prendre des décisions qui définiront notre avenir. »

Tu marques une pause, laissant tes mots s'insinuer dans l'esprit des auditeurs. « Nous devons renforcer nos frontières, protéger nos droits et prioriser notre peuple avant tout. » Ton ton se durcit, tes yeux balayant la foule avec intensité. « Une ouverture inconsidérée aux étrangers menace notre héritage et notre sécurité. Mon engagement est de veiller à la préservation de notre identité unique et de nos traditions. »

Ton discours est un tissu d'émotions puissantes. La peur, d'abord, une peur palpable de l'inconnu, de l'étranger qui menace de diluer l'identité athénienne. Puis, le nationalisme, un appel à la fierté, à la protection de ce qui est cher et familier.

Chaque mot est choisi pour son impact, chaque phrase conçue pour évoquer des images de fierté et de protection. Tu peins un tableau où l'ouverture est synonyme de faiblesse, de perte, et où la fermeture garantit force et sécurité.

Tu sens que tu as touché une corde sensible, exploitant leurs craintes les plus profondes pour te positionner comme leur sauveur, leur guide. Dans ton discours, il n'y a pas de place pour la nuance ou le doute ; c'est un monde noir et blanc que tu dépeins, où la seule voie de salut est celle que tu proposes.

« Je parle de la préservation, non pas de l'isolement. Athènes a toujours été une cité de sagesse et de force, et elle doit rester ainsi. Nous devons être forts, unis et déterminés à protéger ce qui fait notre grandeur. Sous ma direction, nous veillerons à ce que chaque décision, chaque action soit prise dans l'intérêt de notre peuple.

« Regardez autour de vous, commences-tu, ta voix portant à travers la foule. Voyez-vous l'Athènes que nous aimons ou une cité méconnaissable sous l'influence étrangère ? » Tu marques une pause pour laisser à tes mots le temps de s'insinuer dans l'esprit des auditeurs, semant des graines de doute.

« Ne risquons-nous pas de perdre notre identité, nos valeurs, dans ce prétendu progrès ? » Tu poses la question, mais ton ton suggère que tu connais déjà la réponse. C'est un avertissement, un appel à reconnaître un danger insidieux.

« Pensez à l'avenir de vos enfants dans une Athènes où nos propres traditions sont reléguées au second plan. » Tu parles avec passion, avec un sentiment d'urgence. Chaque mot est choisi pour résonner avec les craintes les plus profondes des Athéniens, pour éveiller un désir de préservation, un besoin de s'accrocher à ce qui est familier et rassurant.

Ta rhétorique est un mélange habile de nostalgie et d'alarmisme. Tu peins un tableau où l'identité athénienne, ce joyau précieux, est menacée par des vagues d'influences étrangères. C'est un discours qui joue sur les cordes sensibles de l'amour pour la patrie et la peur du changement, une stratégie conçue pour attirer les Athéniens vers ta vision d'une cité préservée, pure, inébranlable dans ses traditions.

Ta remarque est accueillie par quelques applaudissements. Ton adversaire s'avance. C'est son tour. Tu te concentres profondément pour analyser chaque élément de son discours afin de contre-attaquer.

Le murmure des applaudissements s'estompe alors que ton adversaire progresse. Tu affûtes ton esprit comme une lame, prêt à déchiffrer et à démanteler chaque mot qu'il prononcera.

« On vous parle de fermeture, mais je vois une Athènes ouverte et florissante. Imaginez une cité où l'éducation est accessible à tous, où de robustes infrastructures de santé soutiennent notre peuple, et où le commerce avec les autres cités enrichit notre économie. L'accueil d'étrangers apporte de nouvelles idées et compétences, essentielles pour notre croissance et notre diversité. »

« Mon adversaire se focalise sur la peur du changement. Mais souvenons-nous que la véritable grandeur d'Athènes réside dans notre capacité à évoluer et à nous adapter. Une société qui stagne est une société qui décline. » Sa voix, ferme et convaincante, se répand à travers la foule comme une vague, défiant ta rhétorique de conservation avec un appel au progrès et à l'adaptabilité.

« Nos traditions ne seront pas perdues, elles seront enrichies et revitalisées par de nouvelles perspectives. » Il étend les bras, comme pour embrasser l'ensemble de la foule, chaque geste renforçant son appel à l'ouverture et à l'innovation.

« Imaginez une Athènes où nos enfants grandissent dans une société riche de connaissances, où les marchés regorgent de diversité, où les prix sont raisonnables et où chacun peut manger à sa faim. » Ses mots peignent un tableau vivant d'une Athènes dynamique, un lieu de rencontre et d'échange, une cité qui embrasse le futur tout en respectant son passé.

« Une Athènes où la rencontre de cultures diverses crée un mélange savant d'idées, propices à l'innovation et à la prospérité. » Il parle avec passion, ses yeux brillant de la vision d'une cité en constante évolution, un phare de sagesse et de richesse dans un monde en mutation.

La foule réagit avec un mélange de réflexion et d'émerveillement. Certains acquiescent, séduits par la promesse d'une Athènes renouvelée et revitalisée, tandis que d'autres semblent encore peser ses mots et les tiens.

En te préparant pour ta réplique, tu ressens la force de ses arguments, la manière dont ils défient directement ton appel à la préservation. C'est un adversaire redoutable, un orateur capable de captiver et de persuader avec une vision d'avenir ambitieuse et inspirante. Ces belles promesses, bien que séduisantes, sont un chant des sirènes menant Athènes vers les récifs dangereux de la misère. Tu ne peux permettre que son illusion de grandeur dilapide les richesses durement gagnées de l'élite dont tu fais partie.

Alors que ton adversaire termine, les acclamations de la foule te piquent. Tu te lèves, tes traits masquant à peine ton mépris pour ses idéaux naïfs. C'est ton tour de parler, de ramener la foule à la réalité, de leur montrer la vérité derrière les fables.

« Mes chers citoyens, commences-tu, ta voix imprégnée d'une gravité solennelle, les visions de mon adversaire, bien qu'admirables, ne sont que des chimères. Oui, nous voulons tous une Athènes prospère et juste, mais à quel prix ? Qui paiera pour ces infrastructures grandioses, ces programmes ambitieux ? Qui donc de nos citoyens sera taxé jusqu'à l'épuisement pour financer ces rêves ? »

Tu parcours la foule du regard, laissant tes mots s'imprégner dans leur esprit. « Nous devons être pragmatiques. Nous devons penser à la prospérité durable d'Athènes, et non à de vains idéaux qui nous mèneront à la ruine. Les richesses d'Athènes doivent être protégées et cultivées, non dilapidées dans des projets irréalistes. »

La tension dans l'agora d'Athènes est palpable, comme si l'air même attendait tes mots. Tu te redresses, ton port altier trahissant un mélange de confiance et de mépris calculé. Ton regard balaye la foule, chaque visage est un juge dans ce tribunal de l'opinion publique.

« Chers Athéniens, ta voix résonne avec assurance, je m'engage à renforcer notre sécurité et à stimuler notre économie en supprimant les taxes qui étouffent nos commerçants. Pourquoi devrions-nous sacrifier notre prospérité actuelle pour des projets futurs incertains ? Ma politique assurera une Athènes forte et indépendante. »

Tu perçois dans les yeux de tes concitoyens un mélange de scepticisme et de curiosité. Ils pèsent tes mots, cherchant la substance derrière le style. Ton ton est condescendant, presque paternaliste, comme si tu éduquais la foule naïve.

« Mon cher adversaire rêve d'un avenir incertain. Nos citoyens ont besoin de solutions maintenant, pas de promesses lointaines. Mes plans sont ancrés dans la réalité et répondent aux besoins immédiats de notre peuple. »

Tu joues sur la corde de la peur, une manipulation subtile mais efficace. « Voulez-vous vraiment confier votre avenir à des projets incertains ? Pensez à la sécurité de vos familles, à la stabilité de vos emplois. Mon adversaire souhaite redistribuer nos richesses, favorisant ainsi les éléments les plus pauvres qui, osons le dire, profitent déjà de notre indulgence. Allons-nous sacrifier la prospérité de nombreux Athéniens pour des idéaux qui ne profitent qu'à une minorité ? C'est une question de justice et d'équité pour ceux qui travaillent dur et contribuent le plus à notre société. »

Ton adversaire s'avance alors, son air sincère te désole. Ses yeux sont brûlants de conviction.

« Citoyens d'Athènes, commerçants ou simples citoyens. Vous n'êtes pas ceux qui vont perdre de l'argent. Ce sont vos maîtres, vos patrons qui détiennent les richesses, commence-t-il, sa voix portant clairement à travers l'assemblée. Mais souvenons-nous, l'humanité ne se divise pas en partageant, elle grandit. Ce n'est pas en bâtissant des murs, mais des ponts, que nous prospérons. »

Tu observes la réaction de la foule, discernant un mélange de contemplation et de considération. Les mots de ton adversaire touchent une corde sensible, une aspiration à une Athènes plus inclusive, plus équitable.

« Notre richesse doit servir à élever chaque citoyen, pour une Athènes plus forte et plus unie, poursuit-il. Ne sommes-nous pas tous athéniens ? Chacun, riche ou pauvre, apporte sa pierre à l'édifice de notre grande cité. Ce n'est pas en excluant mais en incluant que nous bâtissons un avenir prospère pour tous. »

Tu ressens une tension dans la foule, une lutte entre la peur de l'ouverture et l'espoir d'un avenir plus juste. Ton adversaire parle avec une sincérité qui contraste fortement avec ton discours calculé et stratégique.

« Alcibiade parle de protéger les riches, mais qu'en est-il des autres ? interpelle-t-il. Une société juste ne favorise pas seulement une élite, elle offre des chances égales à tous. Notre but doit être une prospérité partagée, pas une richesse isolée. »

Tu perçois la force de ses arguments, la manière dont ils défient directement ta vision. Il peint un tableau d'une Athènes inclusive, égalitaire, un idéal qui séduit une partie de la foule.

La foule applaudit, semble transportée. Alors que ton adversaire conclut sous les acclamations, tu gardes la tête froide.

Tu observes la foule, discernant dans leurs yeux un mélange d'admiration et de scepticisme. C'est le moment que tu as attendu, le moment de jouer ta carte maîtresse.

Avec une confiance assurée, tu t'avances, ton regard capturant l'attention de chaque Athénien présent. « Chers Athéniens, commences-tu, ta voix empreinte d'une indignation soigneusement mesurée, il est temps de révéler une vérité cachée sur mon estimé adversaire. »

Le silence se fait, alors que la foule retient son souffle. « Cet homme, qui prétend être un défenseur des pauvres, possède en réalité une demeure luxueuse dans les hauteurs de notre ville. Un palais qui coûte une fortune. Comment peut-il comprendre vos luttes, alors qu'il baigne dans le luxe ? »

Ton discours, chargé d'une fausse empathie, frappe l'image de ton adversaire comme un coup de tonnerre. La foule murmure, le doute s'insinuant dans leurs esprits.

« Et tandis qu'il profite de sa richesse, il vous demande de partager vos biens modestes. Où est l'équité dans cela ? N'est-ce pas le summum de l'hypocrisie ? » Chaque mot est choisi pour attiser les flammes de la méfiance, ébranler la foi des Athéniens en cet homme.

Ton adversaire, décontenancé, balbutie une réponse, son visage trahissant une confusion qui se lit comme de la peur et de la culpabilité aux yeux de la foule. Sa stature, autrefois imposante, semble s'effriter sous la pression de ton accusation.

Avec une assurance triomphante, tu conclus : « Et pourtant, pendant qu'il regarde Athènes depuis les hauteurs, loin des quartiers misérables, moi, je suis en contact quotidien avec nos forces de l'ordre. Je connais la réalité des rues, les agressions de la part des étrangers que subissent nos citoyens. Je suis avec vous, dans le vécu réel de notre cité. »

La foule réagit vivement, certains secouant la tête en signe d'approbation, d'autres chuchotant entre eux, leurs visages reflétant la stupeur. Tu as inversé le cours de l'opinion publique, semant le doute et l'incertitude dans l'esprit des citoyens.

En te retirant du podium, un sourire confiant aux lèvres, tu savoures la sensation de victoire. La foule commence à scander ton nom, un murmure qui se transforme en un chœur retentissant. Tu es persuadé d'avoir remporté non seulement le débat, mais aussi l'élection. Le goût de la victoire est doux, et tu te délectes de chaque moment, confiant dans le succès de ta stratégie. Tu as triomphé, et Athènes, tu le sais, sera témoin de ton ascension et tu pourras la façonner à ton image.

Quelle sera ta prochaine action ?

Le crépuscule approche, et avec lui, le moment de prendre une décision. Le succès de ton discours résonne encore dans l'agora, mais tu sais que la victoire ne s'arrête pas là. Tu dois choisir la voie à suivre, la manière dont tu vas utiliser ton influence nouvellement acquise.

Si ton âme aspire à défendre les autres, à utiliser ta position pour les protéger et les soutenir, alors tu te dirigeras vers le **CHAPITRE 34**.

En revanche, si tu préfères t'intégrer davantage dans la société, en te mêlant aux autres pour mieux comprendre leurs besoins et leurs désirs, alors le **CHAPITRE 26** sera ton choix.

RESSOURCES RÉCUPÉRÉES PAR L'ÂME DANS CETTE VIE

Confiance en soi : certitude qu'a une personne en ses propres capacités et jugements. Elle lui permet de faire face aux défis, de prendre des décisions en toute assurance et de maintenir une posture positive même dans les situations difficiles. La confiance en soi est

•••

•••

cruciale pour la prise de risque, la gestion du stress et l'affirmation de soi dans des interactions sociales et professionnelles.

Talents oratoires : capacité à parler en public de manière efficace et convaincante. Cela inclut non seulement la qualité de l'élocution et la clarté du discours, mais aussi la capacité à structurer et à présenter les idées de manière logique et engageante. Les bons orateurs savent captiver leur auditoire, susciter des émotions et persuader leur audience grâce à une communication puissante et maîtrisée.

Charisme : qualité qui permet de captiver, d'inspirer et d'influencer les autres grâce à son allure, son énergie, son éloquence ou son authenticité. Une personne charismatique a souvent un effet magnétique, attirant naturellement l'attention et le respect. Le charisme peut être inné ou développé et est généralement considéré comme un atout majeur dans le leadership et les relations sociales.

Perspicacité sociale : capacité à comprendre et à naviguer habilement dans les situations sociales. Elle implique une compréhension aiguë des dynamiques sociales, des émotions et des motivations des autres, ainsi que la capacité à interpréter et à répondre de manière appropriée à différents contextes sociaux. Une personne socialement perspicace est souvent capable de déchiffrer des signaux subtils dans la communication et de s'adapter de manière flexible à divers environnements sociaux.

Chapitre 16

La matinée s'annonce paisible, un calme trompeur qui enveloppe les champs dorés bordant ta modeste ferme. Tu observes le Vésuve au loin, sa silhouette imposante dominant le paysage de Pompéi en contrebas.

« Le sol tremble plus souvent ces derniers jours, murmure ton mari, ses yeux scrutant avec nervosité le sommet du volcan. Ce n'est pas bon signe.

— C'est vrai, mais ce n'est pas la première fois, réponds-tu, tentant de dissiper tes propres inquiétudes.

— Je n'aime pas ça... Ça me rappelle les légendes de mon grand-père », murmure-t-il, les sourcils froncés.

Tu hoches la tête, partageant ses sentiments mais refusant de céder à la peur. Tu poursuis ta journée, mais l'ombre du Vésuve semble te suivre, pesante et menaçante.

Le soir venu, assise à la table avec ton mari et tes enfants, la conversation tourne inévitablement autour du volcan. « Peut-être devrions-nous partir, au moins pour quelques jours, suggère ton mari, la voix teintée d'hésitation.

— Et aller où ? Tout ce que nous avons est ici, répliques-tu, ton cœur battant à l'idée d'abandonner ta ferme, ta vie.

— Je crains pour les enfants », murmure-t-il, jetant un regard protecteur sur vos fils qui jouent, inconscients du danger.

Tu acquiesces silencieusement, partagée entre l'instinct de protéger ta famille et le désir de ne pas céder à la panique. La nuit est agitée, tes pensées tourbillonnant dans un mélange d'incertitude et de peur.

Au village, tu te heurtes aux discussions inquiètes des villageois. On raconte des histoires anciennes, des légendes de montagnes crachant feu et mort. Tu les écoutes, une boule d'angoisse grandissant dans ton ventre.

Chez toi, tu remarques de petites fissures sur les murs de ta maison, des lignes subtiles qui semblent se moquer de ton inquiétude croissante. Puis, il y a ces sources d'eau, auparavant claires et rafraîchissantes, qui se troublent soudainement, comme empoisonnées par quelque mal imperceptible.

Le comportement des animaux change également. Les oiseaux, d'ordinaire si joyeux dans leur chant matinal, se taisent étrangement, comme étouffés par une peur invisible. Les chiens, fidèles compagnons de ta ferme, gémissent sans raison apparente, leurs yeux inquiets fixés sur le lointain Vésuve.

Les villageois parlent de ces changements avec une nervosité croissante. « Les dieux doivent être en colère, murmure une vieille femme en secouant la tête, ses yeux remplis de superstition. Peut-être que ces histoires de nos anciens sur le Vésuve ne sont pas que des mythes », dit-elle d'une voix hésitante.

Puis, sans avertissement, l'impensable se produit.

Un rugissement sourd, émanant des entrailles de la Terre, déchire la réalité. Un son primordial, une colère tellurique qui secoue le monde. Tu te précipites hors du lit, le cœur battant à tout rompre.

Le ciel s'assombrit brutalement, comme si le soleil fuyait la fureur du Vésuve. Une colonne de fumée noire et de cendres s'élève, engloutissant le bleu azur dans un cauchemar de ténèbres.

La terreur t'envahit, glaciale et implacable. « Les enfants ! » Tu te précipites vers leur chambre, les arrachant à leur sommeil innocent. Leurs petits corps sont légers dans tes bras, inconscients du chaos qui s'abat sur le monde.

« Vite, il faut partir ! » hurle ton mari, la peur déformant sa voix.

La cendre tombe, une pluie de mort transformant le jour en une nuit suffocante.

Alors que tu traverses les champs en courant, la cendre s'accumule, un linceul funeste recouvrant la terre. L'air se charge de cris et de pleurs, l'éruption transformant la campagne en un théâtre d'apocalypse.

La peur te guide, poussant chaque fibre de ton être à son paroxysme. Chaque respiration est une lutte contre la cendre qui s'infiltre dans tes poumons, chaque pas une course contre la fin du monde.

Au milieu de cette désolation, la seule pensée qui te maintient debout, qui guide chacun de tes pas désespérés, est la protection de ta famille. La vue du Vésuve, crachant sa colère dans le ciel, te hante à chaque instant, un monstre de légende devenu une réalité terrifiante.

Dans cette pénombre surnaturelle, tu conduis ta famille vers la forêt voisine, tes pieds trébuchant sur le sol accidenté. Les cendres tombent comme une neige noire, recouvrant tout d'un voile de mort. Les enfants pleurent, leurs visages pâles et effrayés à peine visibles dans la demi-obscurité. Tu les serres contre toi, essayant de les rassurer avec des mots que tu as toi-même du mal à croire.

La douleur des pierres ponces aiguës tombant du ciel s'ajoute à l'horreur de la situation. Bien que petites, elles frappent durement, laissant des marques rouges sur votre peau exposée. Tu protèges tes enfants de ton corps, endurant la douleur pour les préserver autant que possible.

Épuisés, blessés et terrifiés, vous trouvez refuge dans une clairière de la forêt, loin de la pluie mortelle de cendres et de pierres. Là, vous vous blottissez les uns contre les autres, cherchant un peu de chaleur et de réconfort dans cette nuit interminable.

Ton mari, malgré sa propre fatigue et sa peur, s'aventure à la recherche de nourriture et d'eau. Chaque départ est un crève-cœur, chaque retour un soulagement immense. Sa détermination à prendre soin de sa famille dans ces circonstances effroyables est un phare dans l'obscurité qui vous entoure.

Quant à toi, ta priorité est de protéger tes fils. Tu les gardes près de toi, les enveloppant dans des étreintes rassurantes, racontant des histoires pour les distraire de la peur et de la faim. Chaque bruit dans la forêt te met en alerte, chaque craquement te fait sursauter, mais tu restes forte pour eux, un pilier de courage dans un monde qui semble s'effondrer.

Le ciel commence enfin à s'éclaircir, révélant un paysage méconnaissable. L'ombre oppressante de la cendre se dissipe peu à peu, laissant place à une lumière pâle et incertaine. C'est avec une appréhension palpable que tu te diriges vers ce qui fut autrefois ton foyer.

À l'approche de ta ferme, le spectacle est dévastateur. Les champs autrefois verdoyants sont désormais un désert gris, recouvert d'une épaisse couche de cendres. Le bétail, jadis source de vie et de subsistance, gît immobile, des silhouettes figées dans un dernier sommeil. Ton cœur se serre à la vue de ces animaux que tu chérissais, à présent réduits à de tristes vestiges de ce désastre.

De ta maison, il ne reste rien. Là où se dressaient les murs familiers et le toit protecteur, il n'y a plus qu'un amas de décombres et de cendres. Chaque pas dans ce qui fut ton chez-toi réveille des souvenirs, des éclats de vie passée qui semblent désormais appartenir à un autre monde. La perte est vertigineuse, un gouffre de désolation qui s'ouvre sous tes pieds.

Le chemin vers le village est jonché d'obstacles, de vestiges calcinés et de débris. L'air est lourd, imprégné d'un silence mortel. L'entrée du village, auparavant si accueillante, est méconnaissable, bloquée par les restes carbonisés de ce qui était autrefois des maisons et des boutiques. Tu ne peux qu'imaginer le sort des habitants qui n'ont pas eu la chance de fuir à temps. La réalité de cette catastrophe te frappe de plein fouet, te laissant sidérée, submergée par un sentiment d'irréalité.

En revenant sur les ruines de ta maison, tu t'effondres, laissant libre cours à ta peine. Les larmes coulent sur tes joues noircies, chaque sanglot un adieu à un passé désormais perdu. La douleur est immense, presque insupportable, mais au milieu de cette désolation, une étincelle de détermination commence à briller en toi.

Graduellement, cette étincelle se transforme en une flamme de résolution. Tu refuses de te laisser submerger par le désespoir. Face à la perte, tu choisis de te battre pour l'avenir, pour tes enfants, pour tout reconstruire de tes propres mains. Tu te relèves, essuyant tes larmes, ton regard déterminé fixé sur ce qui reste de ton foyer.

Avec un courage renouvelé, tu commences à planifier la reconstruction. Chaque pierre retirée, chaque débris écarté est un pas vers un nouveau départ. Tu es résolue à reconstruire non seulement ta maison, mais aussi ta vie, pièce par pièce, jour après jour.

La résolution de rebâtir ta vie à partir des cendres est ferme et inébranlable. Aux côtés de ton mari, tu te lances dans la tâche ardue de reconstruire votre maison. Chaque pierre que vous soulevez, chaque planche que vous assemblez est un acte de défi face à la catastrophe qui a fauché votre ancienne vie. Vos mains, bien que marquées par les écorchures et la fatigue, sont animées par une détermination inépuisable.

Les journées sont longues et éreintantes, mais chaque soir, en voyant les progrès accomplis, un sentiment de fierté vous envahit. Petit à petit, les murs s'élèvent, formant le squelette d'un nouveau foyer, symbole de votre persévérance et de votre espoir.

Pour subvenir à tes besoins et compléter les maigres ressources que vous avez pu sauver, tu te rends au village voisin. Là, tu proposes tes services à une ferme d'oliviers. Ton travail acharné, ta détermination à apprendre et ta résilience t'attirent rapidement l'admiration et le respect du propriétaire. Les villageois, touchés par ton histoire et admiratifs de ton courage, n'hésitent pas à t'offrir du fromage ou les restes de leurs ventes au marché. Chaque jour de labeur t'apporte non seulement un peu d'argent, mais aussi un sentiment d'utilité et de reconnexion avec la vie.

Un jour, une vieille dame du village, émue par ta situation, te donne quelques œufs. « Fais-les éclore, te dit-elle avec un sourire bienveillant, ils te donneront des poules, et les poules, des œufs. C'est un petit début, mais c'est toujours un début. » Ses paroles résonnent en toi comme une promesse d'avenir, un cycle de vie et de renouveau.

Avec soin, tu places les œufs dans un endroit sûr et chaud, veillant sur eux avec une attention maternelle. Les jours passent, et ta patience est récompensée : de petits poussins émergent, fragiles et piailleurs, symboles de la nouvelle vie qui prend racine dans votre existence meurtrie.

Tu construis un petit poulailler avec des matériaux récupérés, chaque clou planté étant un pas vers l'autonomie. Tu regardes les poussins grandir, leurs premiers battements d'ailes maladroits te remplissant de joie. Ils sont le début de ton élevage, la promesse de jours meilleurs.

Chaque matin, tu te lèves avec une énergie renouvelée, prête à affronter les défis du jour. Tu travailles dur, ta force intérieure guidant chacun de tes gestes. Ta ferme, autrefois détruite, commence à reprendre vie sous tes mains habiles.

Les moments de désespoir et de doute sont nombreux, mais la flamme de l'espoir brûle toujours en toi. Tu refuses de te laisser submerger par la tristesse ou la résignation.

Tu es déterminée à construire un avenir meilleur pour ta famille, un avenir où le rire de tes enfants résonnera à nouveau dans une maison pleine de vie et de chaleur.

Tu te consacres à la culture des oliviers, apprenant les subtilités de leur entretien, la façon de cueillir les olives à la main et l'art de les transformer en une huile dorée et parfumée. Cette expérience te donne une nouvelle perspective, une nouvelle compétence à ajouter à ton répertoire déjà riche.

Inspirée par cette nouvelle passion, tu décides d'investir les premiers gains de la vente de tes œufs dans l'achat d'un jeune olivier. Tu le plantes avec soin sur ta propre terre, le regardant grandir jour après jour, avec une affection presque maternelle. Au fil des saisons, l'arbre s'épanouit, ses branches se couvrant de feuilles vertes et luisantes.

Quand vient le moment de la première récolte, tu ramasses les olives avec une excitation mêlée de fierté. Sous tes mains habiles, elles se transforment en une huile d'olive riche et savoureuse, un produit de ta propre création. Tu commences à vendre cette huile dans les marchés locaux, où les clients, touchés par ton histoire, achètent tout ce que tu produis en quelques minutes.

Ta persévérance dans la culture de l'olivier et la production d'huile d'olive se traduit par un succès financier que tu n'avais jamais imaginé. La vente de l'huile, ajoutée à tes autres revenus agricoles, te permet de subvenir aux besoins de ta famille avec une aisance inédite. Tu réinvestis une partie de ces gains dans l'achat de nouveaux oliviers, envisageant déjà une petite oliveraie florissante sur ta propriété.

Avec le temps, ta ferme devient un symbole de renaissance et de prospérité, un témoignage vivant de ta résilience et de ton ingéniosité. Ta capacité à transformer un désastre en une opportunité est une source d'inspiration pour beaucoup. Tu deviens non seulement une fermière respectée, mais aussi un modèle pour les autres.

La réussite de ta ferme d'olives et la prospérité retrouvée sont le fruit de ta persévérance indéfectible. Tu as prouvé que même face aux plus grandes adversités, il est possible de rebâtir, de grandir et de prospérer. Ta ferme, autrefois dévastée, est maintenant un jardin d'abondance, et ta famille, un exemple vivant de ce que l'on peut accomplir avec courage et détermination.

À présent, ton âme est face à un choix crucial, deux nouvelles voies s'ouvrent devant toi. Ton âme veut faire sa place dans la société sur Terre. Le premier chemin t'invite à utiliser la manipulation pour te hisser aux sommets, au **CHAPITRE 32**. Tu y apprendras l'art de la persuasion, utilisant ton intelligence et ton charisme pour naviguer dans les eaux troubles de la politique et du pouvoir. Tes actions pourront être controversées, mais tu seras guidée par un désir de réussite et d'influence.

Si tu choisis le **CHAPITRE 15**, tu préfères uniquement mobiliser tes qualités pour arriver à tes fins. Dans ce scénario, tu te concentres sur l'honnêteté, la transparence et le travail acharné pour atteindre tes objectifs. Tu deviendras un modèle de vertu, inspirant les autres par ton intégrité et ton engagement envers la justice et l'équité. Ta voie sera peut-être plus longue et moins brillante, mais tu estimes l'effort plus important que le progrès.

RESSOURCES RÉCUPÉRÉES PAR L'ÂME DANS CETTE VIE

Esprit d'initiative : capacité de prendre des décisions autonomes et de lancer des actions de manière proactive. Une personne avec un esprit d'initiative agit sans attendre d'être dirigée, identifiant les opportunités ou

•••

•••

les problèmes et agissant en conséquence pour trouver des solutions ou exploiter ces opportunités.

Ingéniosité : capacité de penser de manière créative et innovante, en trouvant des solutions rapides et efficaces à des problèmes complexes, souvent avec des ressources limitées. Cela implique une pensée flexible, la capacité à s'adapter aux situations changeantes et à concevoir des solutions originales.

Ténacité : qualité d'être déterminé et persévérant, même face à des difficultés ou des défis. Elle implique une forte volonté et une résolution inébranlable. Une personne tenace s'accroche à ses objectifs et continue d'essayer, même lorsque les choses semblent difficiles ou presque impossibles. Elle ne se laisse pas facilement décourager par les échecs et trouve des moyens de surmonter les obstacles. La ténacité est souvent associée à la résilience, mais elle se concentre davantage sur la persistance et la détermination continue dans la poursuite d'un objectif ou la réalisation d'une tâche.

Sens des affaires : capacité de comprendre et de gérer les aspects commerciaux et financiers d'une activité. Cela implique une compréhension des marchés, de la gestion des finances, de la stratégie commerciale et de la capacité à identifier et à saisir les opportunités économiques. Une personne ayant un bon sens des affaires sait comment faire prospérer une entreprise ou un projet en prenant des décisions judicieuses et en maximisant les ressources disponibles.

17
Chapitre

L'Écosse. Des terres où la brume s'accroche aux vallées comme un voile de mystère. Ton village, blotti au creux de ce paysage sauvage, est soumis à une tradition ancestrale, aussi sombre qu'impitoyable. Tous les trente ans, le dernier enfant né de l'année est offert en sacrifice au sorcier de la forêt. Un rituel barbare censé apporter protection et prospérité.

Tu es enceinte. Chaque jour, l'angoisse te serre la gorge comme un étau. Tu pries pour que ton enfant échappe à ce destin cruel. Les murmures des anciens résonnent dans ton esprit, évoquant la nécessité de ce sacrifice pour éloigner la maladie et le malheur. Des paroles qui sonnent comme une sentence.

Chaque soir, tu t'endors dans la terreur. La peur te noue l'estomac, et tes cauchemars te hantent : des pleurs d'enfants perdus dans les ténèbres de la forêt. Dans le village, les discussions sur le rituel tournent en boucle, attisant la peur et le désespoir.

Tu te retrouves parfois à discuter avec les autres femmes enceintes, partageant en silence le poids de cette tradition. Leurs regards trahissent une empathie muette, mais aussi une résignation profonde.

« Ce que nous donnons, le sorcier nous le rend au centuple, tente de justifier l'une d'elles, grâce à lui, nous pouvons guérir des maladies qui déciment les autres villages. » Mais ses paroles sonnent creux à tes oreilles. Une maigre consolation face à l'idée de perdre ton enfant.

Un jour, le couperet tombe : l'autre femme enceinte du village a accouché. Ton sang se fige dans tes veines. Ton enfant sera le prochain sacrifice. La terreur te glace le sang, et chaque battement de ton cœur devient un écho de douleur.

Dans le village, les regards se posent sur toi, emplis de compassion et de vigilance. Ils craignent que tu ne cèdes à la folie, que tu ne tentes de fuir avec ton enfant à naître. Tu te sens prisonnière, chaque jour te rapprochant inexorablement de l'inéluctable.

Le temps s'écoule, impitoyable. La date fatidique approche à grands pas. L'ombre du sacrifice plane sur ton village, étouffant tout espoir. Ton cœur se brise à petit feu, rongé par la peur et l'impuissance.

La douleur te foudroie. Des vagues implacables qui tordent ton corps et broient ton âme. La terreur te mord les entrailles, car chaque spasme annonce le sacrifice imminent. Tes cris, étouffés par les murs de ta chaumière, résonnent comme ceux d'une bête traquée, d'une mère suppliante. Tu voudrais retenir l'enfant dans ton ventre, le protéger des crocs cruels de la tradition.

Enfin, la délivrance. Mais ton bébé est arraché à tes bras avant même que tu puisses apercevoir son visage. Tu te soulèves, vacillante, portée par une force primitive, une rage maternelle qui te consume.

« Laissez-moi le voir ! hurles-tu, ta voix brisée par l'angoisse. Je dois le nourrir, le serrer dans mes bras, juste une fois ! »

Mais les femmes du village t'encerclent, leur visage empreint de compassion et de fatalité. « Non, ma fille, c'est impossible, murmure l'une d'elles, des larmes dans les yeux. Cet enfant ne t'appartient plus. Il appartient à la forêt, au sorcier. »

Tu marchandes, tu supplies, tu promets l'impossible pour retrouver ton petit être. Mais leurs réponses sont des murs infranchissables. « C'est la tradition, pour le bien du village. Tu en auras d'autres », chuchotent-elles, des paroles vides qui sonnent comme un affront à ta douleur.

Des mains fermes te retiennent, t'empêchant de rejoindre ton enfant, de lui dire un dernier adieu. Des larmes coulent sur leurs joues, partageant ta peine, impuissantes face au destin. Tu te bats, ton corps et ton esprit refusant cette séparation brutale, ce vol de ta chair et de ton sang.

« Oublie-le », conseillent-elles. Mais comment oublier une partie de toi arrachée de ton être ? Comment renoncer à cette vie que tu as portée, aimée avant même de la connaître ? La douleur est un gouffre béant qui engloutit toute lumière, tout espoir.

Ses pleurs s'éteignent dans la nuit glaciale. On l'emporte aussitôt dans la forêt, comme le veut la tradition.

Chaque matin depuis ce jour funeste est une nouvelle épreuve, un rappel cinglant de l'absence qui te ronge. Tes nuits sont hantées par les cris fantômes de ton enfant, par une douleur lancinante qui te transperce le cœur à chaque soupir du vent. Tu te laisses aller à un état de semi-conscience, où la réalité et les cauchemars se confondent dans une danse macabre.

Mais au fond de cet océan de chagrin, une idée folle germe, tenace et sauvage. Une lueur dans ton obscurité : rencontrer le sorcier. L'implorer, le supplier de te rendre ton enfant. Peu importe le prix, peu importe les dangers.

Tu dissimules ton plan sous un voile de douleur, feignant une convalescence lente. Tes compagnes de village t'entourent avec des tisanes et des paroles de réconfort, mais tu es déjà loin, perdue dans tes pensées.

Un matin, sous prétexte de cueillir des plantes médicinales, tu t'éclipses du village. Chaque pas que tu fais vers la masure du sorcier est un acte de rébellion, une déclaration silencieuse de ta détermination. Ton cœur tambourine dans ta poitrine, une symphonie de peur et d'espoir qui s'intensifie à mesure que tu approches de son domaine.

La forêt se referme autour de toi, les arbres se dressant comme des sentinelles d'un secret ancestral. Le chemin est sinueux, tortueux, comme s'il cherchait à te dissuader de poursuivre. Mais tu continues, chaque pas est un défi à ce destin qui t'a été imposé.

Lorsque tu aperçois enfin la masure, un frisson te parcourt l'échine. C'est un lieu de légendes, un endroit que les habitants du village chuchotent avec crainte et respect. Le toit de chaume est bas, presque étouffant, et les murs de pierre sont couverts de mousse, comme si la nature elle-même cherchait à reprendre ses droits.

Ton souffle est court, tes mains tremblent, mais tu avances, poussée par un amour maternel qui surpasse la peur. Le cri de ton bébé te parvient, clair et vibrant, déchirant le silence qui enveloppe la cabane. C'est un son qui te donne la force de poursuivre ta mission.

La porte cède, grinçant sous ton poids. Un choc te saisit : le sorcier, vieillard voûté, nourrit ton bébé avec tendresse. Des effluves de plantes emplissent l'air, l'atmosphère paisible te désarçonne.

Le sorcier te dévisage. Son visage buriné par le temps révèle, dans ses yeux perçants, une profondeur insoupçonnée. Surpris, peut-être effrayé par ton intrusion, il reste immobile, jaugeant l'impact de ta présence.

Ton bébé est là, dans ses bras, nourri et choyé. Sa peau rose, ses gazouillis témoignent d'un soin attentif. Ton cœur se gonfle à la vue de ton enfant, un torrent d'amour et de soulagement t'inondant.

L'homme te fixe, un mélange de curiosité et d'appréhension dans son regard. « Que veux-tu ? » demande-t-il d'une voix douce, presque hésitante.

Tu t'approches, les yeux rivés sur ton enfant. « Je veux mon bébé », murmures-tu, ta voix trahissant la tempête d'émotions qui te secoue.

C'est là, dans cette masure isolée, que commence un dialogue crucial. Tu découvres qu'à chaque génération, l'enfant offert devient le gardien d'un savoir ancestral, vital pour le village. Le sorcier, loin d'être le monstre des légendes, est un protecteur, un guérisseur perpétuant des traditions et des connaissances essentielles. Mais cette vérité doit rester cachée. La peur qui l'entoure est le seul rempart contre la colère et la vengeance des villageois, face à un remède inefficace ou une guérison manquée. Des tragédies passées ont gravé cette leçon dans le marbre, et seul le mythe assure la sécurité du sorcier et la survie des villageois.

Ton bébé, entre tes bras, est un miracle de vie au cœur de ce lieu empreint de mystère. Tu l'allaites, le berces, lui offrant des moments de maternité que tu pensais à jamais perdus. Chaque sourire, chaque gazouillement apaise ton cœur meurtri. L'homme, dans son coin, observe, dissimulant son émotion derrière une indifférence feinte. Sa priorité est de préparer ton fils à sa future mission, de lui transmettre le savoir avant que la mort ne le frappe.

Ton rôle se transforme, de mère éplorée à alliée et soutien de cet homme solitaire. Ta présence devient une source de réconfort, non seulement pour ton fils, mais aussi pour le sorcier. Entre les murs de pierre et les poutres de bois, un lien se tisse, discret mais puissant. Tu prends soin de l'homme comme d'un frère, partageant des repas, des histoires et parfois des silences lourds de sens.

Au fil des jours, tes visites deviennent une routine, un rituel presque sacré. Tu vois ton fils grandir, évoluer sous l'aile du sorcier, apprenant les secrets des plantes, les murmures de la forêt et les incantations anciennes. Chaque visite est un mélange de joie et de tristesse, un rappel constant du secret que tu portes.

Lorsque le sorcier rend son dernier souffle, ton fils est prêt. Il a hérité non seulement de son savoir, mais aussi de ta force et de ta résilience. Il est le nouveau gardien, le nouveau sorcier, porteur d'une tradition qui relie le passé au futur.

Et toi, tu te tiens prête. Prête à guider la prochaine mère à travers ce labyrinthe de douleur, à lui murmurer le secret de la maison dans la forêt. Prête à lui montrer qu'au-delà de la peur et des superstitions se cache une vérité tissée d'amour, de sacrifice et d'espoir.

Tu as appris à dépasser les apparences, à comprendre que derrière chaque tradition, chaque légende se cache une vérité plus profonde. Cette compréhension t'amène au **CHAPITRE 34**, où tu pourras embrasser la différence assumée, un monde où les préjugés peuvent porter de grands préjudices. Dans ce chapitre, tu te consacreras à démanteler les idées reçues et à promouvoir une société plus tolérante et inclusive.

Ou bien, forte de cette révélation, tu décides d'aider les autres à se comprendre, à voir au-delà de leurs peurs et de leurs préjugés. Cette voie de l'empathie et de la compréhension mutuelle te conduit au **CHAPITRE 4**, où tu pourras user de ta sagesse pour tisser des liens de paix et d'harmonie. Tu deviendras une médiatrice, une voix de la raison dans un monde souvent gouverné par l'ignorance et la peur.

RESSOURCES RÉCUPÉRÉES PAR L'ÂME DANS CETTE VIE

Capacité de garder le secret : faculté de conserver des informations confidentielles sans les révéler à autrui. Cette compétence implique de la discrétion, de la loyauté envers les confidences reçues et une forte maîtrise de soi pour ne pas divulguer des informations, même sous pression ou dans des circonstances difficiles.

Dépassement des injonctions sociétales : capacité d'aller au-delà des attentes et des normes imposées par la société. C'est la force de caractère de vivre selon ses propres valeurs et croyances, même si elles vont à l'encontre des conventions sociales établies. Cette qualité implique souvent un courage considérable et une forte indépendance d'esprit.

Vision clairvoyante : capacité à voir au-delà des apparences superficielles et à comprendre des vérités plus profondes. Une personne ayant une vision clairvoyante peut percevoir les motivations sous-jacentes, les dynamiques cachées et les potentiels futurs, souvent intuitivement. Cela implique une grande perspicacité et une profonde compréhension de la nature humaine et du monde.

Foi dans l'amour : conviction profonde que l'amour est une force fondamentale et transformatrice dans la vie. Cette foi se manifeste par la croyance en la puissance de l'amour pour guérir, unir et transcender les difficultés. Elle implique également une confiance inébranlable dans l'amour comme source de force, de guidance et d'espoir dans les moments difficiles.

Chapitre 18

Le souvenir des premiers pas de ton fils te hante encore. Des pas hésitants, empreints d'une grâce fragile, qui contrastaient avec la fougue habituelle des enfants de son âge. Un regard limpide, où se reflétait une sensibilité rare, presque féminine. Tu le revois, absorbé dans ses rêveries, un sourire énigmatique sur les lèvres, comme s'il conversait avec des êtres invisibles.

L'éducation militaire s'est imposée comme une évidence. Un remède brutal pour forger le guerrier que tu espérais voir en lui. Mais les leçons d'escrime ne font que creuser le fossé entre vous. Son manque d'entrain, sa réticence face à la violence te déconcertent. Aux jeux du cirque, où la foule rugit devant les combats sanglants, ses yeux se remplissent d'effroi, d'une compassion qui te trouble.

Ton ombre pèse sur lui comme une chape de plomb. Tu te dresses devant lui, figure inflexible d'autorité, implorant les dieux de te délivrer de ce fardeau. « Donnez-moi un fils, un vrai », murmures-tu dans tes prières, aveuglé par ton ambition.

Face à tes exigences, il ne se révolte pas. Son silence est un bouclier, une carapace qui le protège de tes paroles blessantes. Il baisse les yeux, se recroqueville sur lui-même, comme une fleur fragile sous l'orage. Sa douceur te blesse, te renvoie à tes propres failles.

Tu te sens impuissant, incapable de briser la glace qui vous sépare. Chaque échec te renvoie à l'image d'un père indigne, incapable de transmettre son héritage. Le doute s'insinue, sourd et tenace, rongeant ton âme.

Sa douceur, sa réserve, sa façon de se mouvoir, gracieuse et fluide, sont autant d'affronts à ton idéal de virilité. Chaque regard échangé creuse un peu plus le gouffre qui vous sépare. L'image que tu as patiemment construite, celle d'un fils robuste et fier, se dissout comme un mirage sous le soleil brûlant de tes attentes déçues.

Le temps n'arrange rien. Son allure efféminée s'accentue, ses gestes se font plus délicats, ses cheveux caressent ses épaules d'une manière qui te révulse. Dans les salles de réception où l'élite romaine se rassemble, tu le compares amèrement aux autres fils, des modèles de virilité qui te font honte. Tu te tortures à l'idée de son avenir sans ta protection, sans ta guidance.

En rentrant chez toi ce soir, l'atmosphère de la demeure familiale te semble oppressante, étouffante. Ta journée a été particulièrement éprouvante. Chaque bruit, chaque mouvement autour de toi alimente ta frustration. La tension accumulée dans ton esprit est comme un feu qui couve, cherchant un exutoire. Ta colère cherche une cible, et ton esprit se tourne instinctivement vers ton fils, cet éternel point de discorde.

Tu te diriges vers sa chambre, les pas lourds, le cœur battant d'une colère sourde. À mesure que tu t'approches, tu entends des rires étouffés, des murmures secrets.

La porte s'ouvre sur une scène qui te frappe comme un coup de fouet.

Ton fils, habillé en femme, est là, étreignant un autre jeune homme. La vision est un affront inacceptable, une provocation à tout ce que tu représentes. La rage explose en toi comme un volcan en éruption. Les mots jaillissent, venimeux et tranchants, des flèches empoisonnées par ta colère et ton mépris. « Tu es une honte ! » Tu hurles, chaque syllabe tremblant d'indignation. « Un déshonneur pour notre famille ! » Tu te lances dans un déluge de mots cruels, chaque phrase plus tranchante que la précédente. « Inutile ! Tu ne seras jamais l'héritier que j'ai voulu ! »

Les insultes fusent, humiliantes et destructrices. « Tu es un échec, une abomination ! » Tu craches ces mots avec un dégoût qui semble brûler ta langue. Ta colère ne connaît aucune limite, elle déborde, inonde la pièce de sa noirceur. « Je regrette le jour de ta naissance ! » Ton fils, face à ton déchaînement, s'enfuit, disparaissant dans les ombres de la demeure.

Mais la tempête en toi ne s'apaise pas. Bien que tu n'entendes plus aucun bruit, tu hurles des insultes. Toutes les années de frustration semblent dévaler de ta bouche. Tu n'obtiens aucune réponse, comme d'habitude. Mais le mutisme a bien trop duré. Tu as envie d'aller plus loin. Tu veux te venger de toute cette souffrance et cette humiliation que ce fils t'inflige.

Décidé, tu t'avances d'un pas menaçant vers sa chambre. Tu ouvres la porte avec fracas, prêt à libérer cette colère bouillonnante.

Et là, le monde s'arrête de tourner. Ton fils, suspendu à une poutre, pend lamentablement, son corps oscillant doucement dans un silence oppressant. La vision te frappe de plein fouet. Un cri déchirant s'échappe de ta gorge, un rugissement presque animal, l'expression pure de ton désarroi et de ta détresse.

Le choc laisse place à un effondrement total. Les murs semblent t'engloutir, chaque souvenir de ton fils se teintant d'une noirceur abyssale, pulsant avec une douleur brute. Tu te rends compte, dans la douleur la plus crue, que ton intransigeance, ton incapacité à accepter et à aimer ton fils pour ce qu'il était ont conduit à cet acte désespéré. Cet instant, chargé d'une prise de conscience amère, te fait réaliser la futilité de tes convictions rigides, qui infligent tant de souffrance.

Dès lors, une interrogation te hante : « Ai-je le droit d'imposer mes convictions, surtout lorsqu'elles causent tant de douleur ? » Cette question tourne dans ton esprit, te rappelant sans cesse l'irréparable. Le souvenir de ton fils, réduit à un corps inerte, suspendu dans le vide, reste gravé en toi, un rappel cruel que parfois, nos convictions les plus profondes peuvent nous aveugler et détruire ce qui est le plus précieux.

Ton fils, que tu as voulu modeler selon tes idéaux, est la victime funeste de tes propres illusions. Dans cet instant d'une souffrance indicible, tu prends conscience de l'immensité de ta perte, de la futilité de tes opinions rigides face à l'amour et à l'acceptation.

Tu te retrouves à errer dans les ruines de ta propre vie, confronté à l'abîme béant que ton intransigeance a creusé. Les mois passent, mais la douleur, loin de s'estomper, s'enracine en toi, une présence constante et oppressante. Les murs de tes convictions, autrefois si solides, semblent s'effondrer, emportant avec eux l'illusion de la justesse de tes opinions.

Chaque souvenir de ton fils, teinté de tragédie, devient un miroir dans lequel tu vois se refléter ta propre rigidité. L'incompréhension et le rejet que tu lui as infligés te hantent, révélant la profondeur de ta faillite en tant que père. Ton orgueil, ta fierté, tout ce à quoi tu t'accrochais se désintègre, laissant place à un vide vertigineux.

Confronté à la réalité amère de ta perte, tu t'interroges sur le sens même de tes croyances. Tu réalises, dans la douleur la plus profonde, que ton refus d'accepter et d'aimer ton fils tel qu'il était a été le véritable acte de trahison. Tes convictions, autrefois si fermes, te semblent désormais égoïstes, destructrices, une prison dans laquelle tu t'es enfermé toi-même.

Ces mois de réflexion t'amènent à une question cruciale, qui tourmente ton esprit jour et nuit : « Est-ce que la vérité réside uniquement dans nos propres croyances, ou existe-t-il d'autres vérités, toutes aussi valides, même si elles nous sont étrangères ? Qu'est-ce qui est le plus important : nos opinions ou nos relations avec les autres ? »

Dans ce tumulte intérieur, tu commences à comprendre que la vraie sagesse ne réside pas dans l'imposition de nos croyances, mais dans l'acceptation et l'ouverture à la diversité des expériences humaines. Tu réalises que le respect de l'autre, dans sa totalité, est bien plus précieux que l'entêtement à défendre des idées qui, au final, ne sont vraies que parce qu'elles sont celles que l'on connaît et que l'on considère justes.

Rien ne pourra ramener ton fils. Cette réalité, aussi implacable qu'une mer agitée, te frappe de plein fouet. Chaque jour qui passe, tu vis avec le poids du regret, un fardeau qui semble alourdir chacun de tes pas. Pourtant, tu remercies les dieux de t'avoir donné cette leçon.

Cette transformation intérieure te mène à un carrefour de vie. D'une part, la compréhension de l'acceptation totale de l'autre t'ouvre la voie du **CHAPITRE 13**, où compassion et dévouement deviennent les piliers de ton existence. Tu choisis de te consacrer entièrement à aider et à soutenir les autres, mettant en pratique les leçons d'amour inconditionnel que tu as apprises à travers la perte de ton fils.

D'autre part, la force que tu as puisée dans ta douleur et tes regrets pourrait te conduire au **CHAPITRE 37**, où la force de caractère est primordiale. Ce chemin t'invite à utiliser ta fermeté et ta détermination pour surmonter ta douleur et faire face aux défis de la vie.

Ou alors, tu peux décider de tester ton âme dans sa capacité de voir au-delà des apparences, comme elle a pu l'apprendre dans cette incarnation, te conduisant au **CHAPITRE 17**. Dans ce chapitre, tu explores la profondeur de la compréhension humaine, cherchant à déceler la véritable essence des individus au-delà de leurs masques sociaux ou de leurs comportements. Tu deviens un guide pour ceux qui luttent avec leur identité, leur offrant un espace de non-jugement et d'acceptation.

RESSOURCES RÉCUPÉRÉES PAR L'ÂME DANS CETTE VIE

Tolérance de la différence : capacité d'accepter et de respecter les diversités de pensées, de croyances ou d'identités chez les autres. Cette qualité implique une ouverture d'esprit et un refus de porter un jugement hâtif ou négatif sur ce qui est différent de nos propres valeurs ou expériences.

Capacité à la remise en question : capacité de réévaluer et reconsidérer ses propres convictions, opinions ou actions. Elle implique une ouverture à l'apprentissage et à l'autocritique, ainsi qu'une volonté de changer ou d'adapter son comportement ou ses croyances en réponse à de nouvelles informations ou perspectives.

Conscience de l'importance des relations : compréhension et valorisation des relations humaines.

•••

•••

Elle implique la reconnaissance que les connexions avec les autres sont fondamentales pour notre bien-être et notre développement personnel, et que maintenir des relations saines et positives est essentiel pour une vie équilibrée et épanouie.

Sensibilité à la souffrance d'autrui : capacité à reconnaître et à ressentir de l'empathie pour la douleur ou les difficultés vécues par les autres. Elle englobe une compréhension profonde des émotions d'autrui et un désir sincère d'apporter du soutien, de l'aide ou du réconfort en cas de besoin.

19
Chapitre

Le vent hurle dans les arbres, secouant les branches comme des âmes tourmentées. Agenouillée sur le sol froid de la petite chapelle, tu te sens assaillie par une tempête d'émotions contraires. Des doutes lancinants s'insinuent dans ton esprit, amplifiés par les voix inquiètes de tes consœurs. « Ce travail est trop dur, trop dangereux, murmurent-elles. Il y a tant d'autres manières de servir Dieu. »

Mais au fond de ton cœur, une flamme brûle, intacte et vibrante. La compassion pour les lépreux, ces êtres rejetés et oubliés, consume toute hésitation. Les paroles du Christ résonnent dans ton âme : « J'étais malade et vous m'avez visité. » Sa tendre sollicitude envers les exclus de la société te pousse irrésistiblement vers la léproserie.

Dans le silence de la chapelle, tu te plonges dans les récits des Évangiles. Tu vois Jésus approcher les lépreux, les toucher sans crainte, leur redonner dignité et vie. Ces gestes d'amour infini te bouleversent. Sa compassion est un phare dans l'obscurité de la souffrance, un appel vibrant à l'action.

Une certitude inébranlable s'empare alors de toi : ta place est auprès de ceux qui souffrent dans l'ombre, de ceux que la société rejette. C'est dans ce service difficile que tu sens l'appel le plus fort, l'accomplissement d'une mission sacrée.

Lorsque tu franchis le seuil de la léproserie, l'odeur âcre et suffocante te saisit de plein fouet. La réalité s'impose à toi avec brutalité. Les regards des patients, empreints de désespoir et de douleur, te transpercent le cœur. La nausée t'étreint, mais une force intérieure t'empêche de reculer.

C'est une force née de la compassion, une flamme qui brûle plus fort que la peur et le dégoût. Tu sais que tu es là où tu dois être, à la place que Dieu t'a assignée. Dans cet environnement hostile, tu trouves ta vocation : soulager la souffrance, apporter de la lumière dans les ténèbres et partager l'amour du Christ avec les âmes oubliées.

Ton premier patient à la léproserie est un homme dont la maladie a défiguré le visage au point de le rendre méconnaissable. La souffrance qui émane de lui est si intense qu'elle semble peser sur l'air ambiant, l'alourdissant d'une chape de tristesse. Mais c'est dans ses yeux que tu découvres une leçon bouleversante. Voilés de douleur, ils scintillent pourtant d'une étincelle de vie, un défi silencieux lancé à son affliction. D'une voix étonnamment forte, il te murmure : « Ne me regarde pas avec pitié. Regarde-moi avec humanité. »

Face à ces mots, tu te sens désarmée. Tes tentatives de lui parler de la foi semblent vaines, balayées par sa cinglante réplique : « Ici, Dieu n'existe pas, il n'y a que souffrance. » Ses paroles te frappent comme un coup de poing, te faisant réaliser que ta mission n'est pas de prêcher, mais d'agir, de manifester ta foi par des actes concrets et palpables.

Chaque jour passé dans cet univers de douleur te révèle des aspects insoupçonnés de la condition humaine. Tu rencontres des corps déformés, des visages ravagés, mais dans chaque cicatrice, chaque regard, tu perçois une force intérieure extraordinaire. Ces patients deviennent pour toi des héros anonymes, chacun portant en lui une histoire de résilience et de courage. Tu apprends que l'amour véritable est bien plus exigeant que la simple diffusion de paroles bienveillantes. Aimer ceux qui sont repoussants, sales, parfois désagréables, demande un courage et une empathie d'un autre niveau.

Le soin de ta première plaie est un rituel presque insoutenable. L'odeur qui s'en dégage te donne la nausée, t'obligeant à lutter contre ton propre corps pour ne pas faillir. La femme que tu aides est accablée de honte, mais ton sourire et ta caresse sur sa main tremblante lui apportent un réconfort inestimable. Quand elle saisit ta main, les larmes ruisselant sur ses joues, et te murmure « Tu es un ange, ma fille », tu sens ton cœur se réchauffer. Ces mots, prononcés par une âme si éprouvée, te rappellent la noblesse de ta mission.

Chaque geste que tu accomplis, chaque prière que tu murmures, chaque pansement que tu appliques est une preuve de ton amour et de ta dévotion profonde pour ces âmes en peine. Ton énergie ne faiblit pas, car tu sais que chaque seconde passée à leur chevet est un pas vers l'apaisement de leurs tourments. Dans ce lieu où la souffrance est omniprésente, tu deviens un phare d'espoir, une source de lumière et de compassion, un témoin de la force de l'amour face à l'adversité.

Les paroles du Christ, « Tout ce que vous faites au plus petit d'entre les miens, c'est à moi que vous le faites », résonnent en toi comme un guide spirituel. Ta présence à la léproserie t'apprend que ce ne sont pas les actes grandioses, éclatants aux yeux du monde, qui forgent les changements les plus profonds, mais bien ceux accomplis dans l'humilité et l'amour, loin des regards. Ton choix de servir dans cet endroit oublié est l'expression la plus sincère de ta foi. Une foi qui t'apprend que la véritable paix intérieure ne réside pas dans la solitude ou l'isolement, mais dans le partage profond et le don de soi, en particulier auprès de ceux dont le besoin est le plus criant.

Chaque jour, tu te lèves avec la conviction inébranlable que chaque geste tendre, chaque mot doux prononcé, chaque main serrée dans la tienne détient un pouvoir miraculeux de guérison. Ce n'est pas seulement le corps qui est réconforté, mais l'âme elle-même qui est touchée. Dans ces interactions simples, dans ces échanges humains fondamentaux, tu vois l'espoir renaître dans les yeux de ceux qui t'entourent. Ce lieu, où la vie côtoie la mort à chaque instant, devient un théâtre où chaque parcelle de bonté est un triomphe, une célébration vibrante de la vie dans le sombre théâtre de la maladie.

Dans la solitude de ta cellule, le soir, alors que tu t'adonnes à la prière, tu ressens une connexion profonde avec ces âmes meurtries. Tu pries non seulement pour leur guérison physique, mais aussi pour la paix de leur esprit, pour la force de continuer à affronter chaque jour. Ta foi, loin d'être ébranlée par les épreuves, se renforce, se raffine, devenant un phare dans l'obscurité de leur vie.

Cependant, au fil des mois, une fatigue insidieuse s'empare de toi, une lassitude qui pèse sur tes épaules bien plus lourdement que le simple épuisement du travail. Tu observes des taches sombres sur tes mains, des plaies récalcitrantes qui refusent de guérir. Dans un moment de lucidité tranquille, tu comprends que la lèpre, cette compagne silencieuse de tes patients, s'est désormais emparée de toi. Cette réalisation ne t'ébranle pas violemment, mais s'installe en toi comme une acceptation sereine, le prix à payer pour ton engagement inébranlable.

Même confrontée à cette vérité, ton dévouement ne fléchit pas ; il se transforme en une force encore plus grande. Tu continues tes soins, apportant consolation et soutien, même en devenant toi-même l'une des âmes souffrantes que tu as tant aidées. Tes mains, bien que marquées par la maladie, deviennent le symbole d'une compassion profondément partagée. Chaque bandage que tu appliques, chaque mot de réconfort que tu prononces prend une signification nouvelle, celle d'une personne qui partage intimement la douleur de ses patients.

Alors que la lèpre continue de graver son empreinte sur ton corps, tu trouves une joie indescriptible dans les petites victoires quotidiennes. Tu te sens en paix, bercée par la certitude que ta vie s'est déroulée dans la poursuite d'une cause noble, l'incarnation vivante de l'amour et de la compassion que tu as inlassablement prêchés.

Dans tes derniers instants, alitée, entourée par ceux que tu as aimés et servis, une tranquillité profonde t'envahit. Tu as vécu et vas mourir en ayant incarné pleinement la foi, en te donnant entièrement à faire vivre les préceptes d'amour.

Ta passion pour guérir et aider les autres, nourrie par les expériences vécues dans la léproserie, t'amène à un carrefour crucial de ton voyage. Te sens-tu appelée à tester ta loyauté et ta fidélité même dans l'épreuve ? Si tel est ton désir, tu te dirigeras vers le **CHAPITRE 27**.

Ou bien, ressens-tu un appel différent, peut-être plus mystique ? Ta connexion profonde avec les personnes que tu as aidées t'a-t-elle ouvert les yeux sur des vérités plus subtiles, sur l'importance de la vie humaine, même au-delà de ta propre existence ? Si c'est le cas, tu pourrais choisir le **CHAPITRE 23**.

RESSOURCES RÉCUPÉRÉES PAR L'ÂME DANS CETTE VIE

Profondeur de perception : capacité d'aller au-delà des apparences superficielles et de comprendre les complexités sous-jacentes des situations et des personnes. Elle implique une compréhension intuitive et empathique des motivations, des émotions et des besoins cachés des autres, permettant ainsi de répondre de manière plus holistique et efficace à leurs problèmes.

Capacité de réconfort spirituel : capacité à offrir un soutien et un réconfort qui transcendent le physique ou l'émotionnel et touchent la dimension spirituelle de l'être. Cette ressource permet de nourrir l'espoir, de renforcer la foi et d'apporter une paix intérieure aux personnes en détresse, en les aidant à trouver un sens et une sérénité dans leurs épreuves.

Humilité : qualité de rester modeste et reconnaissant, sans chercher à se mettre en avant ou à revendiquer des mérites excessifs pour ses actions. C'est une compréhension profonde que, malgré ses talents ou ses réussites, on reste un élément d'un tout plus vaste. Cette qualité permet de garder l'esprit ouvert à l'apprentissage, à la critique constructive et de reconnaître la valeur et la contribution des autres. L'humilité est fondamentale pour maintenir des relations authentiques et respectueuses avec les autres, et pour s'engager de manière désintéressée dans le service.

Dévouement : engagement profond et inébranlable envers une cause, une activité ou des personnes. Il implique une fidélité et une constance dans la poursuite d'objectifs ou de principes, même en présence

•••

de défis ou de difficultés. Le dévouement est souvent accompagné d'une forte éthique de travail et d'une volonté de faire des sacrifices personnels pour atteindre un objectif plus grand ou pour le bien-être des autres. Cette ressource est essentielle pour réaliser des projets significatifs et pour maintenir un soutien continu aux personnes qui dépendent de l'aide et des soins.

20 Chapitre

Le vent murmure ton nom, te conviant à l'aventure intérieure. Parmi les tribus nomades du désert, tu es connu comme un sage errant, un homme dont la connaissance mystique s'abreuve aux étoiles et aux vents chauds. Ton âme vibre au rythme des dunes, et tes pas te mènent souvent vers la solitude des étendues sablonneuses, où tu te connectes à l'infini du cosmos. Ces retraites solitaires sont sacrées pour toi, un temps précieux pour écouter les murmures de l'univers.

Les étoiles te fascinent. La nuit, tu les observes longuement, ressentant une connexion profonde avec leur lumière scintillante. Tu es convaincu qu'elles sont porteuses de messages, des guides pour ceux qui savent les écouter. Les visions et les révélations que tu reçois durant ces nuits étoilées sont ensuite partagées avec ta tribu, qui te respecte et te vénère pour ta sagesse et ton intuition.

Ce soir, comme tant d'autres, un appel irrésistible t'attire. Il émane du cœur du désert, te poussant à t'éloigner encore plus dans les dunes silencieuses. Il n'y a pas d'urgence dans cet appel, juste une invitation douce et mélodieuse. Empli d'une excitation mêlée de paix intérieure, tu suis ce chant du silence, sans aucune attente, entièrement ouvert à ce que l'univers te réserve.

Alors que tu t'enfonces dans le désert, la nuit s'enroule autour de toi comme un manteau protecteur. Les étoiles brillent de mille feux, comme si elles saluaient ta quête spirituelle. Tu trouves un endroit propice, un lieu où le ciel et la terre semblent se confondre. Là, tu t'assois, laissant le sable frais se plier sous ton poids. Tu fermes les yeux, te concentrant sur les battements de ton cœur, ce rythme primordial qui te relie à la vie elle-même.

Dans cet état de tranquillité absolue, tu te libères de tout le superflu. Ton esprit devient un miroir limpide, reflétant l'immensité du cosmos. Tu écoutes non seulement avec tes oreilles, mais avec ton âme tout entière, prêt à recevoir les messages que le désert, le ciel et les étoiles ont à te partager. Tu es une toile vierge, attendant que les pinceaux de l'univers y tracent leurs mystérieuses figures.

Alors que tu plonges plus profondément dans ta méditation, ton esprit commence à s'éveiller à des visions familières, des fragments de vies que tu as souvent aperçus auparavant. Des visages, des paysages, des événements se succèdent dans un kaléidoscope hypnotique, te rappelant l'infinité des existences qui se déroulent dans le grand théâtre de l'univers.

La première image qui se manifeste est celle d'un homme courant dans un long couloir de pierre. Il est poursuivi par des individus vêtus de tenues de fer, un spectacle qui te laisse toujours perplexe. Dans ton monde, le métal est un bien précieux, rarement utilisé pour un tel artifice. Pourquoi quelqu'un s'habillerait-il de métal des pieds à la tête ? Cette vision t'apparaît comme un mystère, une énigme d'un autre temps et d'un autre lieu.

Puis, l'image change. Tu vois une femme, sa peau d'un beau brun foncé, habillée d'un simple pagne, les seins nus. Elle se tient au bord d'un immense fleuve, peuplé de crocodiles. Tu reconnais immédiatement le Nil, légendaire même dans ton monde. Mais la femme, avec sa tenue si minimaliste, te semble à la fois étrange et fascinante. Qui est-elle ? Quelle est son histoire ?

Ces visions ne sont pas nouvelles pour toi. Tu as souvent aperçu ces personnes, témoignant de fragments de leur vie, comme si tu étais un spectateur invisible de leur histoire. Chaque fois, tu es frappé par la clarté et la vivacité de ces images. Elles se déroulent sous tes yeux avec une telle intensité que tu te sens presque vivre leurs expériences.

Malgré le mystère qui entoure ces visions, tu ressens une grande tendresse pour ces personnages. Ils te semblent incroyablement réels, presque tangibles, et tu éprouves un lien profond avec eux, comme s'ils étaient des parties d'une vaste tapisserie de l'existence que tu es seulement en train de commencer à comprendre.

Dans ton cœur, tu sais que ces visions ne sont pas de simples hallucinations. Elles portent en elles une signification, un message, peut-être même une leçon. Alors que tu continues à méditer sous le ciel étoilé, tu accueilles ces images avec curiosité et ouverture, prêt à apprendre et à comprendre ce que l'univers tente de te révéler à travers elles.

Tu te sens soudain observé. Deux grands yeux apparaissent dans ton esprit, immenses, pénétrants. Un frisson de peur te parcourt initialement, mais rapidement, tu sens que ces yeux ne portent aucune menace. Ils sont curieux, scrutateurs, mais empreints d'une bienveillance tranquille.

Alors, la vision se précise. Une jeune femme apparaît, absorbée dans la lecture de ce qui semble être un livre. Ce n'est pas un livre ordinaire, comme ceux que tu as pu apercevoir avec les caravanes de prêtres qui passent parfois par vos contrées. Ce livre est différent – il a une couverture chatoyante, presque vivante, à l'opposé des ouvrages cuirassés que tu connais. Son attention est totale, captivée par les pages qu'elle fait défiler sous ses doigts.

Elle est habillée de vêtements colorés, d'une mode qui t'est complètement étrangère. Autour d'elle, des objets émettent des lumières intermittentes, rappelant les étoiles scintillantes dans le ciel nocturne. Son univers, si éloigné du tien, te fascine et t'intrigue. C'est un monde que tu ne peux que difficilement imaginer, un lieu hors de ton temps, hors de ton expérience.

Et puis, tu ressens une émotion profonde, un flot d'amour et de connexion. Ce sentiment est différent de tout ce que tu as connu auparavant. Tu te sens lié à cette jeune femme d'une manière indescriptible. Ce n'est pas simplement de l'amour ; c'est quelque chose de plus profond, de plus intrinsèque. Une intuition émerge lentement dans ton esprit : cette jeune femme, elle est toi, d'une certaine façon.

Cette révélation te frappe avec une force émotionnelle intense. Comment est-il possible que tu sois à la fois ici, dans ce désert, et là, dans un monde si différent, en train de lire un livre ? La réalité de ta situation actuelle se mêle à la vision, créant un sentiment de dualité, d'existence simultanée.

Ces visions, ces éclats de vies si différentes de la tienne, sont peut-être des aperçus d'autres toi, des morceaux d'un puzzle cosmique qui définit ton âme. La jeune femme dans la vision, son monde, son histoire sont peut-être des parties de ton être, se déroulant dans un espace et un temps différents. L'idée te paraît folle, mais elle t'a été comme soufflée. Tu sais que cette inspiration ne vient pas de ton imagination.

Alors que la vision commence à s'estomper, tu restes assis dans le désert, ému et émerveillé. Le lien que tu as ressenti avec cette jeune femme t'a ouvert à une compréhension plus profonde de l'existence. Tu es plus que ce corps, plus que cette vie dans le désert. Tu es un être traversant le temps et l'espace, vivant des vies multiples et interconnectées, chacune contribuant à l'histoire complexe et magnifique de ton âme.

Une urgence s'empare de toi. Tu veux lui communiquer tes sentiments, lui dire que tu l'aimes, qu'elle fait partie de toi. Tu étends ton esprit, cherchant à travers les vastes plaines de la conscience pour atteindre cette autre partie de ton âme.

Dans un murmure silencieux, tu lui envoies ton message d'amour et de connexion. « Je t'aime », dis-tu dans l'immensité du désert, espérant que ces mots voyagent à travers les dimensions pour atteindre son cœur.

Tu penses ensuite aux autres héros de tes visions, à l'homme courant dans le couloir de pierre, à la femme au bord du Nil. À chacun d'eux, tu envoies la même promesse, une promesse d'être là pour eux, de les soutenir et de les aider dans leur chemin. Bien que tu ne puisses les rencontrer dans le monde physique, tu ressens une responsabilité envers eux, comme s'ils étaient des extensions de toi-même, jouant leur propre rôle dans la grande symphonie de la vie.

Avec chaque pensée d'amour et de soutien, tu imagines une lumière qui émane de toi, traversant les déserts, les océans et les époques, pour les envelopper dans une étreinte invisible. C'est un acte de foi, une croyance que, quel que soit le lieu ou le moment où ils se trouvent, ils peuvent sentir ton amour et ton soutien.

Dans ce moment de communion spirituelle, tu te sens incroyablement uni à l'univers. Chaque respiration, chaque battement de cœur résonne avec les vies de ces autres toi, créant un tissu d'existence interconnectée.

Finalement, tu ouvres les yeux, revenant à la réalité du désert qui t'entoure. La nuit est toujours là, silencieuse et profonde, mais en toi, il y a une lumière nouvelle, un sentiment d'appartenance et de connexion qui dépasse les frontières de ton propre être. Tu te sens revitalisé, prêt à continuer ton chemin, portant en toi la certitude que, d'une manière ou d'une autre, tu es lié à ces autres toi, partageant avec eux un voyage spirituel à travers les éons.

Les visions et révélations que tu as expérimentées dans le désert t'ouvrent à des chemins divergents, chacun représentant un voyage unique dans ta quête spirituelle.

Si tu respires l'envie de diffuser ton amour de l'univers parmi les hommes, tu es guidé vers le **CHAPITRE 19**. Dans ce chapitre, tu cherches à partager la sagesse et l'amour que tu as découverts avec ceux qui t'entourent, cherchant à élever la conscience collective et à apporter la paix et l'harmonie dans le monde.

Tes méditations t'ont-elles mené à une compréhension profonde qui résonne à travers les âges ? Si c'est le cas, tu es encouragé à retourner à ta vie en 2024 avec une nouvelle philosophie de vie. Ce choix te conduit au **CHAPITRE 40**, où tu cherches à intégrer ces vérités profondes dans ton quotidien. Dans ce chapitre, tu es confronté au défi de vivre selon ces enseignements spirituels dans un monde moderne, cherchant à harmoniser l'ancien et le nouveau.

Enfin, si ta vision dans le désert t'a révélé la nature illusoire de la réalité matérielle, tu peux être tenté d'explorer des dimensions de conscience plus élevées. Cela t'amène au **CHAPITRE 41**, où tu découvres des états de conscience transcendants, cherchant à comprendre et à expérimenter ce qui se trouve au-delà de la réalité matérielle et du cycle de la vie et de la mort.

Alternative

Alors que tu es profondément immergé dans tes méditations, une perturbation soudaine attire ton attention. Au loin, une caravane de marchands lutte contre une tempête de sable dévastatrice. Les vents furieux soulèvent des murs de sable, menaçant d'engloutir la caravane et les pauvres voyageurs.

Face à cette scène, tu es confronté à un choix crucial. Risqueras-tu ta propre vie pour venir en aide à ces marchands ? Ce n'est pas une décision facile. Sauver les autres dans ces conditions extrêmes mettra indéniablement ta vie en danger. Pourtant, quelque chose en toi te pousse à agir, à ne pas rester un simple spectateur.

En choisissant de porter secours, tu fais un acte de bravoure et de dévouement désintéressé. Ce choix t'amène vers le **CHAPITRE 43**.

RESSOURCES RÉCUPÉRÉES PAR L'ÂME DANS CETTE VIE

Capacité de clairvoyance : forme de perception extrasensorielle permettant à quelqu'un de gagner des informations sur un objet, une personne, un emplacement ou un événement physique à travers des moyens autres que les sens connus. Cela inclut souvent la capacité de voir des événements ou des images du passé,

•••

du présent ou du futur, ou de percevoir des choses cachées ou éloignées.

Capacité de connexion aux Annales Akashiques : cette capacité fait référence à l'accès aux Annales Akashiques, considérées dans certaines croyances ésotériques comme un compendium de tous les pensées, événements, émotions et intentions humaines enregistrés dans l'éther ou le domaine non physique. On croit que chaque individu et événement de l'histoire universelle y est enregistré, et que certaines personnes peuvent y accéder par des états méditatifs ou psychiques pour recevoir des guidances ou comprendre des aspects de leur vie ou de l'histoire universelle.

Intuition : capacité de comprendre ou de savoir quelque chose immédiatement, sans la nécessité d'un raisonnement conscient. Elle est souvent décrite comme une « sensation viscérale » ou un « sixième sens ». L'intuition peut se manifester sous forme de pressentiments, d'instincts ou de prises de conscience soudaines, et est considérée comme une forme de connaissance interne ou de sagesse.

Connexion aux mondes subtils : capacité de percevoir et d'interagir avec des dimensions ou des plans d'existence qui se situent au-delà du monde physique et matériel. Ces mondes subtils sont souvent associés à des sphères spirituelles, énergétiques ou éthérées. Ils peuvent inclure la perception d'entités spirituelles, d'énergies subtiles, d'auras, ou même de réalités qui transcendent les limites de la conscience ordinaire. Cette connexion peut se manifester par des expériences de visions, de communications intuitives, de ressentis énergétiques,

•••

ou par la pratique de la méditation, du voyage astral, ou d'autres formes de travail spirituel. Elle est souvent considérée comme un chemin vers une compréhension plus profonde de l'univers et de soi-même, ainsi que comme un moyen d'explorer les aspects cachés ou non physiques de l'existence.

Chapitre 21

La paix du monastère est rythmée par les chants mélodieux des oiseaux, un contraste harmonieux avec le silence studieux du scriptorium. Courbé sur un parchemin, tu recopies avec précision un traité de théologie. Tu es appliqué, car ce que tu lis est particulièrement intéressant. C'est Irénée d'Alexandrie qui parle de l'hérésie gnostique. Quels drôles de gens ils étaient ! Tu te délectes de la joute philosophique que tu visualises dans ton esprit.

Soudain, un cri lointain, presque irréel, brise le silence sacré. Le chant des oiseaux s'éteint net, comme si une main invisible l'avait étouffé. Un deuxième cri strident le remplace. Tu te figes, le cœur battant à tout rompre. Le silence s'abat sur le scriptorium, pesant et oppressant. Autour de toi, les moines se figent également, un air d'intrigue et d'inquiétude se peignant sur leur visage buriné.

D'autres cris déchirent le silence, plus proches, plus terrifiants. Un frisson d'angoisse te parcourt, glaçant ton sang.

Le chaos s'infiltre dans ton havre de paix, brisant la sérénité du monastère.

Tu te précipites à la fenêtre. En contrebas, le village est en proie à l'attaque. Des Normands ! Leur réputation de cruauté n'est que trop connue. Tu vois les flammes dévorer les toits, les silhouettes menaçantes se déplacer avec une brutalité impitoyable. Des cris de terreur s'élèvent de la vallée, un écho poignant de la souffrance et de l'impuissance.

Le son grave de la cloche d'alarme retentit, un appel désespéré face à l'horreur qui se déroule sous tes yeux. Une tempête d'émotions t'emporte : peur, colère, impuissance. Tu sais, avec une certitude glacée, que ces hommes sans pitié ne laisseront aucun survivant. Les villageois, innocents et désarmés, sont condamnés à une mort certaine. La terreur te serre la gorge, un sentiment d'inutilité te rongeant de l'intérieur.

« Fuis ! Dépêche-toi ! » hurlent les moines, abandonnant leurs travaux dans la panique. Tu les vois s'enfuir vers la montagne, silhouettes fuyantes aux robes flottantes qui se confondent avec la végétation. Mais une autre urgence, plus impérieuse encore, te tenaille.

« Ils seront là d'ici quelques minutes ! Ne risque pas ta vie ! » t'implorent les frères, leur visage déformé par la peur.

Une certitude foudroyante te frappe : la librairie, le cœur battant du monastère, ce sanctuaire du savoir, est en danger imminent. Ces murs renferment des trésors inestimables, des parchemins que tu as copiés de tes propres mains, dont les originaux ont été perdus depuis longtemps. Ils sont les héritiers silencieux d'un savoir ancestral, les gardiens muets d'un monde qui risque de s'éteindre dans les flammes de l'ignorance.

Tu ne peux pas les abandonner à ce destin funeste. La peur s'efface, remplacée par une détermination farouche. Tu as un devoir envers ces connaissances irremplaçables, envers l'histoire et l'avenir. La rage monte en toi, une rage contre ces barbares qui veulent anéantir tout ce que tu chéris.

Tu serres les dents et te précipites vers la librairie, tes pas résonnant sur le sol de pierre. Le temps est compté. Il faut sauver ce qui peut encore l'être. Chaque minute qui passe est une victoire arrachée à l'anéantissement. Tu te bats contre la panique qui monte en toi, concentrant toute ton énergie sur la tâche à accomplir.

Tu arrives à la porte de la librairie et l'ouvres brusquement. L'air est rempli de fumée et de l'odeur âcre du bois brûlé. Tu tousses, les yeux larmoyants, mais tu ne peux pas t'arrêter. Tu dois sauver les livres.

Tu te précipites à l'intérieur, tes mains tremblantes saisissant les parchemins les plus précieux. Tu les empiles dans tes bras, ignorant la chaleur qui te brûle la peau. Tu es comme un homme possédé, une force irrésistible te guidant dans cette mission de sauvetage.

Tu fais des allers-retours frénétiques, luttant contre la fumée et les flammes qui menacent de te dévorer. Chaque livre sauvé est une petite victoire, un fragment de savoir arraché aux griffes de l'ignorance.

Combien de temps s'est écoulé ? Tu ne sais pas. Tu n'as plus conscience de rien, si ce n'est de l'urgence absolue de sauver ces trésors irremplaçables.

Les hurlements des barbares se font plus proches, un rugissement de haine qui se répercute dans les murs du monastère. Mais tu n'y prêtes pas attention, ton esprit focalisé sur une seule mission : sauver les livres. Chaque parchemin préservé est une victoire contre l'obscurantisme, une petite flamme de savoir soustraite aux ténèbres qui s'apprêtent à engloutir le monde. La pensée que ces trésors de connaissances puissent tomber entre les mains des Normands te remplit d'une rage impuissante.

Au fond de toi, un sentiment d'apocalypse te submerge. Tu es persuadé que ces jours sombres sont les prémices de la fin des temps, un châtiment divin pour les péchés de l'humanité. Mais même dans ce désespoir, tu trouves la force de poursuivre ton combat. Car tant que ces écrits sacrés survivront, la lumière de la foi et du savoir ne s'éteindra pas.

Le grondement des pas des Normands résonne maintenant dans le couloir. Leurs voix gutturales, incompréhensibles, charrient une menace sourde qui te glace le sang. Ton cœur bat à tout rompre, chaque pulsation marquant un nouveau pas vers l'inévitable.

Blotti dans l'ombre, tu serres contre toi un des précieux ouvrages que tu n'as pas pu cacher à temps. Le cuir de la reliure presse contre ta poitrine, comme si tu cherchais à le protéger de ton propre corps. Des prières ferventes s'échappent de tes lèvres, des supplications désespérées au Christ pour qu'Il te sauve, pour qu'Il préserve ces fragments de sagesse que tu chéris tant.

Soudain, un soldat normand surgit. Son regard est dur, son visage marqué par la violence et la cruauté. Il te découvre dans ta cachette, un vieillard tremblant tenant un livre contre son cœur. Dans ses yeux, tu ne vois ni compassion ni compréhension, seulement la froide indifférence de celui qui a trop vu la mort pour s'en émouvoir.

Dans cet instant suspendu, le temps semble ralentir. Tu le regardes, cet homme, un instrument de destruction, et pourtant, tu ressens une étrange connexion avec lui. C'est la tragédie de l'humanité, cette capacité à infliger tant de souffrance, à détruire ce qui a été construit avec amour et dévotion. Tu te rends compte que, malgré la peur qui te paralyse, il y a une acceptation, un lâcher-prise. Tu as fait tout ce que tu pouvais pour sauver le savoir, pour préserver la lumière de la connaissance. Maintenant, ton destin est entre les mains de Dieu.

Le soldat lève son épée, la lumière du soleil couchant scintillant sur la lame. Tu fermes les yeux, une dernière prière murmurée pour ton âme et pour les livres sacrés que tu as tant aimés. L'épée s'abat, et avec elle s'achève ta vie. Un sourire aux lèvres, tu es persuadé d'avoir gagné. La mort d'un homme ne peut pas éteindre la flamme de la connaissance, ni briser l'esprit de ceux qui continueront à chercher, à apprendre, à grandir.

Libérée de son enveloppe mortelle, ton âme se trouve à la croisée des chemins éthérés. Inspirée par la sagesse ancestrale que tu as préservée, une voie s'offre à toi, celle de mettre tes connaissances au service du monde. Ce chemin, empreint de lumière et de partage, te conduit vers le **CHAPITRE 11**, où ton savoir sera une lanterne guidant les âmes en quête de vérité.

D'autre part, ton âme, ayant vécu une existence dédiée à la connaissance, aspire à explorer les méandres des relations humaines. Dans cette prochaine incarnation, tu choisis d'embrasser les joies et les peines de l'interaction avec autrui, de tisser des liens d'amour, d'amitié et de compassion. Ce désir de connexion et de compréhension mutuelle te mène au **CHAPITRE 22**, où tu découvriras la richesse et la complexité de l'âme humaine.

RESSOURCES RÉCUPÉRÉES PAR L'ÂME DANS CETTE VIE

Dévotion pour le savoir : engagement profond et passionné envers l'acquisition, la préservation et la transmission de la connaissance. Elle implique un amour inébranlable pour l'apprentissage et une reconnaissance du savoir comme un bien précieux. Cette qualité favorise l'épanouissement personnel, stimule l'innovation et la résolution de problèmes, et renforce les compétences

•••

•••

de communication et de pensée critique. Elle nourrit également la curiosité et l'émerveillement, enrichissant la vie quotidienne et améliorant la compréhension et l'empathie envers les autres.

Sens du sacrifice : capacité de mettre de côté ses propres besoins, désirs ou son bien-être pour le bénéfice des autres ou pour une cause plus grande. Cette qualité implique souvent de faire des choix difficiles et de supporter des difficultés personnelles pour aider autrui ou pour défendre des principes importants. Elle est fondamentale dans de nombreuses vocations centrées sur le service et l'altruisme.

Foi inébranlable : posséder une confiance et une croyance profondes qui restent fermes, même face à des défis ou à des doutes. Cette foi peut être spirituelle ou peut se rapporter à des convictions profondes sur des valeurs ou des idéaux. Elle offre une fondation solide sur laquelle une personne peut s'appuyer dans les moments de crise, fournissant force, réconfort et direction.

Intégrité morale : qualité de maintenir des principes éthiques élevés dans ses pensées et actions. Elle implique l'honnêteté, la droiture et un fort sens de l'éthique. Les personnes ayant une intégrité morale agissent en accord avec leurs valeurs, même lorsque cela est difficile, impopulaire ou dangereux. Elles sont souvent respectées pour leur caractère et leur fiabilité, étant vues comme des modèles de conduite éthique.

Chapitre 22

Tu te réveilles, le cœur battant à tout rompre. Un nouveau cauchemar. Son visage, ses yeux, son sourire… Hantée par le souvenir de cet homme, cet amour interdit qui a brisé ta vie, tu te lèves d'un bond, frissonnant de terreur. La douce lumière du matin contraste cruellement avec la tempête qui fait rage dans ton âme.

Fière femme amérindienne, attachée à tes traditions et à ton peuple, tu vis en harmonie avec la nature. Ton mari, un chasseur respecté, est un homme bon et aimant. Il t'a offert le plus précieux des cadeaux : une petite fille, fruit de votre amour. Mais malgré ce bonheur apparent, une ombre plane sur ton cœur.

Ton mariage est un arrangement familial, une union de convenance destinée à assurer la prospérité de vos deux lignées. Tu l'as accepté, espérant oublier cet amour interdit qui t'a tant fait souffrir. Tu pensais qu'avec le temps, les blessures se refermeraient et que tu pourrais construire une vie heureuse avec cet homme bon et respectueux.

Il fait tout pour te rendre heureuse. Gentillesse, attentions, cadeaux… Il tente de comprendre tes besoins, tes désirs, espérant éveiller en toi un amour réciproque. Mais malgré ses efforts, malgré sa bonté et son honnêteté, ton cœur reste fermé, prisonnier du souvenir de ton premier amour.

Lorsque tu donnes naissance à ta fille, tu crois que ce miracle de la maternité apportera enfin la joie et la plénitude que tu recherches. Tu espères qu'en tenant ton enfant dans tes bras, tu ressentiras cet amour inconditionnel, cette connexion profonde qui comblera le vide en toi. Mais même ce moment tant attendu ne parvient pas à éveiller les sentiments que tu espères tant.

Ta fille est magnifique, un être innocent qui dépend entièrement de toi. Tu t'occupes d'elle avec dévouement, répondant à ses besoins, la protégeant de tout mal. Mais au fond de toi, tu te sens toujours incomplète, comme si une partie essentielle de ton être était absente. Tu te surprends à envier les autres mères de ton village, celles qui rayonnent de bonheur auprès de leurs enfants, celles dont l'amour semble si naturel et évident.

Le regard de ta fille, si innocent et pur, te renvoie à ta propre souffrance. Tu te vois en elle, enfant blessée par l'absence d'amour maternel. Tu te jures de lui offrir ce que tu n'as jamais reçu, de lui donner tout l'amour et l'attention dont elle a besoin pour grandir et s'épanouir.

Mais comment combler ce vide en toi ? Comment retrouver le bonheur et la paix intérieure ? Tu te sens perdue, seule face à tes démons. Tu pries les esprits de la nature de te guider, de t'aider à trouver la force de surmonter tes blessures et de construire une vie meilleure pour toi et ta fille.

Le regard de ton mari te suit, pesant sur tes épaules comme un manteau de plomb. Il voit ton combat intérieur, cette ombre qui te ronge malgré la vie paisible qu'il te construit. Ses paroles sont douces, teintées d'une impuissance face à ton mal-être. Il t'offre son soutien indéfectible, un roc sur lequel tu peux t'appuyer, mais il ne peut combler le vide laissé par ton amour perdu. Il le sait et se résigne à une affection silencieuse, nourrissant l'espoir que tu trouves un jour le chemin du bonheur.

Un jour, tes pas te mènent au détour d'une rue familière. Tu le revois. Lui, ton amour d'antan, qui n'a pas changé. Un frisson te parcourt, une brûlure dans ton cœur, la flamme d'un sentiment jamais éteint. La conversation s'engage, fluide et rieuse, comme si le temps n'avait jamais passé. Tu te sens revivre, portée par ses paroles et son sourire. Un rendez-vous est fixé pour le lendemain, sans réfléchir aux conséquences, juste happée par l'instant présent.

Les jours qui suivent se déroulent comme un rêve éveillé. Ses paroles sont un miel pour tes oreilles, ses attentions te transportent dans un monde d'ivresse. Il te comble de compliments, te faisant sentir belle et désirable, une sensation oubliée depuis trop longtemps. Ton mari, homme de devoir et de peu de mots, n'a jamais su te toucher ainsi. La tentation est irrésistible. Il te murmure des déclarations d'amour, te promet monts et merveilles, jure qu'il n'a jamais aimé personne d'autre que toi, que tu es la seule reine de son royaume.

Lorsque tu rentres chez toi le soir, une joie nouvelle t'illumine. Ton mari, d'ordinaire si calme, est surpris par ton étincelle. Soudain, sa médiocrité te saute aux yeux. Il n'est pas à la hauteur de cet amour du passé, de cette passion qui te consume. Un sentiment de culpabilité te serre la gorge, te confrontant à un choix impossible.

Un soir, après une journée accablante, tu succombes à la tentation. Ses bras t'enveloppent, et dans son étreinte, tout s'efface : ton mari, ta fille, tes responsabilités. Tu te noies dans le plaisir fugace d'une passion interdite, oubliant la prudence et la raison.

Mais la lumière du matin ramène la réalité avec brutalité. Tu découvres le vrai visage de cet homme. Ses paroles d'amour se révèlent creuses, ses attentions égoïstes. Quand tu oses exprimer tes besoins, il te raille, t'ignore, te renvoyant à ton insignifiance. Ses désirs sont sa seule priorité, et tu n'es qu'un pion dans son jeu cruel.

Il te broie sous son emprise, te faisant sentir misérable, stupide et laide. Tes rêves et tes aspirations se dissolvent sous ses sarcasmes. Tu perds confiance en toi, tu te sens perdue. Plus il te rejette, plus tu t'accroches à lui, implorant son attention, un regard, un mot tendre. Mais il te laisse dans le vide, te privant de l'affection dont tu as tant besoin.

Chaque jour est un recommencement. Il te cajole, te promet monts et merveilles, puis s'éloigne, te laissant dans le désarroi. Tu es happée dans un tourbillon d'émotions contradictoires, ballottée entre espoir et désespoir. La stabilité n'est qu'un mirage, et tu t'enfonces toujours plus dans cet enfer émotionnel.

Il manipule tes sentiments avec une habileté diabolique. Un jour, il est froid et distant, te plongeant dans le doute et la peur. Le lendemain, il revient, repentant, te berçant de promesses d'un bonheur impossible. Tu es sa marionnette, prisonnière de ses fils invisibles.

Il utilise tes secrets, tes failles, tes confidences les plus intimes comme des armes contre toi. Il sait où frapper pour te blesser, pour te maintenir sous son joug. Tu te sens épiée, traquée, incapable de discerner la vérité du mensonge.

Tu n'es plus que l'ombre de toi-même, une âme meurtrie dans un corps brisé. La culpabilité te ronge, la peur te paralyse. Tu vis dans l'angoisse constante d'être découverte, de perdre tout ce qui t'est cher. Mais l'emprise est trop forte, tu es incapable de te libérer.

Ton cœur est en miettes, ton âme est à vif. Tu te sens seule, abandonnée, face à cet amour toxique qui te dévore de l'intérieur. Chaque jour est une épreuve, chaque souffle une douleur. Tu te demandes combien de temps tu pourras encore survivre dans cet enfer.

Et puis, le drame survient. Tu es découverte par l'une des voisines du village. La nouvelle se répand comme une traînée de poudre, et l'honneur de ta tribu est bafoué.

Ton mari, homme d'honneur inflexible, se doit de laver l'affront dans le sang. Un duel impitoyable l'oppose à ton amant, et le prix de la trahison est la vie. Tu le vois tomber, terrassé, et le monde s'écroule autour de toi.

La sentence est implacable : toi et ta fille, jugées coupables d'avoir sali le nom de la tribu, êtes condamnées à mort. Le poids de la culpabilité te broie, tu as tout gâché.

Le jour de l'exécution arrive. Tu serres ta fille contre toi, lui murmurant une dernière fois ton amour infini. Dans ses yeux innocents, tu vois le reflet de ta propre douleur, et ton cœur se brise.

Le soleil se couche sur ton peuple, et tu sais que tu ne le reverras plus jamais. Ton âme s'envole, emportant avec elle le poids de la culpabilité et le regret d'une vie brisée.

Si ton âme désire comprendre comment elle a pu être manipulée aussi facilement, elle peut se diriger vers le **CHAPITRE 32**. C'est une chance d'affûter davantage tes compétences en communication, d'apprendre l'art subtil de l'influence et de saisir comment les mots peuvent façonner la réalité. Dans ce chapitre, tu pourras explorer les mécanismes de la manipulation, apprendre à reconnaître les signes avant-coureurs et développer des stratégies pour te protéger contre de futures tromperies. C'est une voie vers la prise de conscience et l'*empowerment*.

Sinon, si ton âme préfère expérimenter sa loyauté, voir jusqu'où celle-ci peut mener, elle peut se diriger vers le **CHAPITRE 15**. Dans ce chapitre, tu seras confrontée à des situations qui mettront à l'épreuve ta fidélité envers tes proches, tes principes et toi-même. Tu pourras explorer les limites de ta loyauté, les dilemmes moraux qui en découlent et les conséquences de tes choix. C'est une voie vers la compréhension de la complexité des relations humaines et de la valeur de l'intégrité.

Chacun de ces chemins offre une nouvelle perspective sur ton expérience, te permettant d'approfondir ta compréhension de toi-même et des autres. Que tu choisisses de te concentrer sur la communication et l'influence ou sur la loyauté et l'intégrité, chacun de ces chapitres t'apportera des leçons précieuses pour ton cheminement personnel.

RESSOURCES RÉCUPÉRÉES PAR L'ÂME DANS CETTE VIE

Capacité d'amour inconditionnel : capacité d'aimer une personne sans conditions ni limites. Cet amour est profond, constant et inébranlable, indépendamment des circonstances ou des actions de l'autre. Il est d'ordinaire associé à l'amour parental, mais peut aussi s'étendre à d'autres relations. L'amour inconditionnel ne cherche pas à changer l'autre, mais l'accepte tel qu'il est, avec ses qualités et ses défauts. Cette forme d'amour est souvent considérée comme l'expression la plus pure et la plus noble de l'affection humaine.

Capacité de suivre son cœur malgré les difficultés : capacité de rester fidèle à ses convictions et à ses passions, même face à l'adversité. Cela implique d'écouter sa voix intérieure et de prendre des décisions en accord avec ses valeurs et ses désirs profonds, plutôt que de se laisser influencer par la peur, le doute ou les attentes extérieures. Cette capacité demande du courage, de la persévérance et une certaine résilience pour surmonter les obstacles et rester aligné avec son authenticité.

•••

•••

Amour de la famille : lien affectif profond et durable qui unit les membres d'une famille. Il se caractérise par des sentiments de protection, de soutien et de solidarité. L'amour familial englobe souvent l'acceptation inconditionnelle, le dévouement et le sacrifice pour le bien-être des proches. Il est fondamental dans le développement de la sécurité affective et peut être une source de réconfort et de force dans les moments difficiles. Cet amour peut se manifester de diverses manières, allant de l'attention quotidienne aux gestes de grande envergure.

Besoin d'interactions humaines : se réfère à la nécessité de communiquer, de partager des expériences et d'établir des liens avec d'autres individus. Les interactions humaines sont essentielles pour le développement émotionnel, social et psychologique. Elles permettent de se sentir connecté, compris et soutenu. Ce besoin peut varier d'une personne à l'autre, mais il est généralement crucial pour le bien-être et l'épanouissement personnel.

23

Chapitre

« Choisi des dieux », ton nom résonne comme une promesse divine, un destin gravé dans les étoiles. Fils d'un grand roi, ta naissance fut saluée par des présages et des prophéties, annonçant un avenir radieux pour toi et ton peuple.

Tu illumines le palais royal de ta présence. Respecté pour tes valeurs, tu marches avec une dignité qui inspire tous ceux que tu croises. Ton courage est légendaire, même parmi les guerriers les plus aguerris. Ton honnêteté, pure et inébranlable, te distingue comme un leader de vérité et de justice. Ta beauté, éclatante comme le soleil qui se lève sur les pyramides mayas, captive le regard de tous.

Mais ce n'est pas seulement ton apparence ou ta lignée qui te rendent exceptionnel. En toi déborde une confiance sereine et joyeuse. Tu observes le monde avec des yeux empreints de sagesse et de curiosité. Les vieux sages du royaume te regardent grandir avec un mélange d'admiration et d'émerveillement, voyant en toi la réalisation de leurs plus anciennes prophéties.

Tu es élevé avec l'amour et la sagesse de ton peuple, apprenant non seulement l'art de la guerre et la politique, mais aussi les mystères des étoiles, les secrets des plantes médicinales et la beauté de l'art et de la poésie. Ta soif de connaissances est insatiable, ton désir d'apprendre aussi vaste que les jungles qui entourent ton royaume.

Les gens viennent de loin pour apercevoir le jeune prince dont la destinée est si étroitement liée à celle de leur grande civilisation. Ils te voient comme un symbole d'espoir, un garant de l'avenir florissant de leur culture. Sous ton regard, les enfants rient plus fort, les anciens racontent leurs histoires avec plus de passion, et même les fleurs semblent fleurir avec une vigueur renouvelée.

Cependant, une ombre menace la douce quiétude de ton peuple. Une épidémie mystérieuse, semblable à un serpent invisible et venimeux, se faufile parmi les tiens, semant la désolation et la mort. Les sorciers, avec leurs potions et incantations, luttent désespérément contre cette marée noire de maladie, mais leurs efforts semblent vains face à l'avancée implacable de la peste.

Le désespoir s'installe, les cœurs se remplissent de peur. Dans ce chaos, tu te tiens debout, un phare d'espoir dans la tempête. Tu refuses de céder à la panique, car tu sais que le destin de ton peuple repose sur tes épaules. Tu convoques les guérisseurs les plus expérimentés, tu explores les anciennes archives à la recherche de remèdes oubliés, et tu encourages ton peuple à ne pas perdre espoir.

Tu visites les malades, les soulages de ta présence bienveillante et de tes paroles réconfortantes. Tu partages leur douleur, tu pleures leurs pertes, et tu t'engages à tout faire pour les sauver. Ton courage et ta compassion inspirent ton peuple, lui donnant la force de continuer à se battre.

Tu fais appel aux divinités, implorant leur aide et leur guidance. Tu organises des processions dans les temples, des prières et des sacrifices pour apaiser les dieux et demander leur miséricorde. Tu fais le serment de consacrer ta vie à la protection de ton peuple et à la recherche d'un remède à cette terrible maladie.

Chaque jour, le nombre de victimes s'accroît, chaque heure apporte son lot de pleurs et de détresse. La condition de ton peuple devient de plus en plus critique, et l'air même semble imprégné d'une peur palpable, une attente anxieuse d'un miracle salvateur.

Le grand sorcier royal, sage parmi les sages, décide d'intercéder auprès du grand dieu Soleil. Il implore sa clémence et demande une solution pour mettre fin à ce fléau. Ton père, le grand roi maya, t'a convoqué pour entendre la réponse qui pourra faire basculer l'avenir de ton peuple bien-aimé.

En entrant dans la salle du trône, la chaleur t'accueille comme un souffle étouffant, mais c'est l'atmosphère lourde d'une solennité inhabituelle qui t'accable. Ton père, le grand roi, siège sur son trône, mais la majesté et l'assurance qui le caractérisent habituellement sont voilées par une inquiétude profonde. À ses côtés, le grand prêtre, son visage creusé de lignes de gravité, te regarde avec des yeux qui semblent avoir contemplé les abîmes du monde et du destin.

L'air est saturé d'une tension palpable. Lorsque ton père prend la parole, sa voix tremble d'une émotion contenue. « Mon fils, une tragédie nous frappe. Une terrible épidémie ravage notre peuple, moissonnant des vies sans pitié. » Les mots tombent comme des pierres dans un étang tranquille, perturbant le calme de ton monde.

Le grand prêtre, vêtu de ses ornements sacrés, s'avance alors. Ses yeux se posent sur toi, et dans son regard, tu lis une sollicitude mêlée de douleur. « Les dieux ont parlé, murmure-t-il. Dans leur mystérieuse volonté, ils réclament un sacrifice ultime, une offrande de sang royal. C'est le seul moyen de sauver notre peuple, d'apaiser la colère divine et de mettre fin à cette calamité. »

Les mots te frappent avec la force d'une tempête. Un sacrifice royal – cela signifie que l'un de vous, toi ou ton père, doit se donner volontairement pour le salut de tous. L'air devient lourd, presque insupportable, alors que la réalité de la situation s'impose à toi.

Ton père, le roi, te regarde avec une affection et une douleur mêlées. « C'est une décision que personne ne devrait avoir à prendre, mon fils. Mais les dieux ont été clairs. Sans cette offrande, notre peuple sera anéanti avant la fin du cycle du soleil. » Sa voix est un murmure brisé, porteur d'un fardeau que nul ne devrait porter.

Dans le silence de la chambre, tu sens le poids de ton destin peser sur tes épaules. Un choix doit être fait, et il doit être fait vite. La vie de milliers de personnes repose désormais sur la décision que tu vas prendre. Tu es le « Choisi des dieux », et ce titre, porteur de tant de promesses, te confronte maintenant à l'épreuve ultime.

Dans les profondeurs de ton être, tu sens une résolution se former, aussi immuable que les pierres des pyramides ancestrales. La vérité est claire comme l'eau des cénotes sacrés : le grand roi, ton père, est le pilier sur lequel repose l'Empire. Il ne peut être celui qui se sacrifie. Ton rôle, en tant que « Choisi des dieux », prend un sens nouveau, tragique mais empreint de noblesse. C'est ton sang, doré et royal, qui doit couler pour apaiser les dieux et sauver ton peuple.

Avec un courage qui puise dans les racines mêmes de ton âme, tu acceptes cette destinée. Ton cœur, bien que lourd de l'ampleur de ton sacrifice, est soutenu par un sentiment de devoir profond et inébranlable. Tu es prêt à offrir ta vie pour que des milliers d'autres puissent continuer à fleurir sous le soleil de ton royaume.

« J'accepte la demande des dieux. Mon sang sera versé. » Le silence qui suit tes paroles est assourdissant. Dans les yeux de ton père, tu lis une admiration mêlée de chagrin. Il te serre dans ses bras, ses larmes coulant sur ton visage. « Tu es un digne fils, mon enfant, murmure-t-il. Que ton sacrifice soit béni par les dieux. »

Tu te prépares pour la cérémonie, le cœur rempli d'une paix étrange. Tu sais que tu fais le bon choix, que ton sacrifice est nécessaire pour sauver ton peuple.

Le jour du sacrifice est arrivé. Une atmosphère à la fois solennelle et horrifique s'abat sur le temple sacré. La journée commence par le sacrifice de nombreux esclaves et prisonniers, un rite destiné à préparer le chemin pour l'offrande suprême. Leurs cris résonnent contre les murs de pierre du temple, tandis que le sang coule en un torrent sombre, maculant le sol de taches pourpres.

Tu es préparé avec un soin extrême. Baigné dans des eaux purificatrices, rasé et enduit d'onguents sacrés, ton corps est orné de maquillage cérémoniel et de feuilles d'or. Tu n'es plus seulement un prince, mais un symbole vivant de la connexion entre les dieux et ton peuple.

La procession qui mène au temple est majestueuse, un cortège solennel qui reflète à la fois la grandeur et le poids de l'instant. Les rues se remplissent de ton peuple, chacun venant témoigner de cet acte de sacrifice suprême. Ils observent, le cœur rempli d'un mélange de tristesse, de respect et de gratitude.

En marchant vers le temple, chaque pas est empreint d'une dignité et d'une grâce qui transcendent la peur. Tu es entouré de prêtres, de musiciens et de danseurs, mais dans ce moment, tu es seul avec ton destin. Les tambours battent un rythme qui semble se synchroniser avec les battements de ton cœur, une mélodie ancienne qui t'accompagne vers le destin que tu as choisi.

Arrivé au sommet de la pyramide, face à l'autel sacré, tu regardes une dernière fois ton royaume, embrassant du regard les jungles luxuriantes, les rivières serpentines et les peuples qui composent ton monde. Dans cette vue, tu trouves une paix étrange, une acceptation de ce qui doit être fait. Le couteau cérémoniel brille dans la lumière du soleil. Le grand prêtre, les mains tremblantes d'émotion et de responsabilité, s'approche. Ses yeux se posent sur toi, et dans cet instant, vous partagez un regard empli d'une compréhension mutuelle du poids de ce sacrifice. Tu offres ton existence, non comme une victime, mais comme un gardien de la vie de ton peuple. C'est ton ultime acte de courage, d'amour et de dévotion, un sacrifice qui scellera pour toujours ton nom dans les annales de ton peuple et au-delà.

Le couteau s'abat sur ta gorge, rapide et précis. Un silence absolu s'empare du temple. C'est un moment suspendu dans le temps, où la vie et la mort se rencontrent. Ton sang, royal et sacré, coule en une offrande ultime, un acte d'abnégation qui scelle le destin de tout un peuple.

Dans ton dernier souffle, tu sens ton esprit s'élever, libéré des liens terrestres. Tu t'envoles vers les divinités que tu as tant vénérées.

Après ton sacrifice, un acte de dévotion et de courage sans précédent, tu te trouves à la croisée des chemins dans l'au-delà. Ton choix libre et héroïque ouvre des voies inattendues pour ton âme. Voici les chemins que tu peux désormais emprunter :

En choisissant le **CHAPITRE 43**, ton âme est récompensée de son choix altruiste. Ton esprit trouve la paix et la sérénité dans un royaume céleste où la beauté et l'harmonie règnent en maîtres. Tu es honoré comme un héros et un gardien de ton peuple, et ton nom est célébré pour l'éternité.

Au **CHAPITRE 24**, tu n'as plus peur de la mort et tu es prêt à tout pour défendre les tiens. Ton esprit est intrépide, guidé par un sens profond du devoir et de la protection. Tu deviens un guerrier céleste, combattant pour la justice et la paix dans l'au-delà, veillant sur ceux que tu as laissés derrière toi.

En choisissant le **CHAPITRE 10**, ton esprit s'élève dans une quête d'alignement spirituel. Tu explores les mystères de l'univers, cherchant à comprendre les lois divines qui régissent l'existence. Ta sagesse et ta connaissance s'accroissent, et tu deviens un guide pour les âmes en quête de lumière.

Chacun de ces chemins offre une nouvelle aventure pour ton âme, une continuation de l'héritage que tu as laissé dans le monde des mortels. Ton sacrifice n'est pas la fin, mais le commencement d'une existence transcendante, où ton courage et ta dévotion continuent de briller comme des étoiles dans le firmament éternel.

RESSOURCES RÉCUPÉRÉES PAR L'ÂME DANS CETTE VIE

Foi : confiance profonde et inébranlable en quelque chose qui dépasse souvent la compréhension humaine. Elle peut être dirigée vers des croyances spirituelles, des principes universels, ou même envers les autres et soi-même. La foi n'est pas simplement une croyance passive ; c'est un acte actif de confiance qui guide les pensées et les actions, et apporte du réconfort et de l'espoir dans les moments d'incertitude.

Dévotion : engagement profond, souvent émotionnel, à une cause, une personne ou une croyance. Elle se manifeste par une fidélité constante, un amour et un enthousiasme pour l'objet de la dévotion. Cette qualité implique généralement un sacrifice personnel

•••

et une détermination à servir ou à honorer ce à quoi on est dévoué, même dans des circonstances difficiles.

Courage et force intérieure : capacité de faire face à la peur, au danger, à l'incertitude ou à la douleur sans céder à l'évitement ou au désespoir. Cette qualité va au-delà de la bravoure physique ; elle englobe la résilience mentale et émotionnelle. La force intérieure vient de la connaissance de soi, des convictions profondes et de la volonté de persévérer malgré les obstacles ou les défis.

Sens des responsabilités : capacité et volonté de prendre en charge ses actions et leurs conséquences, ainsi que de répondre de ses devoirs envers soi-même et envers autrui. Il implique la conscience de ses obligations et un engagement à agir de manière éthique et scrupuleuse. Une personne ayant un fort sens des responsabilités se distingue par sa fiabilité, son intégrité et sa capacité à assumer les conséquences de ses décisions. Ce trait de caractère est essentiel dans de nombreux aspects de la vie, tels que les relations personnelles, la vie professionnelle et la participation à la société.

24
Chapitre

Le ciel, plombé de nuages menaçants, pèse lourd sur ton village lorsque l'émissaire anglais se présente. Une chape de silence s'abat sur la foule tandis que tu avances, le cœur battant à tout rompre. Un pressentiment sinistre te serre la gorge.

Le regard froid de l'émissaire balaye l'assemblée avant de se poser sur toi. Il déroule un parchemin et sa voix, glaciale et solennelle, résonne dans le silence : ton père, le roi, a été capturé par les Anglais. La rançon est exorbitante, les conditions humiliantes.

Un torrent de rage et de désespoir t'emporte. Ton père, un guerrier respecté, un roi aimé, trahi et enlevé lâchement. Tu sens le poids de la décision qui t'incombe, un fardeau écrasant.

Les regards des villageois se posent sur toi, implorants, accusateurs. Tu dois choisir : sauver ton père ou préserver l'honneur de ton peuple. La tempête fait rage dans ton âme.

Accepter les conditions des Anglais, c'est plier devant l'ennemi, renier l'esprit viking de conquête et de liberté. Mais refuser, c'est risquer la guerre, la division, le chaos. Ton royaume, si durement construit par ton père, est en jeu.

Le silence est assourdissant. Tu serres les dents, les larmes prêtes à jaillir. D'une voix tremblante, tu prononces ton choix : la rançon sera payée.

Le sacrifice est immense. Les drakkars, autrefois fiers symboles de puissance, s'apprêtent à quitter les côtes, chargés non pas de guerriers conquérants, mais de familles brisées, abandonnant leurs rêves et leurs terres.

Tu observes le départ des navires, le cœur meurtri. L'air est empli de lamentations et d'adieux déchirants. Le prix de la vie de ton père est lourd, amer.

Chaque coffre d'or qui s'enfonce dans les cales des bateaux représente une part de ton âme qui s'éteint. Le fruit du sang versé, des batailles gagnées, des sacrifices consentis, est désormais entre les mains de l'ennemi.

Tu te sens impuissant, brisé. Mais dans tes yeux brille une lueur de détermination. Tu sauveras ton père, tu retrouveras la gloire perdue, et tu feras renaître de ses cendres la force et la fierté de ton peuple viking.

Chaque jour qui passe est une torture. L'absence de nouvelles de ton père est un poids écrasant sur ton âme. Les bateaux chargés d'or n'ont ramené que le silence, un silence assourdissant qui te glace le sang. L'angoisse et l'incertitude rongent ton esprit, et la colère gronde dans ton cœur. La confiance de ton peuple s'effrite comme le sable sous tes pieds.

Tu envoies des éclaireurs, un dernier espoir de percer le mystère de ce silence. Mais leur retour est un coup de poignard dans ton cœur. Leurs visages dévastés, leurs regards fuyants te glacent de terreur. Tu n'oses imaginer le pire.

Sans un mot, ils te tendent un sac macabre. Tes mains tremblantes l'ouvrent, et l'horreur te tétanise. La tête tuméfiée de ton père, ses yeux clos, son visage marqué par la souffrance. C'est plus qu'une simple perte, c'est une trahison impardonnable.

La colère explose en toi, un volcan de rage et de chagrin qui consume tes entrailles. Ton cri de douleur résonne dans la nuit, un écho de la souffrance de ton peuple.

Les seigneurs, autrefois divisés, se rassemblent dans un cri de vengeance. La douleur de la trahison a unifié les Vikings, forgeant une résolution inébranlable dans le feu de la colère. Il n'y a plus de place pour les querelles intestines, seule la vengeance compte.

Tu rassembles tes guerriers, tes yeux brûlant d'une flamme inextinguible. Le temps des négociations est révolu. Tu lèveras une armée, la plus grande que ton peuple ait jamais connue, et tu feras payer aux Anglais leur crime.

Chaque villageois, chaque guerrier, chaque cœur viking bat au rythme de la vengeance. Cette nuit, tu ne dors pas. Tu contemples les étoiles, implorant la guidance de ton père dans la bataille à venir. Ta douleur se transforme en force, en une détermination inébranlable.

Tu seras l'instrument de la justice de ton peuple. La vengeance sera ton chant de guerre, et la gloire de ton père, ton étendard.

Les tambours et les cors résonnent, annonçant le départ de votre armée. Un son qui bat comme le cœur furieux de votre déshonneur. Chaque guerrier est animé par une rage incommensurable, une douleur qui ne demande qu'à être libérée. Vous partez avec la détermination de ceux qui n'ont plus rien à perdre, prêts à rejoindre le Valhalla car l'honneur est votre seule et unique quête. Vous avez juré de ne pas revenir sans avoir lavé cet affront.

Le vent hurle dans vos voiles, portant votre cri de vengeance vers les côtes anglaises. La bataille sera sanglante, impitoyable. Mais vous êtes unis, galvanisés par la rage et l'amour de votre patrie. Vous ne vous battrez pas seulement pour votre roi, mais pour votre peuple, pour votre honneur, pour votre survie.

La vengeance est votre seule boussole, votre seul horizon. Vous ne connaîtrez ni trêve ni pitié. Vous combattrez jusqu'au dernier souffle, jusqu'à ce que le sang anglais lave l'affront subi.

La guerre est inévitable, la vengeance est votre destin.

La rage gronde en toi comme un volcan à l'approche des côtes anglaises. Chaque village anglais que tu rencontres est réduit en cendres, un sacrifice impitoyable sur l'autel de ta vengeance. Les flammes dévorent les bâtiments, les cris des habitants se mêlent au rugissement du vent, et la terre derrière toi n'est plus qu'un désert de désolation.

En atteignant la ville du seigneur anglais, ta fureur atteint son paroxysme. La bataille est un déchaînement de violence, un ballet macabre où chaque guerrier hurle sa rage et sa douleur. Tu te bats avec la ferveur d'un possédé, implorant Odin de te guider vers le Valhalla.

Mais la réalité de la guerre est impitoyable. Ton armée, épuisée par les combats précédents, est submergée par le nombre. Les guerriers tombent autour de toi comme des feuilles d'automne, et le sang imprègne la terre d'une couleur macabre.

Tu continues à te battre, une bravoure désespérée dans ton regard. Chaque coup porté est un défi à la mort, un ultime hommage à ton père et à ton peuple. Un sourire éclaire ton visage malgré la douleur, car tu sais que le Valhalla t'attend.

Lorsque tu succombes enfin à tes blessures, ton dernier souffle est un rire moqueur face à la mort. Tu t'effondres, les yeux fixés sur le ciel, ton esprit empli de visions de batailles glorieuses et de festins divins.

Dans l'au-delà majestueux du Valhalla, Odin lui-même t'accueille. Les chants des héros tombés résonnent dans les immenses halls, et tu te sens enveloppé d'une paix infinie. Tu as trouvé ton honneur dans la mort, et ton sacrifice a gravé ton nom dans la légende de ton peuple.

Odin, avec ses yeux pénétrants, te révèle une possibilité qui te laisse sans voix : choisir ta prochaine existence.

Si ton courage aveugle te pousse à te battre pour des valeurs pour ta nation, alors tu seras plongé au cœur des luttes pour l'égalité, défendant les valeurs qui unissent et élèvent un peuple. Ta force et ta détermination seront des atouts clés dans la poursuite de l'égalité et de la fraternité parmi les hommes. Va au **CHAPITRE 30**.

Ou bien, si tu es repu de la violence et de ses conséquences, et que tu veux pouvoir mener une vie de dévotion où tu protégeras les gens au lieu de les détruire, choisis le **CHAPITRE 19**.

RESSOURCES RÉCUPÉRÉES PAR L'ÂME DANS CETTE VIE

Force de caractère : qualité qui permet à une personne de rester fidèle à ses convictions et à ses valeurs, même face à des défis, des pressions ou des adversités importants. La force de caractère implique la persévérance, le courage et la résilience. Elle se manifeste par la capacité de faire face aux épreuves avec dignité et intégrité, de résister à la tentation de prendre des raccourcis éthiques et de rester constant dans ses principes, même lorsque cela est difficile.

Fierté : sentiment de satisfaction et d'estime de soi qui découle de la reconnaissance de ses propres réalisations, qualités ou de celles de son groupe ou de sa communauté. Elle est souvent associée à la dignité et

•••

au respect de soi. La fierté peut aussi être un sentiment de connexion et d'appartenance à une culture, une histoire ou une tradition. Elle implique une reconnaissance positive de son identité et de ses accomplissements.

Acceptation de la mort : cette notion va au-delà de la simple reconnaissance de la mortalité. Elle implique une compréhension profonde que chaque choix entraîne l'abandon d'autres possibilités, illustrant le concept de laisser mourir certaines options pour en poursuivre d'autres. Cette acceptation facilite la prise de décision, car elle souligne l'impermanence de la vie et la nécessité de vivre pleinement et avec intention. En acceptant la mort, on apprend à valoriser chaque moment et à vivre sans regret, conscient que chaque action est significative. Cette perspective englobe également la reconnaissance et l'acceptation de la finitude et de l'éphémérité de l'existence. Cela signifie comprendre que la vie, dans toutes ses formes et expériences, est temporaire et en constante évolution. En acceptant la mort, on apprend également à embrasser l'impermanence de la vie, ce qui permet de faire des choix plus conscients et déterminés. Cette acceptation aide à vivre avec une plus grande présence et authenticité, en valorisant chaque instant et chaque expérience comme unique et transitoire. Elle enseigne également la flexibilité et l'adaptabilité, encourageant une appréciation plus profonde de la beauté et de la préciosité de la vie, malgré, ou peut-être à cause de, sa nature éphémère.

Combativité : tendance à faire face activement et avec détermination aux défis ou aux adversaires. Elle implique une volonté de se battre pour ses croyances, ses objectifs, ou pour défendre ce qui est perçu comme juste. Cette qualité est caractérisée par la résilience, l'audace et la persévérance. La combativité ne signifie pas nécessairement l'agressivité physique, mais plutôt une force intérieure qui pousse une personne à s'opposer aux obstacles, à surmonter les difficultés et à persévérer malgré les épreuves.

25
Chapitre

La matinée est encore fraîche lorsque tu commences les préparatifs pour le voyage. Les serviteurs s'affairent, emballant les biens précieux et les provisions nécessaires pour le long périple à venir. Tu observes les préparatifs, ressentant une montée d'excitation et de nervosité mêlées. Ce pèlerinage, tu l'attends depuis de longues années.

Étant l'épouse d'un commerçant prospère, tu as toujours vécu dans le confort et la richesse. Ton domicile est un palais orné de tapis somptueux, de soieries fines et de bijoux étincelants. Les parfums exotiques flottent dans l'air, mêlant leurs effluves à ceux des jardins luxuriants qui entourent ta demeure. Cependant, dans ton Empire, ton faste n'est pas une exception, mais une norme. L'or, symbole de la richesse de ton peuple, imprègne chaque aspect de la vie. Les marchés regorgent de trésors, les rues brillent d'une prospérité presque irréelle, et les gens vivent dans un état de bien-être et de contentement.

Tu passes les doigts sur les étoffes soyeuses de tes vêtements de voyage, sélectionnés spécialement pour cette occasion. Chaque pièce a été choisie pour sa beauté, mais aussi pour sa praticité, car le chemin vers La Mecque est long et parfois ardu. Tu sélectionnes des voiles légers pour te protéger du soleil brûlant, des sandales solides pour les grandes marches, et un petit sac de prière contenant ton livre sacré, enveloppé dans une étoffe précieuse.

Ton époux se tient à tes côtés, partageant ton excitation palpable. Bien qu'il ait voyagé pour le commerce, ce pèlerinage représente aussi pour lui l'événement d'une vie.

La caravane se prépare à partir, et tu jettes un dernier regard à ton foyer. Tu prends une profonde inspiration, prête à affronter les défis et les merveilles que réserve ce pèlerinage sacré.

Les journées de votre voyage sont rythmées par la cadence douce et régulière des chameaux qui portent votre caravane à travers les vastes étendues désertiques. Leur marche est une symphonie tranquille qui te berce dans une rêverie sereine. Des musiciens accompagnent la caravane, leurs instruments tissant des mélodies qui se mêlent aux incantations et aux chants en l'honneur de Dieu. Leur musique élève l'esprit et apaise l'âme, transformant chaque étape de votre voyage en une célébration spirituelle.

Autour de toi, les dunes ondulent comme des vagues dorées sous le ciel bleu infini. À l'horizon, des oasis apparaissent tels des mirages, des havres de verdure où l'eau jaillit comme une bénédiction divine. Ces oasis sont des moments de grâce, des pauses rafraîchissantes dans l'immensité du désert. Ici, tu t'émerveilles devant la beauté simple d'une nature à la fois hostile et accueillante.

Pour la première fois de ta vie, tu franchis les limites de ton Empire, ce monde connu et rassurant, pour t'aventurer dans des contrées lointaines. Le sentiment de l'inconnu te remplit d'une excitation mêlée d'appréhension. Chaque jour te révèle de nouveaux paysages, de nouvelles cultures, un monde plus vaste que tu ne l'avais imaginé.

Mais cette découverte est aussi une confrontation avec une réalité troublante. En dehors des frontières de ton Empire prospère, tu découvres que tous ne partagent pas la même fortune. La caravane, avec son faste et sa somptuosité, attire l'attention partout où elle passe. Les mendiants se rassemblent sur son passage, captivés par l'éclat de vos richesses et l'espoir d'une aumône. Pour toi, habituée à un monde où l'or et les pierres précieuses sont monnaie courante, la vue de ces pauvres gens, tendant la main pour une simple pièce, est une révélation. Tu n'avais jamais imaginé que la misère puisse être si répandue, si profonde.

Le cœur serré, tu observes des enfants aux joues creusées, aux pieds nus, évoluant dans des ruelles poussiéreuses, cherchant en vain quelque pitance. Leurs regards éteints, privés de l'innocence et de la joie propres à l'enfance, te hantent. Tu vois des vieillards affaiblis, courbés sous le poids des années et de la privation, se mouvoir lentement, comme des ombres parmi les vivants.

Chaque rencontre est un coup porté à ton âme, un rappel brutal que le monde est loin d'être équitable. Tu ressens une compassion dévorante pour ces âmes oubliées par la fortune. Cette misère, inimaginable dans ton Empire florissant, est une révélation cruelle.

Un soir, alors que la caravane fait halte, tu ne peux plus contenir le flot de compassion qui te submerge. Tu cherches ton époux, sûre qu'il comprendra ta requête. Trouvant son regard dans la pénombre du campement, tu lui exprimes ton désir ardent de partager vos richesses avec ces âmes en détresse.

Ton époux t'écoute, mais son visage trahit une hésitation. « Nous avons travaillé dur pour ce que nous avons », dit-il doucement, la voix teintée d'un pragmatisme forgé par des années de commerce.

Mais tu ne te laisses pas décourager. « Mon cher époux, commences-tu, ta voix douce mais ferme, nous avons été bénis par une abondance que beaucoup ne peuvent même pas imaginer. L'argent que nous avons est une bénédiction du ciel, mais sa vraie valeur ne réside pas dans son accumulation, mais dans sa capacité à améliorer la vie des autres. Chaque pièce d'or que nous partageons est un investissement dans l'humanité, un acte de foi qui renforce non seulement les autres, mais aussi notre propre esprit. »

Tu marques une pause, cherchant à capter son regard, à transmettre l'importance de tes paroles. « La générosité n'est pas un acte de se défaire de ce que nous avons, mais un choix de partager nos bénédictions avec ceux qui en ont besoin. En donnant, nous ne nous appauvrissons pas, nous nous enrichissons. Non pas matériellement, mais spirituellement et émotionnellement. Donner, c'est reconnaître que nous faisons partie d'un monde plus vaste, un monde où chaque acte de bonté a un écho incommensurable. »

Tes mots sont empreints d'une passion sincère. « Je ne te demande pas de tout donner, ni de nous appauvrir. Je te demande de donner ce que nous pouvons, avec la plus grande bienveillance. Chaque pièce d'or que nous offrons peut signifier un monde pour celui qui la reçoit. C'est dans ces actes de générosité que se trouve le vrai bonheur. »

Ton regard se porte au loin, comme si tu pouvais voir les visages de ceux que vous avez aidés. « L'argent est une bénédiction, oui, mais une bénédiction qui grandit quand elle est partagée. En partageant nos richesses, nous ne faisons pas que nourrir des estomacs affamés ou couvrir des corps nus, nous nourrissons des âmes, nous répandons l'espoir et la joie. C'est là que réside le véritable pouvoir de la richesse. »

Tu vois ton époux contempler tes mots, son regard perdu dans les flammes du feu de camp. « L'aumône est un pilier de notre foi, continues-tu, ta voix emplie de conviction.

Nous avons la possibilité, ici et maintenant, de soulager la souffrance et de répandre la bonté.

« La spiritualité, poursuis-tu, ton regard exprimant une profondeur de réflexion, ne se résume pas simplement à un travail intérieur, à la recherche de la paix ou à l'effort d'être une personne agréable. Elle englobe bien plus. La spiritualité véritable est active, dynamique. Elle se manifeste non seulement dans notre développement personnel, mais aussi, et peut-être surtout, dans nos actions envers les autres. »

Finalement, ton époux acquiesce, touché par ta passion et ta sincérité. Ensemble, vous commencez à distribuer de l'argent aux nécessiteux que vous croisez. Chaque sourire reconnaissant, chaque bénédiction murmurée par ceux que vous aidez remplit ton cœur d'une joie incommensurable.

La générosité que tu as initiée avec ton époux commence à infuser l'ensemble de la caravane. Même le roi, qui dirige votre procession sacrée, observe avec un intérêt grandissant les actes de bienfaisance que vous dispensez. Son regard, d'abord empreint de curiosité, se teinte peu à peu d'une émotion palpable. La vision des pauvres gens s'éclairant d'un sourire, renaissant d'un geste de générosité, touche son cœur de souverain.

Sous l'impulsion de ta compassion et l'exemple de ton époux, le roi lui-même commence à partager ses richesses. Ce n'est pas seulement un acte de charité, c'est une démonstration d'humanité et de solidarité. Les coffres royaux s'ouvrent, déversant leur contenu en aumônes pour ceux qui ont moins de chance. Ce geste, venu d'en haut, inspire toute la suite royale. Les nobles, les marchands, les princes – chacun commence à donner selon ses moyens.

La caravane se transforme alors. Ce n'est plus seulement une procession religieuse ; c'est un défilé de bienfaisance, une célébration de la générosité humaine. À chaque arrêt, à chaque village ou ville que vous traversez, la caravane laisse derrière elle non seulement la poussière du désert, mais aussi de nombreuses pièces d'or et des ventres pleins.

Les histoires de votre passage se répandent comme une traînée de poudre. Des récits de la grande caravane du Mali, dispensant or et nourriture, se propagent de bouche à oreille, traversant les déserts et franchissant les montagnes. Les visages des pauvres s'illuminent à votre approche, les yeux des enfants brillent d'espoir et de joie.

Arrivés à La Mecque, la réputation de votre générosité vous précède. L'histoire de la caravane du Mali, distribuant des richesses sur son chemin, a cimenté la réputation de ton Empire pour sa magnanimité et son opulence. Ces actes de bienfaisance ne sont pas seulement des gestes de charité, mais aussi des pierres angulaires qui renforcent les liens diplomatiques et commerciaux.

En toi, une joie profonde s'éveille, non celle des richesses matérielles, mais celle de voir la différence que peut faire un cœur généreux. Cette expérience t'enseigne la valeur inestimable de la compassion et de la charité, te donnant un regard nouveau sur la vie et sur la véritable signification de la richesse.

Le pèlerinage t'a offert une nouvelle perspective sur la vie, sur la richesse et sur la spiritualité. Maintenant, deux chemins s'ouvrent à toi, chacun porteur de promesses et de leçons à venir.

Si tu ressens l'appel de l'exploration intérieure et spirituelle, le **CHAPITRE 10** t'attend. Cette voie t'invite à plonger plus profondément dans les mystères de la foi et de l'existence, à découvrir un nouveau mode d'expression de la spiritualité. C'est un chemin vers une compréhension plus riche de toi-même et du monde qui t'entoure.

D'un autre côté, si tu souhaites profiter pleinement des bienfaits de ton voyage et prendre un repos bien mérité, le **CHAPITRE 43** s'ouvre à toi. Ce chapitre t'offre la possibilité de cueillir les fruits de ta générosité, de te reposer dans le confort de ton foyer, entourée de l'amour de ta famille et de la reconnaissance de ton peuple. C'est une voie vers la paix intérieure et la satisfaction d'une vie bien vécue.

RESSOURCES RÉCUPÉRÉES PAR L'ÂME DANS CETTE VIE

Générosité : qualité d'être prêt et disposé à donner librement et abondamment, que ce soit en termes de biens matériels, de temps, d'attention ou de soutien. Elle implique un esprit altruiste et un désir sincère d'aider les autres sans attendre de récompense ou de reconnaissance en retour. La générosité peut s'exprimer à travers des actes de charité, l'offre de son temps et de ses compétences, ou simplement en étant généreux dans ses interactions quotidiennes avec les autres.

Sensibilité aux inégalités : conscience et compréhension des disparités sociales, économiques et culturelles qui existent au sein de la société. Cela implique une reconnaissance des privilèges et des désavantages qui affectent les individus et les différentes communautés dans un système. Une personne sensible aux inégalités est souvent empathique envers ceux qui sont désavantagés et se sent motivée à agir, que ce soit par le plaidoyer, l'éducation ou le soutien direct, pour contribuer à une société plus juste et équitable.

Spiritualité dans l'action : intégration de croyances et de valeurs spirituelles dans les actions quotidiennes et les décisions. Ce n'est pas seulement une question de croyances personnelles ou de pratiques rituelles, mais aussi de vivre ces croyances à travers des actions

•••

concrètes qui reflètent des valeurs telles que la compassion, l'amour et le service aux autres. Cela peut inclure des actes de gentillesse, la recherche de justice sociale, l'engagement dans des activités communautaires ou l'utilisation de ses propres ressources pour aider les autres.

Capacité à attirer l'abondance financière : faculté qu'a une personne de devenir un véritable aimant à prospérité, attirant à elle les gains d'argent, les opportunités financières et les idées lucratives de manière presque surnaturelle. Cette capacité repose sur la croyance en la loi de l'attraction, selon laquelle les pensées et les émotions positives peuvent influencer de manière tangible les événements extérieurs pour créer une réalité prospère. Elle implique une confiance inébranlable en l'univers, une attitude d'ouverture et de réceptivité aux signes et aux synchronicités, ainsi qu'une capacité à visualiser et à ressentir la richesse désirée comme si elle était déjà présente. Les personnes dotées de cette capacité magique à attirer l'abondance financière sont souvent perçues comme ayant un charisme particulier ou une énergie qui attire naturellement à elles la fortune et le succès.

Chapitre 26

Le bateau accoste enfin, et tu découvres le Nouveau Monde. La brise marine caresse ton visage tandis que l'immensité du paysage s'offre à toi. Une terre sauvage et indomptée s'étire à l'horizon. Ton père, à tes côtés, partage ton émerveillement. Ses yeux, toujours avides de connaissances, scrutent chaque détail. Il a toujours été ton guide, t'encourageant à explorer et à apprendre. Sa présence te rassure et te donne confiance. Tu es prête à l'assister dans cette aventure extraordinaire.

Dès que le bateau s'amarre, l'effervescence t'emporte. Tu bondis sur la passerelle et foules pour la première fois cette terre exotique. Un monde nouveau t'appelle, un défi pour ton esprit curieux. La colonie, déjà un petit bourg en effervescence, te frappe par sa grandeur. Les bâtiments, construits à la hâte, rappellent ton chez-toi, mais l'atmosphère est plus brute, plus vibrante. Tu observes, les yeux écarquillés, absorbant chaque détail, chaque mouvement autour de toi.

Ton père est déjà absorbé par son travail pour le roi. Il multiplie les allées et venues, interroge les villageois. Tu es à ses côtés à chaque instant, impatiente de contribuer, de plonger dans l'étude des cultures locales. Ton désir le plus ardent est de rencontrer une femme autochtone, d'explorer son univers, de comprendre sa vision du monde. Tu fais part de ton souhait à ton père qui, connaissant ta soif d'apprendre, acquiesce d'un hochement de tête compréhensif : « Ne t'inquiète pas, je vais te trouver une solution. »

Le lendemain matin, tu es réveillée par des cris stridents. Tu te précipites et te retrouves face à une scène qui te glace le sang : une femme autochtone, l'expression terrifiée, se débat férocement contre deux colons qui la retiennent de force. Ses vêtements déchirés et leur brutalité racontent une histoire de violence et de désespoir.

« Voici madame, une sauvageonne ! Elle n'a pas été facile à capturer et... », l'un des hommes commence à expliquer avec une fierté déplacée.

Tu l'interromps, la colère te submergeant. « Qu'avez-vous fait ? Êtes-vous inconscients ? » tu t'exclames.

Leur stupeur face à ta réaction est palpable, mais tu n'as pas le temps pour les remontrances. D'un geste ferme et décidé, tu les repousses. « Déguerpissez, maintenant ! Ou je vous fais arrêter et battre ! » Ton cri résonne avec une autorité incontestable.

Pris de panique, les hommes s'éloignent en hâte, laissant derrière eux la femme, effondrée au sol, sanglotant de douleur et de peur. Tu t'approches d'elle avec précaution, consciente de la fragilité de la situation.

« Je ne te ferai pas de mal », tu murmures doucement, espérant que ton ton apaisant puisse la rassurer malgré la barrière de la langue.

La femme, le visage ensanglanté, te regarde avec méfiance, mais tu vois dans ses yeux un soupçon d'espoir. Tu t'agenouilles à côté d'elle, offrant ta présence comme un signe de paix. Ta main se tend vers elle dans un geste de soutien, tandis que tes yeux cherchent à communiquer ta compassion et ton désir de l'aider. Du sang coule de ses lèvres et son arcade sourcilière est fendue.

Avec une douceur maternelle, tu l'enveloppes dans un vêtement pour couvrir son corps dénudé, offrant un semblant de dignité après l'épreuve qu'elle vient de subir. Puis, avec un soin minutieux, tu essuies délicatement le sang qui coule de ses blessures. Elle te regarde, ses yeux toujours empreints de prudence, mais elle ne se dérobe pas à tes gestes bienveillants.

Tu remarques son regard s'attarder sur la nourriture que tu lui présentes. Du pain frais et du fromage, simples mais réconfortants. Elle les saisit et les dévore avec une faim qui témoigne de plusieurs jours sans repas décent. Tu observes, un pincement au cœur, cette scène de besoin élémentaire si intensément ressenti.

Une fois son repas terminé, elle commence à s'agiter, une inquiétude évidente dans ses mouvements. Tu comprends rapidement qu'elle souhaite retourner dans son monde, mais la peur de traverser le village, lieu de sa capture, l'empêche de partir. Ton esprit s'active, cherchant une solution.

Déterminée, tu décides de l'accompagner à travers le village. En marchant à ses côtés, tu ressens les regards curieux, parfois hostiles, des villageois sur vous. Mais personne n'ose intervenir, ta présence à ses côtés formant une barrière silencieuse contre d'éventuelles intrusions.

Arrivées à l'orée du bois, tu poursuis ton chemin, suivant ses pas dans le sous-bois. Elle se retourne, surprise de te voir continuer à la suivre. Tes yeux croisent les siens, et tu lui offres un sourire rassurant, lui faisant comprendre que tu es inoffensive.

Après une longue marche à travers la forêt dense, guidée par la femme autochtone, tu arrives enfin à un campement dissimulé parmi les arbres. L'ambiance est vivante, vibrante de sons et de mouvements. La femme, reconnue et accueillie par des cris de joie, semble être un membre important de cette communauté. Tu observes, fascinée, alors qu'elle est rapidement entourée, enveloppée dans l'affection de son peuple.

Cependant, ton arrivée ne passe pas inaperçue. Plusieurs hommes te remarquent, et à grands cris, ils te capturent, leurs lances pointées dans ta direction. Ton cœur s'accélère, mais tu ne ressens pas de peur. Quelque chose en toi, peut-être la confiance gagnée à travers ton amitié avec la femme, te rassure.

Elle s'interpose rapidement, parlant avec véhémence à ses compagnons. Tu sens qu'elle plaide en ta faveur, son geste protecteur te donnant une assurance tranquille. Tu attends patiemment, observant silencieusement les interactions.

Finalement, les tensions s'apaisent et tu es conduite vers les autres femmes de la tribu. Elles t'observent avec une méfiance compréhensible, mais tu n'es pas découragée. Tu t'approches d'elles avec respect, t'assoyant tranquillement à leurs côtés. Tu les regardes tisser, fascinée par la complexité et l'habileté de leurs mains sur ce qui semble être une machine à tisser très élaborée.

À la tombée de la nuit, l'angoisse de retrouver ton chemin se fait sentir. Tu fais signe à ton amie que tu souhaites retourner au campement colonial. À ta grande surprise, elle rassemble plusieurs hommes et femmes qui t'escortent jusqu'à une distance sécuritaire de ta colonie. Tu la remercies, prenant ses mains dans les tiennes dans un geste universel de gratitude. Son regard, empreint d'une compréhension silencieuse, te confirme qu'elle saisit le sens de ton geste.

Dès lors, tu reviens voir les femmes du village régulièrement. Chaque visite est une occasion d'apprendre et de partager. Tu communiques avec elles à travers des gestes, des sourires, des dessins dans le sable. Progressivement, elles commencent à s'ouvrir, te montrant leurs coutumes, t'enseignant des fragments de leur langue.

Au fil des jours, les femmes de la tribu t'accueillent avec une chaleur croissante. Leurs demeures, simples mais chaleureuses, deviennent des lieux d'échange et de partage. Autour de leurs feux, tu dégustes leurs repas, apprenant à savourer les saveurs de leur cuisine traditionnelle. Elles te montrent patiemment les mots de leur langue, t'ouvrant les portes d'un monde de communication et de compréhension mutuelle.

Tu es étonnée de découvrir la profondeur de leurs concepts, des notions complexes telles que la gratitude, la joie et l'amour, qui résonnent de manière universelle. Cela te fait prendre conscience de la richesse de leur culture, équivalente, voire supérieure, à celle des colons.

Chaque soir, tu partages tes découvertes avec ton père, dont l'intérêt pour ta quête est palpable. Ensemble, vous consignez secrètement ces observations, conscients que la société coloniale n'est pas prête à accepter une telle égalité entre les races. Lorsque tu apprends que les natifs vous nomment également « sauvages », cela renforce ta conviction que les perceptions sont relatives et souvent faussées par les préjugés.

Tu tentes d'évoquer ces découvertes avec d'autres colons, mais la moquerie et le scepticisme sont les réponses les plus courantes. La rigidité de leurs croyances, alimentée par les sermons de l'Église, te révolte. Cette intolérance et cette ignorance te font te sentir de plus en plus étrangère parmi eux.

Plus tu es rejetée, plus tu te sens en harmonie avec la tribu. Leur acceptation et leur douceur te confortent dans l'idée que tu as trouvé ta place avec eux, loin des jugements et des contraintes du campement colonial.

La maladie de ton père, qui l'emporte après une longue lutte contre la fièvre, est le tournant décisif. Privée de son soutien, tu fais face à un choix crucial. Avec courage et détermination, tu décides de te joindre à la tribu, convaincue que ta véritable place est auprès de ces gens qui t'ont accueillie et comprise.

Ton intégration dans la tribu n'est pas sans défis, mais chaque jour passé parmi eux te renforce dans ta conviction. Tu apprends, tu grandis, tu partages. Ta vie avec les natifs devient une aventure riche en apprentissages et en émotions. Jamais tu ne regretteras ton geste, car dans ce choix, tu as trouvé une vérité plus profonde sur l'humanité et sur toi-même.

Ton âme a navigué à travers des océans d'expériences, se forgeant au contact de cultures diverses et de défis inattendus. À présent, elle est prête à s'embarquer pour de nouveaux horizons.

Si tu ressens en toi une force intérieure et un désir d'explorer la profondeur de la vie, guidée par les valeurs saines et simples que tu as apprises auprès de la tribu, alors le chemin du **CHAPITRE 12** t'attend. Dans ce chapitre, tu plongeras dans les mystères de l'existence, cherchant à comprendre les liens invisibles qui unissent toute chose et à découvrir la sagesse cachée dans le monde naturel.

D'autre part, si ta détermination à lutter contre l'injustice et à défendre tes convictions t'a amenée à réaliser que tu es arrivée au bout de ton aventure sur Terre, alors dirige-toi vers le **CHAPITRE 41**. Ce chapitre marquera la fin de ton voyage terrestre et le début d'une nouvelle quête spirituelle, où tu chercheras à transcender les limites de la forme physique pour embrasser une existence plus éthérée et profonde.

RESSOURCES RÉCUPÉRÉES PAR L'ÂME DANS CETTE VIE

Adaptabilité culturelle : capacité d'un individu à comprendre et à s'adapter efficacement à différents contextes culturels. Elle implique la compréhension des normes, valeurs et comportements propres à une culture donnée, et la flexibilité nécessaire pour interagir avec succès dans divers environnements sociaux et professionnels. Cette compétence est cruciale dans un monde globalisé où les interactions interculturelles sont fréquentes.

Facilité avec les langues : capacité naturelle ou acquise d'un individu à apprendre et à utiliser diverses langues. Cela inclut non seulement l'aptitude à acquérir rapidement la grammaire et le vocabulaire, mais aussi la prononciation, l'intonation et les subtilités culturelles qui accompagnent chaque langue. Cette compétence est particulièrement utile dans la communication interculturelle et pour naviguer efficacement dans des contextes multilingues.

Humanité : capacité d'exprimer de la compassion, de l'empathie et de la bienveillance envers les autres. Elle englobe la volonté de comprendre et de partager les sentiments et les expériences d'autrui, ainsi que le désir de contribuer positivement à leur bien-être. L'humanité se manifeste à travers des actes de générosité, d'entraide et de solidarité, reflétant une reconnaissance de la valeur intrinsèque de chaque individu. Elle implique également le respect de la dignité humaine et la promotion de la justice et de l'équité. Cette qualité est essentielle pour bâtir des relations harmonieuses et pour favoriser une société plus juste et plus inclusive.

•••

•••

Originalité de la pensée : capacité de penser de manière créative et novatrice, en apportant de nouvelles perspectives et solutions à des problèmes existants. Cela implique de sortir des sentiers battus, de remettre en question les idées reçues et de développer des idées uniques. Cette compétence est particulièrement valorisée dans des domaines tels que la recherche, l'art, la littérature et toute profession nécessitant de l'innovation et de la créativité.

27
Chapitre

Autrefois, le roi brillait comme un phare de justice et de sagesse. Son règne était une époque de paix et de prospérité, ses sujets le vénéraient comme un père bienveillant. Mais aujourd'hui, il n'est plus que l'ombre de lui-même. Sa folie a transformé le palais en un tombeau de pierre froide, où résonnent uniquement les pas lourds des gardes et les murmures craintifs des courtisans.

Le regard du roi, autrefois clair et vif, est désormais voilé par la suspicion et la peur. Il voit des ennemis partout, dans chaque sourire, dans chaque mot chuchoté. La moindre ombre de dissidence est perçue comme une menace mortelle, et la justice n'est plus qu'un vague souvenir.

Des innocents, jadis piliers du royaume, sont arrachés à leur famille en pleine nuit, traînés devant un simulacre de tribunal et condamnés à mort sur la base de rumeurs infondées. Leurs cris d'agonie résonnent dans les rues désertes, où la terreur règne en maître absolu.

Le peuple, autrefois fier et libre, est désormais réduit à une masse tremblante de sujets terrorisés. La méfiance a remplacé la confiance, l'amour a cédé la place à la haine. Le roi, dans sa folie, a brisé le cœur de son royaume et l'a condamné à une lente agonie.

L'idée même d'un complot pour assassiner le roi te glace le sang. Malgré sa descente dans la folie, tu te refuses à trahir celui que tu as juré de servir. Les murmures de conspiration qui circulent dans les couloirs du palais te révulsent. Des hommes et des femmes que tu as autrefois respectés, des compagnons d'armes et des conseillers, sont maintenant prêts à renverser leur souverain pour préserver leurs propres intérêts. Mais pour toi, la loyauté n'est pas une question de circonstances, c'est un serment sacré, un engagement inébranlable envers le trône et le royaume.

Tu observes avec mépris ces conspirateurs qui se rencontrent en secret, murmurant des plans de trahison sous le manteau de la nuit. Ils parlent de libération, de sauver le royaume de la folie du roi, mais tu vois clairement la soif de pouvoir qui brille dans leurs yeux. Pour eux, la mort du roi n'est qu'un moyen d'atteindre leurs propres fins, une marche vers le trône qu'ils convoitent.

L'air est irrespirable, chargé d'une tension électrique qui te donne la chair de poule. Tu avances à pas feutrés dans les couloirs du palais, répondant à l'appel du roi. Tes bottes frappent les dalles de pierre, produisant un écho sourd qui annonce ton approche. La chambre royale se profile à l'horizon, et tu frissonnes à l'idée de ce qui t'attend.

Le roi est assis sur son trône, une silhouette spectrale dans la lumière tamisée. Son regard, autrefois vif et intelligent, est maintenant voilé par la folie. Sa voix tremble lorsqu'il te parle, ses mots trahissant une paranoïa grandissante. Il évoque un complot invisible, une épidémie imaginaire qui ronge son esprit malade.

Puis, d'une voix blanche, il te révèle son plan funeste : réduire la ville en cendres, purifier le royaume de cette contagion fantôme. Le sang se fige dans tes veines. Le roi, autrefois protecteur de son peuple, est devenu son bourreau.

Un dilemme déchirant te tenaille. Ton serment de loyauté te lie à cet homme, mais ton cœur et ta conscience te poussent à agir pour le bien du royaume. La tension monte *crescendo*, et tu te sens pris au piège dans une toile d'intrigues et de folie.

Dans un éclair de lucidité tragique, guidé par un instinct viscéral de sauver des vies innocentes, tu prends la décision la plus difficile de ta vie. Ton couteau, symbole de ton allégeance indéfectible, se transforme en instrument de la chute du roi. D'un geste rapide et précis, tu mets fin à sa folie meurtrière.

Le corps du roi s'effondre, inerte, sur le sol de marbre. Le silence qui suit est assourdissant. Tu contemples le résultat de ton acte, accablé par le poids de la trahison et de la responsabilité.

Tu as sauvé la ville, mais au prix de ton serment et de ton innocence. La culpabilité te ronge, mais tu sais au fond de toi que c'était le seul choix possible pour éviter un massacre insoutenable.

L'aube se lève sur un palais en proie au chaos. Les cris et les pleurs des serviteurs résonnent dans les couloirs, tandis que les gardes se précipitent pour découvrir la source de la tragédie. La nouvelle de la mort du roi se répand comme une traînée de poudre, et bientôt tous les regards se tournent vers toi, le fidèle guerrier, désormais accusé du pire des crimes.

Les chaînes de l'accusation pèsent lourd sur tes poignets tandis que tu es conduit devant le tribunal. Les visages des juges sont durs, leurs yeux emplis de suspicion. La salle d'audience bourdonne de rumeurs et de chuchotements, chacun spéculant sur ton sort.

Malgré l'adversité, tu restes stoïque, une statue de dignité au milieu de la tempête. Tu refuses de te défendre, de donner voix à ta vérité. Les mots semblent dérisoires face à l'ampleur de ton sacrifice. Tu as agi pour le bien commun, pour sauver la ville de la folie d'un roi dément. Cette conviction inébranlable te procure une paix intérieure, même dans l'œil du cyclone judiciaire.

L'exil est prononcé comme une sentence, mais pour toi, c'est une libération. Tu accueilles ton sort avec une résignation sereine, prêt à affronter l'inconnu loin de la cour et de ses intrigues. En quittant la salle d'audience, tu laisses derrière toi les murmures et les accusations, emportant avec toi la certitude d'avoir agi avec honneur et intégrité.

Après avoir traversé les épreuves du pouvoir et de la loyauté, ton âme se trouve à un nouveau carrefour de son voyage spirituel.

Si tu souhaites canaliser ta force de dévotion vers toutes les causes qui éveilleront ton intérêt à l'avenir, choisis le chemin du **CHAPITRE 29**. Dans ce chapitre, tu exploreras comment ta passion et ton engagement peuvent être mis au service d'une variété d'idéaux et de missions, t'amenant à défendre avec ferveur ce en quoi tu crois, quels que soient les défis à venir.

D'un autre côté, si tu désires apprendre à utiliser ta ruse plutôt que ta force brute pour atteindre tes objectifs, dirige-toi vers le **CHAPITRE 11**. Ce chemin te mènera à développer une finesse stratégique, t'enseignant à naviguer dans les intrigues et les complots avec une habileté qui dépasse la simple force physique. Tu découvriras comment manœuvrer avec intelligence dans un monde où la subtilité et la diplomatie sont souvent plus puissantes que l'épée.

RESSOURCES RÉCUPÉRÉES PAR L'ÂME DANS CETTE VIE

Conscience éthique : capacité à discerner le bien du mal et à agir conformément à des principes moraux. Elle implique une réflexion approfondie sur les conséquences de ses actions, une sensibilité aux enjeux éthiques et une volonté de se conformer à des normes de comportement justes et équitables. Une personne dotée d'une conscience éthique est guidée par des valeurs telles que l'intégrité, l'honnêteté, le respect et la responsabilité, et cherche à appliquer ces valeurs dans ses décisions et ses interactions avec autrui. La conscience éthique est essentielle pour maintenir la confiance et l'harmonie au sein des communautés et pour promouvoir une conduite responsable dans la société.

Perspicacité stratégique : capacité à comprendre et à analyser des situations complexes, à anticiper les mouvements et réactions potentiels, et à élaborer des plans efficaces en conséquence. Elle combine l'intelligence, la prévoyance et la créativité, et est cruciale dans des domaines où la prise de décision rapide et éclairée est nécessaire. Cette compétence est particulièrement utile pour les leaders, les gestionnaires et toute personne impliquée dans la résolution de problèmes complexes.

Loyauté : dévouement et fidélité constants envers une personne, un groupe, une cause ou des principes. Elle se manifeste par un engagement inébranlable, même dans des circonstances difficiles. La loyauté construit la confiance et forge des relations solides et durables, tant dans la vie personnelle

•••

que professionnelle. Elle est fondamentale pour maintenir l'intégrité et la cohésion au sein d'équipes, de familles et de communautés.

Détachement de l'opinion des autres : capacité de rester indépendant et serein face aux jugements et aux critiques extérieurs. Cette qualité implique une forte estime de soi et une confiance en ses propres valeurs et décisions, sans être excessivement influencé par les perceptions ou les attentes d'autrui. Le détachement de l'opinion des autres permet de maintenir son intégrité et son authenticité, même dans des environnements sociaux ou professionnels où la pression de conformité peut être forte. Cette capacité favorise également une plus grande liberté émotionnelle et une prise de décision plus alignée avec ses propres convictions et aspirations.

28

Chapitre

Les premiers rayons du matin caressent les *shōji*, ces portes de papier qui murmurent l'aube. C'est l'heure d'honorer une tradition ancestrale, un ballet d'harmonie et de contemplation : la cérémonie du thé. Chaque geste, chaque objet raconte une histoire, murmure une sagesse oubliée.

Tes pas te mènent vers le tokonoma, alcôve où l'art et la nature se rencontrent en un tableau éphémère. Une peinture aux traits fins, une branche de cerisier en fleurs, symbole de la beauté fugace du temps. Le rose tendre des pétales se marie à la perle de ton kimono, créant une symphonie de couleurs douces. Tout invite à la contemplation, à l'éveil des sens.

Dans le rituel du thé, tu vois le reflet de la vie elle-même. Chaque geste précis, chaque mouvement réfléchi est une offrande à l'instant présent. La précision avec laquelle tu manipules les ustensiles, la chaleur de l'eau, le ballet du fouet en bambou dans la poudre de matcha : chaque détail est une ode à la conscience, un rappel de la présence à soi.

Sur les tatamis, ces nattes de paille tissées à la main, tes pas se posent avec respect. La texture douce et humble évoque la simplicité authentique. L'air est parfumé de notes subtiles : le bois de cèdre aux accents résineux et l'arôme frais du thé vert. Dans cet environnement dépouillé, tu invites la nature à s'exprimer sans artifice. La modération est ton guide, ouvrant la voie à l'apaisement et à la sérénité.

Un pas humble et respectueux franchit le seuil de la salle de cérémonie. Tes invités s'inclinent, entrant dans ce sanctuaire de sérénité. Une joie profonde t'envahit, car tu sais que ce moment est unique, une perle éphémère dans le collier du temps. Chaque cérémonie est un univers à part entière, une expérience qui ne se répétera jamais.

Le rituel de purification ouvre la voie. À la fontaine de pierre, chaque participant lave mains et bouche, un geste symbolique qui lave le corps et l'esprit des impuretés du monde extérieur. C'est un passage du profane au sacré, une invitation à la tranquillité et à la concentration.

Assise en *seiza*, jambes repliées avec précision, tu fais face au *furo*, le brasero où l'eau murmure son chant paisible. Devant toi, les ustensiles du thé, disposés avec une beauté méticuleuse : le chawan, bol à thé ; le chasen, fouet en bambou ; le chashaku, cuillère à thé. Chacun est un chef-d'œuvre artisanal, choisi pour sa fonction et son esthétique.

Tes gestes fluides purifient chaque ustensile sous les regards attentifs. Chaque mouvement est un tableau de grâce et de concentration. Le temps s'étire, chaque action devient une méditation, un hommage aux traditions ancestrales. Tu incites tes invités à s'immerger dans la lenteur de tes mouvements, à ressentir la solennité de l'instant.

Avec précision, tu prélèves le matcha, poudre de thé vert finement moulue, à l'aide du chashaku. Sa couleur vibrante célèbre la nature et la vie dans son éphémérité. Le thé est délicatement versé dans le chawan, l'eau chaude ajoutée avec une maîtrise parfaite de la température et du mouvement. Le chasen entre en scène, dansant un ballet où le thé et l'eau se mêlent en un tourbillon vert, créant une mousse onctueuse et accueillante. Ce moment dépasse la simple préparation d'une boisson ; il devient une expression artistique, une manifestation tangible de ta discipline intérieure et de ton attention méticuleuse au détail.

Lorsque le thé atteint son apogée, une harmonie parfaite, tu le présentes à ton premier invité. Le bol, offert à deux mains, symbolise l'humilité et la gratitude. Tes invités le reçoivent avec une déférence marquée, le tournant délicatement dans leurs mains, un hommage silencieux à la richesse du matcha et à ses nuances subtiles. Le bol, d'abord dans la main droite, glisse ensuite dans la gauche, permettant d'admirer le chef-d'œuvre artisanal sous tous ses angles. Ce geste, un équilibre de respect et d'harmonie, reflète les principes fondamentaux de votre culture.

Tourner le bol à thé deux fois, c'est embrasser la tradition, une danse subtile de reconnaissance envers l'artisan. Le front du bol, orné d'un dessin ou d'un monogramme, est la quintessence de l'art. En évitant de boire directement sur cette partie sacrée, chaque invité rend hommage à l'œuvre, à sa beauté et à son histoire.

Boire le thé en trois gorgées symbolise différentes vertus ou états d'esprit. La première, petite, représente la prudence et la réserve. La deuxième, plus grande, indique l'ouverture et l'acceptation. La dernière, consommant tout le reste, symbolise la gratitude et l'appréciation totale du thé. Cette progression reflète une approche équilibrée et réfléchie de la vie, où chaque action est menée avec intention et conscience.

Avec une douce joie, tu accueilles les sons de dégustation de tes invités, exprimant leur appréciation du breuvage délicat. C'est une mélodie de satisfaction, un accord qui honore l'hôte, la qualité du thé et le soin apporté à sa préparation. C'est une symphonie de gratitude, jouée par les lèvres des invités.

Le thé, dans sa complexité, est une métaphore liquide de la vie. Son goût, riche mais subtil, transporte dans un voyage de saveurs, éveillant les sens à la profondeur et aux nuances de l'existence. Dans chaque tasse, dans chaque gorgée réside un univers de sensations, un hymne à la vie dans toute sa splendeur éphémère.

Tu observes tes invités savourer le thé, perdus dans leurs pensées. Le silence qui enveloppe la salle est lourd de sens, une invitation à se connecter à l'instant présent et à l'expérience partagée. Ce silence n'est pas un vide, mais un espace précieux pour la contemplation et l'appréciation de la simplicité.

Lorsque le dernier invité dépose délicatement son bol vide, un sentiment de paix et d'harmonie envahit la pièce. La cérémonie a accompli son pouvoir transformateur, unissant les cœurs dans un langage universel de respect, de beauté et d'harmonie. Tu n'es plus seulement une hôtesse, mais une gardienne de traditions, une artisane de souvenirs, une tisseuse de liens intemporels.

Les invités expriment leur gratitude par un silence éloquent, reconnaissant la profondeur de l'expérience vécue. Tu nettoies les ustensiles avec le même soin et la même attention que tu as mis à les préparer. Ce geste final symbolise la fin de la cérémonie, mais aussi le début d'un nouveau chapitre intérieur pour chacun. Tu imites ainsi la nature cyclique de la vie, soulignant l'importance de chérir chaque instant. En disant au revoir à tes invités, une vague de renouveau et de satisfaction t'envahit, heureuse d'avoir partagé une expérience nourrissante pour l'âme.

Ce moment de quiétude, cette pratique méditative, te rappelle l'imbrication profonde de l'art et de la vie quotidienne. La cérémonie du thé, dans sa discipline et sa beauté, est un miroir reflétant la manière de vivre chaque instant avec intention et grâce.

Alors que la cérémonie s'achève, laissant place à une sérénité paisible, tu t'attardes un instant dans la contemplation de la salle désormais silencieuse. Les rayons du soleil, filtrant à travers les *shōji*, dansent sur les tatamis et illuminent la douce présence des objets en céramique. Dans cette lumière douce, tu ressens la vie des objets, la mémoire des moments partagés et la promesse de ceux à venir. C'est une célébration silencieuse de la vie, un moment précieux où le temps semble suspendu et où chaque détail raconte une histoire d'harmonie et de paix intérieure.

Au cœur de la cérémonie du thé, tu as découvert la beauté cachée dans l'ordinaire, la joie nichée dans chaque instant fugace. Cette pratique s'est muée en une méditation en mouvement, chaque geste te rapprochant d'une compréhension plus fine de toi-même et du monde qui t'entoure.

Rentrant délicatement les ustensiles à leur place, tu réfléchis à l'empreinte profonde que cette pratique a gravée sur ton quotidien. Tu abordes désormais chaque tâche, chaque interaction, avec le même respect et la même attention que tu accordes à la cérémonie du thé. Que ce soit en préparant un repas pour tes proches, en conversant avec un ami ou en accomplissant les gestes routiniers de la vie, tu découvres des occasions infinies de cultiver la pleine conscience et le respect.

Tu te souviens de la manière dont la cérémonie du thé t'a enseigné l'art de naviguer entre l'ordre et la structure d'un côté, et la liberté d'expression et de spontanéité de l'autre. Chaque cérémonie est une création unique, un tableau où tes gestes et les saveurs se transforment en pigments. Cette philosophie infuse désormais ta vie, te guidant vers un équilibre entre rigueur et liberté, entre tradition et innovation.

Dans un monde souvent saturé et excessif, la cérémonie t'a révélé la beauté particulière de l'austérité, la richesse de la retenue. Cette simplicité se manifeste dans ton mode de vie, où tu privilégies la qualité à la quantité, l'essentiel au superflu.

Tu médites également sur la manière dont cette pratique ancestrale t'a reconnectée à ta culture et à ton héritage. Chaque cérémonie est un pont vers le passé, un dialogue silencieux avec ceux qui l'ont pratiquée avant toi. Tu prends conscience d'être un maillon dans une chaîne bien plus longue, une partie d'une histoire bien plus vaste que ta propre existence.

Te levant avec une grâce acquise au fil des années, tu quittes la salle de cérémonie, emportant avec toi la paix et la sérénité que tu y as cultivées. La cérémonie du thé, bien plus qu'une simple pratique, est devenue un chemin de vie, une approche quotidienne empreinte d'intention, de respect et d'une profonde gratitude pour le présent.

La douceur et la sérénité que tu as découvertes dans l'art de la cérémonie du thé te guident vers un carrefour de choix spirituels et culturels. Chaque option ouvre une nouvelle voie dans ton parcours intérieur, t'invitant à explorer différentes facettes de ton être et de ton rapport au monde.

Si ton âme aspire à mettre à l'épreuve sa tranquillité intérieure face à un monde moderne rapide et rempli de distractions, choisis le chemin du **CHAPITRE 40**. Dans ce récit, tu navigueras à travers les tumultes de la vie contemporaine, cherchant à maintenir l'équilibre et la paix que tu as cultivés dans la pratique contemplative de la cérémonie du thé.

Si, en revanche, ton expérience dans l'art de la cérémonie du thé a éveillé en toi un désir d'ouverture et d'intégration d'éléments nouveaux et variés, dirige-toi vers le **CHAPITRE 10**. Ici, ton âme explorera d'autres aspects de sa compréhension du monde, s'enrichissant de diverses traditions et savoirs pour tisser une toile de vie encore plus vaste et colorée.

Enfin, si la paix et la sérénité que tu as trouvées dans la cérémonie du thé t'incitent à explorer des dimensions plus profondes de l'existence, le chemin du **CHAPITRE 41** t'attend. Dans ce chapitre, tu chercheras à transcender la forme physique pour embrasser une existence plus éthérée, un voyage intérieur vers une compréhension plus vaste de la tranquillité et de la sérénité. Ce n'est plus seulement une pratique externe, mais un périple de l'âme, une exploration de la conscience et de la spiritualité qui va au-delà des limites du monde matériel.

RESSOURCES RÉCUPÉRÉES PAR L'ÂME DANS CETTE VIE

Maîtrise de l'attention : capacité à concentrer consciemment l'esprit sur une tâche ou un objet spécifique pendant une période prolongée. Cette compétence implique la gestion de la distraction, la régulation de l'attention et la capacité à diriger le focus vers des objectifs précis. La maîtrise de l'attention est cruciale pour l'apprentissage, la résolution de problèmes, et pour maintenir une performance efficace dans diverses activités, qu'elles soient professionnelles ou personnelles. La maîtrise de l'attention aide à vivre plus pleinement chaque moment et à exécuter les tâches avec une plus grande efficacité et précision.

Grâce et élégance : qualités de mouvement, de posture et de comportement qui combinent fluidité, beauté et finesse. La grâce est souvent associée à la facilité et l'aisance dans les actions physiques, tandis que l'élégance se réfère à un style ou une approche qui est à la fois simple et sophistiquée. Ensemble, elles évoquent

•••

une présence impressionnante et agréable, tant dans les interactions sociales que dans l'expression personnelle. Cette qualité se manifeste dans la vie quotidienne par une présence et une manière d'agir qui rayonnent de calme et de dignité.

Sérénité intérieure : état de calme et de paix profonde qui émane de l'intérieur. La sérénité intérieure survient lorsque l'individu est en harmonie avec lui-même et son environnement, souvent atteinte par la méditation, la réflexion et une compréhension profonde de soi. Cette ressource permet de faire face aux situations stressantes ou difficiles avec un esprit plus clair et un cœur tranquille, favorisant une approche réfléchie et mesurée des défis de la vie.

Simplicité éclairée : notion qui englobe l'appréciation et la recherche de la simplicité dans tous les aspects de la vie. Cette ressource favorise un mode de vie où la qualité prime sur la quantité, et où l'essentiel est valorisé par rapport au superflu. La simplicité éclairée mène à une vie moins encombrée, plus significative et plus alignée avec les valeurs personnelles. Elle encourage également une prise de conscience et une appréciation des petites joies et des plaisirs quotidiens, menant à une plus grande satisfaction et à un sentiment de plénitude.

Chapitre 29

La nuit a jeté son voile sur la ville, étouffant les bruits du jour et transformant les ruelles en un labyrinthe d'ombres et de mystères. Seule la lueur vacillante des réverbères éclaire ton chemin, projetant des silhouettes dansantes sur les pavés usés. Tu avances, tes pas feutrés et ton esprit en alerte, scrutant chaque recoin sombre, chaque porte dérobée.

Ces rues, tu les connais comme les lignes de ta main, chaque fissure dans les murs, chaque écho sous les porches. C'est ici que les destins se croisent et se perdent, que les histoires non dites flottent dans l'air, aussi palpables que la brume du soir. Tu es à la recherche de celles que la vie a oubliées, les jeunes âmes égarées, fantômes éphémères dans les ténèbres urbaines.

À chaque pas, le poids de ton propre passé se fait sentir, un passé où toi aussi, tu étais perdue, seule, une ombre parmi les oubliées. Mais ce soir, c'est toi la gardienne, celle qui cherche l'espoir dans ce labyrinthe de désespoir.

Au détour d'une ruelle sombre, tu aperçois une jeune fille blottie dans une alcôve, ses yeux grands ouverts reflétant la peur et la confusion. Elle n'a pas plus de 12 ans. C'est exactement ce que tu cherches.

Tu t'approches d'elle avec douceur, un sourire rassurant sur les lèvres. « Viens avec moi, je ne te ferai aucun mal », murmures-tu d'une voix douce, lui tendant la main comme une promesse d'un avenir meilleur. Elle hésite, ses yeux scrutant tes traits à la recherche d'un signe de confiance ou de tromperie. Tu lui tends un bout de pain. « Prends, j'ai de la soupe chaude pour toi. » Finalement, dans un geste presque imperceptible, elle glisse sa main frêle dans la tienne. Sa paume est froide et tremblante, mais elle s'agrippe au pain comme à une bouée de sauvetage et le dévore en une bouchée.

Tu la guides à travers les ruelles, son poids léger contre ton épaule. Arrivées devant ton établissement, tu l'encourages d'un hochement de tête rassurant. « C'est ici que commence ta nouvelle vie », dis-tu en poussant la porte pour révéler son refuge d'espérance.

L'intérieur du bordel est un monde à part, un sanctuaire loin du chaos et de la dureté de la rue. Les lumières tamisées, les tissus colorés drapant les murs, les parfums délicats de fleurs et d'encens créent une atmosphère enveloppante. Ici, chaque fille que tu as recueillie trouve un refuge, une famille improvisée où la solidarité et l'entraide sont les maîtres mots.

Tu guides la nouvelle arrivante à travers les couloirs, lui présentant brièvement tes autres protégées. Certaines la regardent avec curiosité, d'autres avec un signe de tête bienveillant, chacune se souvenant de sa propre arrivée dans ce lieu. Tu lui montres la chambre qui sera maintenant son seul espoir.

« Demain, nous parlerons de ton avenir », lui dis-tu en quittant la pièce. En refermant doucement la porte, tu ressens une satisfaction douce-amère. Tu as offert un refuge à une autre âme perdue, mais tu sais que le chemin qui l'attend est complexe et douloureux.

Seule dans le couloir, tu t'arrêtes un moment, fermant les yeux pour écouter les murmures de la maison. Chaque fille ici porte une histoire, un rêve, une blessure. Et toi, tu es leur protectrice, celle qui les sauve mais leur apporte aussi le malheur. C'est une responsabilité lourde, mais que tu assumes. Tu as trouvé ta voie dans ce monde impitoyable, et maintenant, tu offres à ces jeunes filles la chance de trouver la leur.

Dans chaque jeune fille qui franchit le seuil de ton établissement, tu vois un reflet de ta propre histoire. Tu te souviens de ces nuits solitaires passées à errer dans les ruelles, où chaque souffle du vent semblait murmurer des promesses non tenues. La faim t'a tant de fois tenaillée que tu en gardes un souvenir presque physique. Les violences, la crasse, la peur. Tout cela, elles ne le rencontreront jamais. Chaque fille qui arrive, portant dans ses yeux l'ombre de ses luttes, réveille en toi un sentiment de protection, une volonté inébranlable de transformer leur vulnérabilité en force.

Tous les soirs, tu réunis tes protégées pour des leçons essentielles à leur réussite. Ton expérience est un trésor d'enseignements, un fil d'or tissé dans le tissu de leur avenir.

« La conversation est votre première arme, commences-tu, ta voix douce mais ferme. Les mots sont des ponts entre les cœurs et les esprits. Apprenez à les choisir avec soin, à éveiller l'intérêt, à susciter la curiosité. Une conversation intelligente est souvent plus séduisante qu'une beauté évidente. »

Tu les observes attentivement, veillant à ce que chaque fille absorbe tes paroles. « Savoir écouter est tout aussi important que savoir parler. Montrez de l'intérêt pour leurs histoires, leurs réussites, leurs défis. Un homme qui se sent compris et valorisé est déjà à moitié conquis. »

Les leçons s'étendent ensuite à l'art du mouvement et de la présence. « Chaque geste que vous faites, chaque pas que vous prenez doit être réfléchi et gracieux. Apprenez à marcher avec assurance, à incliner la tête avec élégance. Un simple battement de cils peut en dire plus que mille mots. »

Tu leur démontres comment se tenir, comment s'asseoir, comment exprimer l'intérêt sans dire un mot. « Votre posture doit refléter la confiance, votre sourire doit éveiller le mystère. Dans chaque mouvement, racontez une histoire qui les invite à en découvrir davantage. »

Puis, tu abordes le sujet délicat de la manipulation subtile. « Captiver un homme, c'est aussi savoir jouer avec ses désirs et ses attentes. Devenez son réconfort, son havre de paix, mais ne vous laissez jamais complètement saisir. Vous devez être à la fois le feu qui l'attire et la fumée qui échappe à sa prise.

« Et n'oubliez jamais, continues-tu, ton regard balayant l'assemblée, votre compagnie a une valeur inestimable. Apprenez à demander et à recevoir des cadeaux, des attentions. Votre art n'est pas seulement de plaire, mais aussi de vous assurer que cette séduction porte ses fruits en termes de sécurité et de bien-être pour vous. »

Tu leur rappelles l'importance de maintenir une certaine distance, de ne jamais laisser transparaître la totalité de leurs émotions ou de leurs plans. « Gardez toujours une part de mystère. Laissez-les désirer en savoir plus, les incitant ainsi à revenir vers vous encore et encore. »

En les regardant, tu ressens un mélange de fierté et de responsabilité. Ces jeunes femmes suspendues à tes lèvres, absorbant chaque mot, chaque conseil, sont comme des fleurs au seuil de l'éclosion. « Soyez astucieuses, soyez prudentes, leur dis-tu pour conclure. Dans notre monde, vous devez être à la fois l'artiste et l'œuvre d'art, captivantes, mais jamais totalement conquises. Votre indépendance et votre sécurité en dépendent. »

Tu murmures, tes mots s'infiltrant dans l'intimité des chambres silencieuses, distillant une sagesse amère : « Ne laisse jamais ton cœur s'enticher. » Ton regard, tel un aigle scrutant sa proie, observe l'effet de tes paroles sur tes protégées. Leurs visages, autrefois empreints d'innocence, se figent, se voilent d'une indifférence calculée.

Leur apprentissage est un ballet cruel. Tu leur imposes une armure d'insensibilité, les forçant à dissimuler leurs émotions derrière un masque de séduction et de distance. Chaque sourire, chaque regard est une arme dans un monde où l'amour est un luxe que vous ne pouvez vous permettre.

Dans ton cœur, une douleur sourde se tord à chaque leçon dispensée. Tu vois la lumière s'éteindre dans leurs yeux, remplacée par une lueur froide et calculatrice. Ces jeunes filles, qui auraient dû jouer et rire sans souci, se transforment en guerrières prêtes à affronter un monde impitoyable.

Le soir, lorsque la demeure s'endort, tu te retires dans ta solitude, hantée par les fantômes de ton passé. Des souvenirs d'une jeunesse perdue, d'une innocence arrachée, d'une vie sacrifiée sur l'autel de la survie.

Malgré la douleur et les compromis, tu t'accroches à l'espoir. Tu sais que tu leur offres la seule chose qui compte : un avenir.

Le lendemain, tu reprends ton rôle de mentor, distillant tes leçons de survie dans l'esprit de tes protégées. Tu les observes, attentive à chaque nuance, à chaque faille dans leur armure. Tu sais que le chemin sera long et semé d'embûches, mais tu refuses de baisser les bras.

Tu te bats pour elles, pour leur donner une chance de vivre une vie meilleure, une vie que tu n'as jamais pu avoir. Dans ton combat, tu te perds parfois, tu vacilles, mais tu te relèves toujours, car tu sais que leur destin dépend de toi.

À plusieurs reprises, au détour d'un couloir, ton regard se pose sur l'une d'elles. Une jeune fille qui se détache du lot, dont la flamme intérieure brille malgré les ombres. Tu vois en elle un reflet de ta propre jeunesse, une étincelle de potentiel qui ne demande qu'à être nourrie. Dans ces moments, tu sens ton cœur se gonfler d'espoir et de détermination.

« Je ferai mon possible pour elle, comme pour toutes les autres », te promets-tu. Tu sais que tu ne peux pas changer le monde entier, mais pour cette jeune fille, pour cette âme perdue que tu as recueillie, tu peux faire une différence.

Après avoir traversé une existence marquée par la lutte pour la survie et la protection des plus vulnérables, ton âme se trouve à un tournant. Elle est désormais face à deux chemins distincts, chacun offrant une direction différente pour son évolution future.

Si ton âme éprouve le désir de satisfaire pleinement ses besoins et d'accéder à un pouvoir absolu, pour laisser libre cours à tous ses instincts, alors le **CHAPITRE 39** est ta voie. Dans ce récit, tu exploreras les profondeurs de tes ambitions, cherchant à acquérir le contrôle et la domination dans tous les aspects de l'existence. Ce chemin te permettra de découvrir jusqu'où tu es prête à aller pour atteindre une puissance sans limites et une satisfaction totale.

En revanche, si tu ressens un appel plus profond à défendre les femmes avec une force accrue, prête à consentir tous les sacrifices nécessaires pour cette cause, alors dirige-toi vers le **CHAPITRE 34**. Dans cette histoire, ton âme s'engagera dans une mission de protection et d'émancipation des femmes, utilisant sa puissance pour lutter contre l'injustice et l'oppression. Tu y trouveras l'occasion de canaliser ta détermination et ta compassion dans une lutte acharnée pour l'égalité et la dignité.

Chaque chemin te mènera à des découvertes uniques sur toi-même et sur le monde qui t'entoure, te permettant de façonner l'avenir de ton âme selon tes aspirations les plus profondes.

Alternative

Alors que le crépuscule de ta vie approche, une prise de conscience s'empare de toi. Tu réalises qu'il est temps de protéger et de libérer ces jeunes filles qui ont tant souffert à tes côtés. Avec une résolution inébranlable, tu décides de vendre toutes tes possessions et de distribuer ta fortune à tes protégées. Ce geste altruiste leur offre une nouvelle chance dans la vie, les libérant enfin de leur existence de prostituées et leur permettant de poursuivre leurs rêves longtemps étouffés.

Néanmoins, ce choix vient avec son propre sacrifice. En donnant tout ce que tu possèdes, tu prives ton âme de la possibilité de continuer à aider d'autres êtres humains. C'est un dilemme déchirant, mais tu acceptes les conséquences de ta décision avec sérénité.

Si tu choisis de suivre ce chemin de générosité et de libération, dirige-toi vers le **CHAPITRE 43**. Dans ce récit, tu trouveras la paix dans l'acte ultime de donner, et bien que ton âme ne puisse plus intervenir directement dans la vie d'autres personnes, tu laisses derrière toi un héritage de compassion et d'espoir qui continuera à inspirer et à transformer les vies longtemps après ton départ.

RESSOURCES RÉCUPÉRÉES PAR L'ÂME DANS CETTE VIE

Endurance mentale : capacité d'une personne à persévérer face à des défis ou des situations stressantes sur de longues périodes. Elle implique une forte résilience émotionnelle et une capacité à gérer efficacement le stress, l'anxiété et la fatigue mentale. Les personnes ayant une grande endurance mentale sont capables de rester concentrées, motivées et performantes, même dans des environnements difficiles ou sous pression.

Capacité d'élévation sociale : compétence et détermination nécessaires pour améliorer sa position dans la société. Cela implique non seulement la capacité à saisir des opportunités et à surmonter des obstacles socio-économiques, mais aussi la capacité à naviguer et à comprendre les complexités des structures sociales. Cette compétence englobe l'éducation, la communication efficace, le réseautage et la capacité à s'adapter à différents milieux sociaux.

Débrouillardise : capacité à trouver des solutions créatives et efficaces face à des problèmes ou des situations difficiles. Cela implique de l'ingéniosité, de l'adaptabilité et une certaine aisance pour utiliser les ressources disponibles de manière optimale. Une personne débrouillarde sait comment s'organiser, prendre des initiatives et agir de façon autonome pour surmonter les obstacles et atteindre ses objectifs.

Amour de l'argent : appréciation et valorisation de la richesse financière comme moyen d'atteindre la sécurité, la prospérité et la réalisation de soi. Cela peut se traduire par une motivation à gagner de l'argent de

•••

•••

façon originale, en vue d'investir dans des projets personnels, de soutenir sa famille ou de contribuer à des causes sociales. L'amour de l'argent, dans cette perspective, est associé à une gestion financière avisée et à la volonté de créer des opportunités pour soi-même et pour les autres.

30
Chapitre

Paris, 1789. La ville est un volcan en éruption. La prise de la Bastille a libéré un flot de passions brûlantes qui embrase chaque rue, chaque recoin. Ton esprit s'enflamme à son tour, vibrant au rythme de la liberté.

Chaque jour, tu foules les pavés, le cœur battant au diapason des discussions animées, des joutes verbales qui se livrent dans les cafés et les salons clandestins. Ton frère t'a ouvert les portes de ces cercles d'intellectuels où tu n'hésites pas à hausser la voix. « Les femmes aussi, clames-tu, ont droit à la liberté ! Notre place n'est pas derrière les hommes, mais à leurs côtés, dans la lutte pour l'égalité. » Tes paroles, si nouvelles et audacieuses pour l'époque, font trembler l'air. Des regards surpris se tournent vers toi, mais tu ne vacilles pas.

Tu t'inspires de figures comme Olympe de Gouges qui, avec une fougue admirable, arrache le voile sur les injustices faites aux femmes. Tu prônes l'importance de leur éducation, leur rôle crucial dans la construction d'une société juste.

« Si la femme a le droit de monter sur l'échafaud, lances-tu avec passion, elle doit aussi avoir le droit de monter à la tribune. »

Mais la Révolution qui gronde à travers Paris te confronte souvent à la cruelle réalité. Tes alliés d'hier se révèlent être les ennemis de ton combat. Malgré ton engagement sans faille, les hommes, même ceux qui brandissent les étendards de l'égalité et de la liberté, semblent aveugles à ton combat pour l'émancipation des femmes. Leur hypocrisie te sidère et te plonge dans un profond découragement. Tu n'as même pas le temps d'aborder la condition féminine que des murmures réprobateurs étouffent ta voix. « Ce n'est pas le moment », tance un homme au regard froid. D'autres acquiescent. Un autre se lève et assène : « La femme, par sa nature et par la volonté divine, est destinée à être mère et gardienne du foyer. Son rôle est sacré, mais confiné à l'espace clos de la maison. S'immiscer dans la politique, c'est s'éloigner de sa véritable vocation, de sa nature profonde. La politique est l'affaire des hommes, un domaine trop brutal et complexe pour l'esprit féminin que vous êtes. »

Tu l'écoutes, le cœur bouillonnant d'indignation, mais ton esprit reste inflexible. Quand il a fini, tu te dresses, ton regard défiant chaque personne présente. « Vous parlez de nature et de destinée divine, mais vous oubliez que la société est en perpétuelle mutation. Être mère est un rôle, certes, mais pas le seul dévolu à la femme. La révolution nous enseigne que les chaînes, qu'elles soient physiques ou sociales, sont faites pour être brisées. Les femmes ont des esprits aussi brillants que ceux des hommes, et elles doivent avoir le droit de les utiliser pour le bien commun. »

Des rires moqueurs fusent, des regards condescendants se croisent. « Voyons, citoyenne, vous vous opposez à l'ordre naturel ! Les femmes, plus émotives, moins rationnelles, comment pourraient-elles prendre des décisions politiques éclairées ? »

Tu ripostes, le regard flamboyant : « Les émotions ne sont pas une faiblesse, citoyen, mais une force ! Les femmes apportent une perspective unique, essentielle à une gouvernance équilibrée. Dire qu'elles sont moins rationnelles est un stéréotype éculé, une excuse pour les maintenir sous tutelle. La vraie question est : pourquoi craignez-vous l'égalité ?

— Le chaos s'installerait si les femmes investissaient les sphères politiques et publiques », s'exclame-t-il, provoquant des murmures d'approbation indignés.

Tu répliques avec passion : « Le chaos est déjà là, citoyen, dans l'injustice, l'inégalité ! Les femmes le vivent déjà, privées de leurs droits, de leur voix. En les intégrant à la vie publique, nous ne faisons que réparer une injustice et renforcer la société tout entière. »

Le débat atteint son paroxysme lorsque tu abordes l'éducation. « Si les femmes étaient éduquées comme les hommes, si elles avaient accès au même savoir, à la même formation, pensez-vous vraiment qu'elles seraient moins aptes à participer à la vie politique ? L'inégalité que vous défendez est artificielle, construite sur des siècles d'exclusion, non sur une quelconque incapacité. »

L'atmosphère électrique de cette soirée révolutionnaire amplifie l'intensité de l'échange. Tu sens les regards de l'auditoire peser sur vous deux, certains curieux, d'autres sceptiques.

« Chère citoyenne, considérez l'histoire. Les femmes ont toujours été les gardiennes du foyer, les éducatrices des enfants. Vouloir changer cela, c'est nier des millénaires de tradition. La société a besoin de stabilité, et cette stabilité repose sur des rôles bien définis. »

Tu rétorques, la voix vibrante de conviction : « L'histoire n'est pas gravée dans le marbre. Elle est écrite par ceux qui osent défier l'ordre établi. Les traditions ont leur place, mais elles ne doivent pas être des chaînes qui nous empêchent d'avancer. Et quelle meilleure éducation pour nos enfants que de leur montrer une société où hommes et femmes sont réellement égaux ? »

Le silence qui suit tes paroles est électrique. Tu sens que tu as touché une corde sensible, semé le doute dans l'esprit de certains. La lutte pour l'égalité ne fait que commencer, et tu es prête à la mener avec une ferveur inébranlable.

Il tente de te contrer : « Mais les femmes sont naturellement plus aptes à s'occuper des enfants et du foyer. C'est dans leur nature. »

Tu souris avec malice. « La “nature” dont vous parlez, mon ami, est souvent une construction sociale. Les femmes ont été confinées à ces rôles non pas par une prédisposition naturelle, mais par l'exclusion et le manque d'opportunités. Laissez-les choisir leur voie, et vous serez surpris de leurs talents dans divers domaines, y compris la politique. »

L'assemblée s'agite, visiblement irritée par ton audace. « Et la maternité ? N'est-ce pas un rôle sacré pour la femme ? Comment peut-elle le concilier avec les affaires publiques ? »

Tu réponds avec fermeté : « La maternité est un aspect important de la vie de nombreuses femmes, mais elle ne la définit pas en totalité. Les hommes sont pères, et cela ne les empêche pas de participer à la vie publique. Pourquoi les femmes ne pourraient-elles pas concilier ces deux aspects ? La vraie question est : sommes-nous prêts à les soutenir dans ces rôles multiples, à reconnaître qu'elles peuvent être à la fois mères et actrices à part entière de la société ? »

L'homme, cherchant un nouvel argument, brandit la religion : « La Bible elle-même place l'homme comme chef du foyer. N'est-ce pas défier l'ordre divin que de contester cela ? »

Ta réponse est cinglante : « Citoyen, même la religion doit être interprétée avec discernement. Si nous prenions la Bible au pied de la lettre, ne devrions-nous pas aussi adhérer à des pratiques archaïques ? La religion ne doit pas être un outil d'oppression, mais un moyen d'élever l'âme humaine, hommes et femmes confondus. »

L'auditoire est captivé, suspendu à tes lèvres. Tu poursuis avec passion : « Les femmes ne demandent pas une faveur, elles exigent justice et égalité. Elles exigent que leurs voix soient entendues, leurs talents reconnus, leurs droits respectés. N'est-ce pas le fondement même de la Révolution ? Liberté, égalité, fraternité – et cela devrait s'appliquer à tous, sans distinction de sexe. »

Cette scène se répète, avec des variations, dans les semaines qui suivent. Tu fais face à des regards méprisants, des paroles blessantes. L'ironie te frappe de plein fouet : ces hommes qui se battent contre la tyrannie ne voient pas celle qu'ils imposent eux-mêmes. Tu te sens parfois seule, comme un bateau ballotté par une mer hostile et indifférente.

Tu trouves refuge et force dans les réunions clandestines avec d'autres femmes engagées. Ensemble, vous partagez vos frustrations, vos rêves et vos plans pour un avenir meilleur. Elles deviennent ta famille, ton soutien dans les moments de découragement. Avec elles, tu n'es plus seule, tu fais partie d'un mouvement grandissant, une force qui ne peut être ignorée.

Malgré les obstacles, tu continues à t'exprimer, à écrire, à manifester. Chaque défi renforce ta détermination. Tu ne te bats pas seulement pour les droits des femmes, tu redéfinis ce que signifie être une femme dans une époque de tumulte et de changement. Ce combat, tu ne l'abandonneras jamais.

Mais tu n'es pas à l'abri du mépris, des moqueries et même de la violence. La société patriarcale est profondément ancrée et se défend avec acharnement. Tu essuies des insultes, des humiliations et parfois même des agressions physiques. Ton courage est mis à rude épreuve, mais ton esprit ne vacille jamais.

Tu comprends que la route vers l'égalité est longue et semée d'embûches. Mais tu es déterminée à avancer, à inspirer les autres femmes à se battre pour leurs droits. Tu es la voix de celles qui n'ont pas de voix, le flambeau de l'espoir dans un monde encore dominé par l'injustice.

Après avoir vécu une existence marquée par le combat incessant pour la justice et l'égalité, ton âme se sent épuisée. Les batailles ont laissé des traces indélébiles, et bien que la lutte ait été noble, elle a aussi été éreintante. Désormais, tu ressens un désir profond de te détourner des luttes terrestres pour explorer de nouveaux horizons, pour apprendre et grandir dans des dimensions différentes.

C'est ainsi que tu te diriges vers le **CHAPITRE 41**. Ce chapitre marque le début d'un voyage spirituel au-delà des limites de la matière, où ton âme pourra s'épanouir et acquérir de nouvelles connaissances. Dans ce nouveau cadre, tu auras l'occasion de te libérer des contraintes du monde physique et d'explorer les mystères de l'univers d'une manière totalement différente.

Ce chemin te permettra de découvrir des vérités profondes sur l'existence, de comprendre la nature de la réalité d'une manière qui n'était pas possible dans le cadre des luttes sociales et politiques de ta vie terrestre. Tu apprendras que la croissance de l'âme ne se limite pas aux victoires et aux défaites dans le monde matériel, mais qu'elle englobe également l'exploration des dimensions spirituelles et métaphysiques de l'être.

En choisissant ce chemin, tu embrasses une quête de sagesse et de compréhension qui transcende les frontières conventionnelles, te permettant de t'élever au-delà des limitations et des souffrances de ton existence passée. Ton âme, libérée de la lassitude des batailles, pourra enfin trouver la paix et la plénitude dans la découverte de nouveaux mondes et de nouvelles réalités.

RESSOURCES RÉCUPÉRÉES PAR L'ÂME DANS CETTE VIE

Éloquence : art de s'exprimer de manière claire, convaincante et engageante. Elle implique non seulement la capacité de choisir les mots justes et de structurer efficacement un discours, mais aussi la faculté de captiver l'auditoire et de transmettre des émotions et des idées avec puissance. L'éloquence est essentielle pour influencer l'opinion publique, argumenter des points de vue et inspirer l'action.

Persévérance et idéalisme : la persévérance est la qualité de détermination et de constance dans la poursuite de ses objectifs, malgré les difficultés et les obstacles. L'idéalisme, quant à lui, se réfère à la capacité de voir et de poursuivre des objectifs élevés, souvent motivés par des principes et des valeurs. Ensemble, la persévérance et l'idéalisme forment une puissante combinaison qui permet de surmonter les défis tout en restant fidèle à ses convictions et à ses idéaux.

Sens de la justice et de l'équité : capacité de reconnaître et de s'opposer aux inégalités et aux injustices. Cela implique une compréhension profonde des droits humains, de l'éthique et de l'égalité, ainsi que la volonté de lutter pour un traitement équitable de tous les individus, indépendamment de leur sexe, de leur race, de leur classe ou de toute autre distinction.

Intégration de l'identité féminine et du leadership : capacité d'harmoniser l'identité féminine avec les attentes de la société sans se sentir dépassée. Elle implique de défier les stéréotypes de genre,

•••

•••

d'embrasser la force et les qualités uniques qu'apporte une perspective féminine, et de redéfinir ce que signifie être une femme en intégrant pleinement et fièrement tous les aspects de l'existence.

31

Chapitre

La fièvre brûle dans les rues de ton petit village de campagne, l'air vibre d'un appel à la guerre qui t'atteint au plus profond de ton être. Tu viens de fêter tes 19 ans, tu es impétueux, un cœur naïf battant au rythme des discours enflammés et des parades militaires. Chaque jour, les rumeurs de la brutalité allemande s'intensifient, s'imprégnant dans ton esprit, alimentant une flamme qui grandit en toi. Les récits de villages saccagés, de femmes et d'enfants martyrisés par l'ennemi, circulent avec une fréquence dramatique. Les témoignages de survivants, brisés et hagards, se répandent. Ils parlent de soldats allemands sans merci, envahissant leurs maisons, détruisant tout sur leur passage. Tu entends des histoires glaçantes de femmes violées devant leurs maris et enfants, de fillettes et de garçons arrachés à l'innocence de leur enfance, de vieillards impuissants face à la brutalité inhumaine.

Chaque récit est un coup de poing dans ton âme, éveillant une colère ardente. Les journaux, les affiches, les discours, tous alimentent cette vision cauchemardesque. L'ennemi n'est plus simplement un soldat en uniforme, mais une bête féroce, une aberration de la nature. Les mots « Barbares d'outre-Rhin » résonnent sans cesse, évoquant des images de hordes sauvages, presque mythologiques, déchaînées contre la seule civilisation éduquée et éthique : la tienne. On te montre des photographies, des images choc de destruction et de mort. Des villages entiers réduits en cendres. Des corps de civils, gisant sans vie dans les décombres de ce qui fut jadis leur foyer. Ces images sont gravées dans ton esprit, éveillant une soif de vengeance, un désir brûlant de protéger ta patrie contre cette menace grotesque.

Dans les cafés, dans les écoles, sur les places publiques, le sujet est omniprésent. Tu entends les anciens parler avec une gravité sombre, échangeant des anecdotes et des théories. Chaque conversation te convainc un peu plus que la guerre est une nécessité, que l'ennemi doit être combattu avec la même férocité qu'il montre. C'est dans ce climat de peur et de colère que ton esprit, autrefois innocent, se durcit. Tu commences à percevoir chaque Allemand comme un monstre, un symbole vivant de cette cruauté sans nom. La haine s'installe dans ton cœur, grandissant de jour en jour, alimentée par ces récits de barbarie, jusqu'à devenir une partie intégrante de ton être.

Cette transformation en toi, elle s'insinue lentement, insidieusement, comme une ombre qui s'étend sur ton âme. Au départ, il s'agit simplement d'un sentiment de devoir, un patriotisme pur et noble. Mais chaque jour qui passe, chaque histoire entendue, chaque discours absorbé t'emmène plus loin sur ce chemin sombre. La haine s'infiltre dans ton esprit, se répandant comme un poison, changeant ta perception du monde. Les nuances de la réalité s'effacent, remplacées par une dichotomie tranchante : ici les Français, vaillants défenseurs de la liberté, là les Allemands, incarnations vivantes du mal. Le vocabulaire change autour de toi, les mots se chargent d'une hostilité croissante. « Allemand » devient un terme trop doux, trop humain. À la place, des mots comme « bestiaux », « cafards », « rats » envahissent le langage courant. Ces termes déshumanisants se gravent dans ton esprit, transformant chaque soldat ennemi en une créature vile, méprisable, dénuée de toute valeur humaine.

On te martèle l'idée que c'est ton devoir, ton inévitable responsabilité de te lever pour la France, de défendre ta famille, d'assurer l'avenir de tes enfants contre cette menace pernicieuse. La guerre, autrefois un concept lointain et abstrait, est désormais peinte comme une quête héroïque. Elle est glorifiée comme un rite de passage, un chemin vers la vraie masculinité, un moyen de prouver ta valeur et ton courage. Tu es entraîné dans ce tourbillon de fierté nationale. La guerre n'est plus une tragédie, mais une opportunité grandiose de laisser ta marque dans l'Histoire. On te persuade que c'est là l'ultime test de ton caractère, de ton engagement envers ta nation. La bataille n'est plus seulement militaire ; elle devient une lutte pour la liberté, un combat pour protéger la vie d'innocents attaqués par des sauvages fous.

Porté par cet élan patriotique, tu franchis le seuil de l'inconnu. L'acte de t'enrôler est pour toi une déclaration, un engagement solennel. Il y a en toi un mélange de fierté et de conviction, une certitude que ce que tu fais est juste et nécessaire. En quelques semaines, tu es appelé puis emmené au front. Au cœur des tranchées, dans ce monde souterrain de boue et de désespoir, tu te trouves plongé dans une réalité que rien n'aurait pu préparer. Le froid pénétrant s'infiltre dans tes os, dans ton âme, te rappelant sans cesse l'hostilité de cet environnement. Chaque jour est une lutte, non seulement contre l'ennemi, mais aussi contre la peur, l'épuisement, la faim. Ton cœur, autrefois innocent, est désormais teinté d'une haine farouche contre l'ennemi allemand. C'est à cause d'eux que vous souffrez. Tu les vois comme des cafards dégoûtants, des cibles à abattre pour défendre les frontières sacrées de ta patrie. Les bombardements incessants, les cris des blessés, les ordres aboyés par les officiers, tout contribue à renforcer ton sentiment que cette guerre est une lutte pour la survie, pour la protection de tout ce qui t'est cher. Dans ce chaos, ta jeunesse s'évapore, laissant place à une maturité forcée, façonnée par les rigueurs de la guerre. Les rêves de gloire et d'héroïsme cèdent la place à une réalité brutale, où chaque jour est une lutte pour rester en vie, pour garder un semblant d'humanité dans un monde qui semble l'avoir perdue. C'est dans ces tranchées, au milieu de la boue et du sang, que tu continues à combattre, porté par un mélange de devoir, de peur et d'une haine qui te consume de l'intérieur. Tu es devenu le produit d'une machine de guerre implacable.

Les mois passent et l'hiver, mordant et terrible, couvre la terre d'un manteau glacé. La vie dans les tranchées est insupportable. La vermine et la faim te rongent. Les généraux promettent une pause dans les combats pour le soir du réveillon, et tu l'attends avec impatience. Tu n'en peux plus.

La nuit de Noël s'étend sur le champ de bataille comme un voile de paix éphémère. Le ciel, parsemé d'étoiles pâles, semble surveiller en silence le théâtre de guerre endormi. Les armes se taisent pour la première fois, et dans ce silence fragile naît un moment de grâce au cœur même de l'enfer des tranchées. C'est dans cet interstice de paix que tu t'avances, hésitant, vers ce no man's land, ce gouffre de boue et de sang qui sépare les fronts. Quelques tables sont dressées. Des hommes y sont déjà assis.

Face à toi, des soldats allemands. Tes yeux rencontrent les leurs, et dans ce regard partagé, un voile se lève. Tu observes ces soldats tant détestés, leurs visages marqués par la même fatigue, la même angoisse que celles qui pèsent sur tes épaules. Ils sont amaigris, faibles, détruits.

Ces hommes, qui comme toi sont pris dans les griffes de la guerre, tremblent sous le poids de la peur, de la perte, du désespoir. La lumière vacillante des lanternes illumine leurs visages, révélant des larmes, des traits tirés par l'épuisement et la souffrance.

Tu t'assois, abasourdi, puis tu aperçois un homme en face de toi. Un colosse à la stature impressionnante. Ses pleurs, profonds et déchirants, remplissent l'espace autour de lui. Il tient dans ses mains tremblantes une photographie décolorée, celle d'une petite fille, peut-être sa fille, souriante et innocente, un souvenir d'un monde paisible qu'il a laissé derrière lui. Il a perdu sa jambe et un bandage couvre ce qui lui reste du membre estropié.

En le voyant ainsi brisé, si malheureux, une douleur aiguë te transperce le cœur. Cette image brise le dernier mur de ta haine et de tes préjugés. Tu ressens un vide immense à l'intérieur de toi, comme si tout ce en quoi tu croyais s'effondrait sous le poids de cette réalité. L'horreur de la guerre te submerge alors, ces corps mutilés, la haine inutile, la douleur insupportable de la perte. Tu te mets à pleurer, des larmes de douleur, de regret, de prise de conscience et de rage. Tes pleurs reflètent la souffrance accumulée, la tristesse de tout ce qui a été perdu dans cette guerre insensée. C'est à ce moment-là, dans ton moment de vulnérabilité, qu'un soldat allemand, comprenant ton chagrin sans avoir besoin de mots, pose son bras autour de toi.

Dans cette étreinte, il n'y a pas de barrières, pas de nationalités, juste l'humanité commune partagée dans sa forme la plus pure et la plus douloureuse. Deux hommes, tous deux victimes des mêmes peurs, des mêmes pertes, cherchant désespérément un sens au milieu de l'absurdité de la guerre. Vos larmes parlent d'une souffrance partagée, d'une tragédie commune. Elles racontent l'histoire de milliers d'hommes arrachés à leur vie, jetés dans l'arène de la guerre, poussés à combattre pour des causes qu'ils comprennent à peine.

Dans chaque goutte de ces larmes se reflètent la douleur de la perte, l'angoisse de la mort, le désir brisé d'un avenir meilleur.

Ce moment de communion est un témoignage de la réalité commune des soldats, indépendamment de leur nationalité. Tous aspirent à la même chose : la sécurité, la paix, un retour à la normalité d'une vie que la guerre a cruellement perturbée. Cette compréhension mutuelle révèle une fraternité dans la souffrance, un désir partagé d'échapper aux griffes d'un conflit dans lequel vous êtes à la fois les instruments et les victimes. Autour de toi, le paysage dévasté par les obus témoigne douloureusement de cette absurdité : des terres jadis fertiles réduites à des étendues désolées, des vies humaines fauchées dans la fleur de l'âge, des rêves et des espoirs écrasés sous le poids de la mort et de la destruction.

Cette révélation est douloureuse, elle ébranle les fondements de ce que tu as cru, de ce pour quoi tu as combattu. La guerre, loin d'être une quête héroïque ou un noble combat, se révèle comme une tragédie, un cycle de violence et de chagrin où il n'y a ni vainqueurs ni gloire, seulement des perdants et des larmes. Tu ressens une profonde tristesse, non seulement pour toi-même, mais aussi pour tous ceux qui ont été pris dans ce tourbillon de folie. Cette souffrance inutile, ces vies brisées, ces familles déchirées, tout cela pour des lignes sur une carte, pour des idéologies qui semblent si vaines face à la réalité tangible de la souffrance humaine.

Ce soir de Noël, tu trouves une forme de paix, fragile et éphémère, dans la reconnaissance de l'autre, de son humanité. C'est un instant d'éveil, où la douleur devient un pont entre les cœurs, un rappel poignant que, malgré toutes les divisions, nous sommes liés par notre commune humanité.

Le lendemain, les combats reprennent. Tu y perdras la vie.

Après avoir vécu une incarnation marquée par les horreurs de la guerre et la découverte douloureuse de l'humanité partagée au-delà des lignes de front, ton âme se trouve à un moment crucial de son évolution.

Si tu choisis de t'immerger dans la compréhension de la complexité des choix humains et du karma, alors le **CHAPITRE 24** est ta prochaine étape. Ce chapitre t'invite à explorer la notion que les actions, même celles perçues comme répréhensibles, ne peuvent être évaluées indépendamment de leur contexte. Tu y apprendras que la dualité du bien et du mal est souvent une simplification excessive et que chaque décision porte en elle une multitude de nuances et de répercussions.

D'autre part, si ton âme désire approfondir sa compréhension de la nature humaine à travers l'action et l'engagement, alors dirige-toi vers le **CHAPITRE 8**. Ce chemin te conduira à défendre activement les idéaux en lesquels tu crois, à œuvrer pour un monde meilleur en mettant en pratique les leçons apprises lors de ton passage sur Terre. Tu y trouveras l'occasion de mettre à profit ton expérience de la guerre pour promouvoir la paix et la compréhension entre les peuples.

Peu importe le choix que tu feras, chaque chemin t'offrira des opportunités uniques de croissance et d'apprentissage, te permettant de t'élever au-delà des limitations imposées par les circonstances extérieures et de découvrir la véritable essence de ton être.

RESSOURCES RÉCUPÉRÉES PAR L'ÂME DANS CETTE VIE

Compassion universelle : capacité à éprouver de l'empathie et de la compréhension pour toutes les créatures, indépendamment de leurs origines, nationalités ou circonstances. La compassion universelle implique de reconnaître et de ressentir la souffrance des autres

•••

•••

comme si c'était la sienne, et d'avoir le désir profond d'alléger cette souffrance. Elle transcende les barrières culturelles, sociales et personnelles, et est souvent accompagnée d'une prise de conscience de notre interdépendance fondamentale en tant qu'êtres humains.

Courage de changer : bravoure requise pour apporter des changements significatifs dans sa vie ou dans son environnement, surtout lorsqu'ils sont difficiles ou incertains. Cela implique souvent de remettre en question des croyances profondément enracinées, de sortir de sa zone de confort et de faire face à l'inconnu. Le courage de changer est essentiel pour la croissance personnelle et peut mener à une transformation profonde et durable, aussi bien à l'intérieur qu'à l'extérieur.

Appréciation des petits bonheurs : capacité à trouver de la joie et du contentement dans les petites choses de la vie quotidienne. Cela peut impliquer de savourer un moment de calme, d'apprécier la beauté de la nature ou de trouver du réconfort dans un geste d'amitié. Cette qualité est particulièrement importante dans des moments difficiles, où la reconnaissance des petits bonheurs peut offrir un répit salutaire et un rappel des aspects positifs de l'existence.

Conscience de l'éphémère : prise de conscience aiguë de la nature transitoire de la vie et de toutes les choses qui la composent. Cette conscience peut inspirer une appréciation plus profonde du moment présent et une compréhension que chaque expérience, qu'elle soit joyeuse ou douloureuse, est temporaire et précieuse. La conscience de l'éphémère encourage également à vivre avec plus d'intention, de gratitude et de présence.

Chapitre 32

Le silence glacial qui accueille ta venue au monde contraste cruellement avec les dorures scintillantes du palais. Pas le cri joyeux qui salue l'héritier tant attendu, mais un murmure teinté de déception, un frisson d'effroi parcourant la cour. Ton corps, frêle et dissonant, se transforme en un objet de fascination malsaine, une curiosité grotesque dans un monde où la beauté est reine.

Dès lors, ton existence est rythmée par le mépris et les quolibets incessants. Les nobles, drapés dans leurs atours somptueux, te lancent des regards condescendants, chuchotant des mots cruels dans ton dos. « La petite difforme », « la créature du roi », « une malédiction divine », ces surnoms blessants fusent comme des flèches empoisonnées, blessant ton âme encore fragile.

Un jour, alors que tu traverses la cour, le regard hautain d'une dame de la cour te cloue sur place. Ses lèvres rouges s'étirent en un sourire sadique tandis qu'elle te dévisage. « Ah, la voilà, notre petite naine ! lance-t-elle, sa voix cinglante résonnant dans le silence. As-tu encore prié pour que tes jambes s'allongent ? » Un rire moqueur ponctue ses paroles, relayé par ses acolytes qui se mettent à glousser, leurs regards cruels se fixant sur toi.

Ses paroles résonnent en toi comme un écho de ta propre douleur. Un sentiment de solitude t'envahit, te laissant submergée par le poids de la différence.

Le silence est ton arme, ton bouclier contre les regards cruels et les murmures blessants. Tu t'enveloppes dans une solitude protectrice, une armure invisible contre la douleur du monde extérieur. Les moqueries et les ricanements ricochent sur ton impassibilité, s'infiltrant sourdement dans ton âme mais ne parvenant jamais à briser ta volonté.

Devant le miroir, ton reflet te renvoie une image distordue de ton être. Tu ne reconnais pas cette silhouette frêle, ces traits que tu juges disgracieux. La haine que tu ressens n'est pas dirigée contre toi-même, mais contre l'image de toi que les autres ont créée, une caricature cruelle qui ne reflète en rien la beauté intérieure que tu portes en toi.

Enfant, tu as vainement cherché l'approbation des autres, t'efforçant de te fondre dans la masse pour échapper à la solitude. Mais chaque tentative s'est soldée par un échec cuisant, une humiliation blessante qui a nourri ta colère et ta rancœur. Tu n'as jamais compris cette cruauté gratuite, cette exclusion injuste qui te privait de l'innocence et de la joie de vivre que tu méritais.

Dans l'ombre de ta chambre, les livres sont tes seuls compagnons fidèles, des refuges précieux dans un monde hostile. Leurs pages te transportent loin de la réalité, vers des contrées imaginaires où la différence n'est pas un crime et où l'espoir fleurit. Tu te nourris de leurs histoires, de leurs personnages courageux et déterminés qui te donnent la force de persévérer.

Au fil des lectures, tu découvres des héros qui, comme toi, ont été confrontés à l'adversité et l'ont surmontée.

Leurs exemples t'inspirent, te poussant à te battre pour ton bonheur et à ne jamais renoncer à tes rêves. Tu comprends que la véritable force réside en toi, dans ton esprit indomptable et dans ta volonté inébranlable.

La solitude n'est plus une prison, mais un sanctuaire où tu peux te forger une identité propre, loin des regards intolérants et des jugements blessants. Tu y construis ton propre monde, un royaume de rêves et d'aspirations où tu es la reine, une souveraine magnifique et puissante qui règne sur son destin.

Tu as rapidement compris que, dans le jeu des apparences et des préjugés, ton plus grand atout est l'invisibilité que te confère ta différence. Là où les autres te voient limitée, toi, tu vois un champ de possibilités illimitées. Ils te sous-estiment, te considèrent comme inoffensive, une erreur qu'ils réaliseront bien trop tard. Tes yeux, brillants d'un feu intérieur, observent et analysent. Tu apprends à lire dans les cœurs et les esprits comme on lit dans un livre ouvert. Tu perçois les fissures dans les armures d'orgueil, les faiblesses cachées derrière les masques de confiance. Chaque confidence, chaque secret que l'on te confie négligemment, pensant que tu es trop simple pour en saisir la portée, devient une arme dans ta quête de pouvoir silencieuse. Ton intelligence, ton esprit, ton âme transcendent les limites de ton corps, se moquant des barrières que le monde s'obstine à t'imposer.

Alors, tu tisses ta vengeance, non avec des armes tranchantes ou des complots sanglants, mais avec une ruse d'une subtilité délectable. Dans les salons dorés et les chambres feutrées de la cour, tu te présentes comme une voyante, dotée de pouvoirs surnaturels. Tu affirmes que Dieu lui-même t'a bénie avec ce don exceptionnel après une messe de Pâques, une nuit où les cieux semblent t'avoir embrassée de leur lumière mystique. Avec un sourire en coin, tu inventes des prophéties audacieuses, des visions extravagantes, brodant ton récit comme une tapisserie aux motifs complexes et captivants. Tu déclares avoir vu des anges et conversé avec des saints, leurs messages divins coulant de tes lèvres comme le nectar le plus doux. Tes histoires sont si incroyables, si ornées de merveilles et de miracles, qu'elles frôlent le grotesque. Pourtant, les nobles, assoiffés de mystères et de magie, boivent tes paroles comme si elles étaient la source même de la vérité.

Tu observes, presque amusée, l'émerveillement dans leurs yeux, leur fascination grandissante à chaque prédiction plus invraisemblable que la précédente. Ces nobles, autrefois si arrogants et méprisants, pendent maintenant à tes lèvres, captivés par l'illusion de ton pouvoir divin. Tu te délectes de cette ironie, eux qui te méprisaient pour ta difformité se prosternent désormais devant ta prétendue connexion avec le divin.

Dans le jeu d'échecs de la cour, chaque prophétie que tu énonces devient un coup stratégique. Tu manipules les alliances, influences les décisions, le tout sous le couvert de tes visions célestes. Tu es la marionnettiste, et ils sont tes pantins, dansant inconsciemment au rythme de tes machinations. Tu savoures un plaisir particulièrement malin à défaire les couples, à semer le chaos dans les relations autrefois sereines. Tu observes avec une joie cruelle la détresse et la confusion dans les yeux de ceux qui, jadis, t'ont tournée en ridicule, qui ont ri de ta difformité. Ces mêmes personnes, maintenant suspendues à tes lèvres, cherchent désespérément ton approbation, tes conseils divins.

Tu prends un plaisir pervers à faire chuter ceux qui t'ont regardée de haut, les regardant s'effondrer sous le poids de tes prophéties. Tes prédictions deviennent de plus en plus extravagantes, de plus en plus insensées. Et pourtant, chaque exigence, chaque caprice est accueilli avec empressement par ceux qui te vénèrent. Même le prêtre, figure autrefois inébranlable et respectée, s'incline devant toi, baisant tes pieds comme s'ils étaient sacrés. Dans leurs yeux, ta difformité ne fait qu'ajouter à ton mystère, à ton aura de divinité.

Tu vis ainsi le reste de ton existence dans une opulence luxueuse, baignée dans une vénération extrême. Ces gens, que tu méprises pour leur superficialité, leur ignorance, leur arrogance, deviennent pour toi des jouets, des animaux sauvages que tu mènes avec une main de fer dans un gant de velours. Tu ne ressens aucun remords pour les manipulations, les mensonges, la souffrance que tu infliges. À tes yeux, ils n'ont que ce qu'ils méritent, une juste rétribution de leurs moqueries et de leur mépris passé. Dans ce monde de duplicité et de faux-semblants, tu te vois comme un agent de justice, même si cette justice est tordue par ta propre douleur et ton amertume.

Ainsi, tu règnes en maîtresse incontestée de ce théâtre d'ombres, où chaque personne n'est qu'un pion dans ton jeu grandiose. Tu te délectes de leur adoration, de leur crainte, de leur respect, savourant chaque moment de ta domination sur ceux qui t'ont autrefois réduite à une simple curiosité, un objet de railleries. Dans ton cœur, il n'y a plus de place pour la pitié ou la compassion, juste le doux nectar de la revanche, si longtemps attendue et enfin savourée.

Après avoir vécu une incarnation marquée par la lutte contre l'injustice et la quête de reconnaissance, ton âme se trouve désormais à un tournant décisif. Elle est invitée à choisir entre deux chemins qui définiront sa trajectoire spirituelle.

Si tu optes pour continuer à utiliser ton esprit vif et ta créativité pour défendre ceux qui sont ostracisés et mal compris, alors le **CHAPITRE 29** t'accueille. Ce récit te verra engager ta sagacité et ton ingéniosité dans la lutte pour l'équité et la protection des plus vulnérables, en employant tous les moyens nécessaires pour parvenir à la justice.

Alternativement, si tu aspires à connaître l'expérience d'être chérie et estimée de tous, à ressentir la douceur de l'admiration universelle, le **CHAPITRE 35** est ta destination. Dans cette histoire, tu apprendras à cultiver des qualités telles que la gentillesse, l'empathie et le charisme, dans le but de gagner l'affection et le respect de ton entourage. Ce chemin offre l'opportunité d'explorer un aspect de la vie radicalement différent de celui que tu as connu auparavant.

Le choix que tu feras influencera profondément le développement de ton âme, t'orientant vers de nouvelles expériences et de nouveaux apprentissages sur la nature de ton être.

RESSOURCES RÉCUPÉRÉES PAR L'ÂME DANS CETTE VIE

Esprit stratégique : capacité d'anticiper, de planifier et de naviguer habilement dans des situations complexes pour atteindre des objectifs spécifiques. Cela implique une compréhension approfondie des dynamiques en jeu, la capacité de prévoir les conséquences à long terme des actions et la flexibilité pour s'adapter aux changements de circonstances. Une personne avec un esprit stratégique sait quand agir ou quand attendre, comment influencer les autres de manière subtile et comment orchestrer des plans en intégrant une vision globale et des tactiques détaillées.

Puissance de l'esprit – Intelligence supérieure : capacité à comprendre, à analyser et à résoudre des problèmes de manière efficace et créative. Cela englobe non seulement l'intelligence cognitive, telle que la capacité de raisonnement logique, mais aussi l'intelligence

•••

émotionnelle, la perspicacité et la sagesse. Une intelligence supérieure se manifeste par une curiosité insatiable, une capacité d'apprentissage rapide, une compréhension profonde des concepts complexes et une faculté à établir des connexions entre des idées apparemment disparates.

Transmutation des faiblesses : capacité de transformer les aspects perçus comme des défauts ou des limites en atouts ou en opportunités. Cela signifie reconnaître ses faiblesses, les accepter et les utiliser de manière stratégique pour atteindre des objectifs personnels ou professionnels. Cette compétence nécessite une grande autoconscience, une acceptation de soi et une créativité dans l'approche des défis. Elle repose sur l'idée que les faiblesses ne sont pas des obstacles immuables, mais des points de départ pour la croissance et le développement personnel.

Force de caractère : qualité intrinsèque qui permet de rester fidèle à ses principes, valeurs et convictions, même face à l'adversité, la tentation ou la pression sociale. Cela inclut l'intégrité, la bravoure, la persévérance et la résilience. Une personne avec une grande force de caractère est souvent vue comme fiable, digne de confiance et morale. Elle est capable de prendre des décisions difficiles, de défendre ce qui est juste et de rester stable et cohérente dans ses actions et croyances, quelles que soient les circonstances extérieures.

Chapitre 33

« Tiens, tiens, prends ce sou », crache l'homme avec une grimace de répulsion, tentant de se défaire de ta poigne serrée autour du tissu de son pantalon. Sa voix suinte le dédain, mais dans ton esprit, c'est le son de la victoire. Tu t'empares du précieux sou avec une satisfaction féroce. Mendier en tendant simplement la main est une tactique qui a perdu de son efficacité il y a longtemps. Tu as appris que s'accrocher physiquement aux passants provoque chez eux un dégoût si intense qu'ils sont prêts à payer juste pour se débarrasser de ta présence.

Alors que tu observes l'homme s'éloigner rapidement, une lueur de triomphe dans les yeux, tu savoures ce moment de supériorité. Mais ce sentiment est de courte durée. À peine le temps de resserrer ta prise sur le métal que tu sens une ombre planer derrière toi. Les autres, ceux qui, comme toi, vivent de la rue mais qui semblent jouer le jeu avec plus de finesse, plus de force, plus de tout.

Ils t'encerclent sans un mot, leur regard suffit à transmettre leur message. Il n'y a pas de place pour la faiblesse ici, pas d'espace pour la célébration d'une misère gagnée si durement. Le plus grand d'entre eux, un adolescent aux épaules larges et au sourire cruel, s'avance. « Bien joué, avorton », exige-t-il, la main tendue, impitoyable.

Tu ressens une poussée de rage, impuissante et amère. Tu sais que résister est inutile, que la confrontation ne ferait qu'aggraver ta situation. Avec une réticence brûlante, tu déposes le sou dans sa paume ouverte. Il te toise un instant de plus, comme pour graver dans ton esprit la leçon de cet échange, avant de se détourner avec ses acolytes.

Resté seul, le souffle court, tu rumines ta frustration. Chaque victoire arrachée à la rue te semble aussitôt volée, chaque effort pour t'élever, saboté par les circonstances, par les autres, par ce destin qui semble t'avoir marqué dès ta naissance pour une vie de lutte et de défaite.

La haine s'infiltre dans chaque fibre de ton être, une envie meurtrière, irrationnelle et pourtant si réelle. Tu imagines leurs visages déformés par la peur, la surprise, alors que tu reprendrais le contrôle, que tu leur montrerais ce que c'est que de se sentir faible, vulnérable. Mais ces fantasmes de vengeance sont aussi vains que ton combat quotidien pour la dignité ; ils te laissent vide, plus désespéré. Chaque matin, tu te réveilles avec l'espoir fugace que la journée te sera plus clémente, mais les rues de Paris ne connaissent pas la pitié. Le soleil se lève, indifférent à ta lutte, et avec lui, la ville s'éveille dans un tumulte de vies qui te semblent si éloignées de la tienne. Tu déambules dans les ruelles, spectateur d'un monde où chaque succès des autres te rappelle tes propres échecs.

Tu observes un jeune voleur, un danseur des doigts agiles. Il dérobe un portefeuille avec une grâce insaisissable, un sourire narquois adressé à un complice invisible. Toi, tu as tenté de voler une fois, mais tes gestes maladroits t'ont trahi. L'humiliation te brûle encore, une plaie ouverte dans ton âme.

Même pour un simple repas, tu te sens inférieur. Des enfants négocient avec les boulangers avec une assurance que tu n'as jamais eue. Tu tentes ta chance, la voix tremblante, et repars souvent le ventre vide. Ces épreuves quotidiennes sont des miroirs cruels, te renvoyant l'image de tes échecs. Chaque réussite des autres accentue le poids de tes manquements, une chaîne qui te tire vers le fond.

Chaque tentative d'ascension se solde par une chute plus dure encore. Ton désir de t'élever te pousse à recommencer, malgré les échecs qui ponctuent ton chemin. Ces échecs nourrissent une croyance toxique : tu es destiné à la misère, marqué par une malédiction invisible. Chaque faux pas te convainc que tu n'es rien, une ombre condamnée à errer dans un monde indifférent.

Et puis, il y a elle. Dans le labyrinthe des rues froides, elle brille comme une lueur dans les ténèbres. Sous ses joues rosies par le froid, tu vois un ange, une présence qui allège ta souffrance. Son attention est un cadeau précieux dans ton monde. Sa voix met du baume sur les plaies invisibles de ton âme. Secrètement, tu l'aimes.

Cet amour n'est pas un feu ardent, mais une flamme vacillante. Nourri de moments volés et d'échanges furtifs, il te donne la force de défier le monde. Tu rêves qu'elle te voie autrement qu'un simple visage parmi la foule des désespérés. Pour elle, tu ferais tout. Elle est devenue la muse de tes maigres espoirs, l'étoile qui guide tes pas incertains dans la nuit sans fin de ta vie.

Chaque jour, tu cherches son regard, interprètes ses sourires. Tu imagines des avenirs impossibles, où tu la sors de cette misère et lui offres un semblant de bonheur. Pour elle, tu es prêt à soulever des montagnes. Elle est la lumière qui éclaire ton obscurité, la raison de te battre contre les forces qui t'oppriment.

L'espoir est fragile dans ton monde, mais elle le rend tangible. Sa présence donne un sens à ta lutte, une direction à tes pas. Tu sais que le chemin sera long et difficile, mais tant qu'elle sera à tes côtés, tu ne te sentiras plus jamais seul.

L'ombre de l'espoir grandit dans ton cœur. Pour elle, pour toi, pour un avenir meilleur, tu te battras. Tu briseras les chaînes qui te retiennent et t'élèveras vers la lumière.

Elle est ton oasis dans le désert de ta vie. Ton affection secrète te donne la force de te lever chaque matin, de braver la cruauté du monde. En elle, tu places ton fragile espoir, la conviction que l'amour peut fleurir même dans les cœurs meurtris. Pour elle, et peut-être un jour avec elle, tu oses rêver d'une vie meilleure, loin de la misère qui vous entoure.

Et puis, la trahison. Tu la vois, nichée dans les bras de l'un de tes ennemis, riant et partageant une complicité que tu pensais avoir avec elle. Un baiser scelle leur union, brisant le rêve que tu avais construit. La douleur est un poison qui se répand dans tes veines, transformant ton amour en une haine féroce.

Comment a-t-elle pu ? Toi, son seul ami, celui qui la comprenait, comment a-t-elle pu choisir cet homme ? La jalousie, la colère et la trahison te submergent. Tu l'accuses, l'insultes, déversant sur elle toute la rage que tu ressens. Tu vois la surprise dans ses yeux, puis la douleur et les larmes. Elle tente de s'expliquer, mais tu refuses de l'écouter. Elle s'en va, emportant avec elle la dernière lumière de ton existence.

Tu ne sais pas pourquoi tu as agi ainsi. Pourquoi as-tu choisi de lui faire du mal ? Était-ce pour atténuer ta propre souffrance ? Pour donner une voix à ton désespoir ?

Aujourd'hui, elle t'évite. Tu la vois errer dans les rues, un fantôme qui te rappelle constamment ce que tu as perdu. Tu as perdu non seulement un amour non partagé, mais aussi la seule personne qui rendait ta vie supportable.

Tu es seul. Ta haine t'a enfermé dans une coquille de douleur et de ressentiment. Tu te construis un récit où tu es la victime, où le monde entier est contre toi. Cette vision du monde t'aveugle et t'empêche de voir la réalité en face.

Tu te berces d'idées de persécution, persuadé que ceux qui réussissent, ceux qui semblent naviguer dans la vie avec aisance, sont des privilégiés injustement favorisés. Tu les hais pour leur bonheur apparent, pour leur succès qui te semble un affront personnel. Cette haine n'est pas passive ; elle s'alimente de ton sentiment d'injustice et grandit, jusqu'à devenir une force qui te consume de l'intérieur.

Encore eux, penses-tu en observant un groupe de jeunes rieurs, leur joie semblant se moquer de ta solitude. *Ils ont tout. Facilité, amis, chance. Et moi ? Rien. C'est injuste.* Tu t'accroches à cette scène, la transformant en preuve irréfutable que le bonheur est une monnaie dont tu as été privé dès la naissance. Un jour, tu tentes de t'approcher d'autres marginaux, une lueur d'espoir bravant l'obscurité de ton isolement. Mais leur accueil est tiède, leurs regards fuyants. *Ils me rejettent, comme tout le monde. Je suis condamné à être seul*, conclus-tu hâtivement, sans te demander si ton propre comportement distant a pu être mal interprété. Tu vois un couple se tenant par la main, partageant un moment d'intimité. Au lieu de passer outre, tu t'attardes sur cette image, laissant la bile monter. *Regardez-les, si heureux. Comme si leur bonheur était là pour me narguer. Ils ne méritent pas plus que moi d'être heureux.* Au lieu de voir leur joie comme indépendante de toi, tu l'interprètes comme un vol, une chose qui t'aurait été due. Lorsque tu repenses à la fille que tu as repoussée avec tant de cruauté, une partie de toi cherche à justifier ton comportement. *Elle n'aurait jamais dû se rapprocher de lui. Elle m'a trahi la première. J'ai eu raison.* Tu refuses d'admettre que ta réaction a été disproportionnée, te blottissant dans la certitude que tu as été la victime dans cette histoire, évitant ainsi de reconnaître ta propre part de responsabilité. « Je mérite mieux », murmures-tu dans le vent, espérant que quelqu'un, quelque part, entendra ton appel silencieux et te sauvera. Mais quand des mains se tendent, tu les repousses, convaincu qu'elles ne peuvent pas comprendre, qu'elles ne peuvent pas vraiment t'aider. Tu désires la compassion, mais refuses l'aide, craignant qu'elle ne vienne avec la condition de changer.

Au cœur de la nuit, quand le silence de Paris semble peser sur les toits comme une chape de plomb, tu te laisses aller à rêver. Dans les méandres de ton esprit tourmenté, tu imagines des bras réconfortants, une présence qui serait à la fois un refuge et une source de chaleur inépuisable. Tu rêves d'une personne qui, malgré les hautes murailles que tu as érigées autour de ton cœur, saurait y trouver une porte, qui t'aimerait avec tes cicatrices, tes failles, sans jamais chercher à s'enfuir face à l'obscurité qui te hante. Cette âme sœur imaginaire, dans tes rêves, te supporte sans faillir, reste à tes côtés à travers les tempêtes et les éclaircies, te rassurant d'un mot, d'un geste. Elle est l'incarnation de l'espoir, un phare dans la nuit de ton existence, te promettant que l'amour, cet amour inconditionnel et absolu, est possible.

Mais au réveil, la froide réalité vient balayer ces douces illusions. Tu sais, avec une certitude acérée comme du verre brisé, que ce monde est trop injuste, trop cruel pour offrir de telles rédemptions. L'expérience t'a appris que l'espoir n'est souvent qu'un préambule à la déception, que la chaleur humaine est un feu de joie éphémère, destiné à s'éteindre sous les vents glacés de l'indifférence et du rejet. Alors, à ton tour, tu te réfugies dans l'oubli que promet l'alcool, cherchant dans ses brumes éthyliques un ersatz de la chaleur que tu désires tant. Dans ces brumes incessantes, tu te perds, oubliant même parfois ce que tu cherchais au départ. La douleur, le désir de réconfort se diluent dans un océan d'apathie alcoolisée. Tu t'éloignes toujours plus de la possibilité d'une connexion réelle, convaincu que le rêve d'être aimé, d'être soutenu malgré tout, est une chimère dans un monde qui n'a pas de place pour les âmes brisées comme la tienne.

Ton âme est alors confrontée à plusieurs choix pour son évolution.

Mais la réalité te rattrape brusquement. Devant toi, l'orphelinat de la ville est en proie aux flammes. Ce lieu, dans lequel tu as vécu quelques années des souvenirs amers, t'appelle à l'aide. Une porte dérobée, encore épargnée par le feu, te donne l'opportunité d'agir. Sauver les enfants, risquer ta vie pour ceux qui, comme toi jadis, n'ont personne te mènent au **CHAPITRE 19**. Un acte héroïque, peut-être, mais pouvant te tuer.

Si, par contre, la lassitude et le cynisme prennent le dessus, si tu décides de passer ton chemin, convaincu que le monde ne t'a jamais tendu la main, alors tu te diriges vers le **CHAPITRE 42**. Ce choix, sombre reflet de ton désespoir, marque un renoncement, une fuite devant l'appel au courage et à la compassion.

RESSOURCES RÉCUPÉRÉES PAR L'ÂME DANS CETTE VIE

Détachement du matériel : capacité de ne pas laisser les possessions physiques ou la quête de richesse déterminer sa valeur personnelle ou son bonheur. Cela implique une compréhension que le contentement véritable vient de l'intérieur et que les biens matériels, bien qu'utiles et parfois nécessaires, ne sont pas la source ultime de la satisfaction ou du sens dans la vie. Le détachement du matériel encourage à vivre plus simplement, à valoriser l'expérience et les relations plutôt que l'accumulation de possessions.

•••

Recherche du lien humain : désir profond de créer et de maintenir des connexions significatives avec les autres. Elle souligne l'importance des relations interpersonnelles pour le bien-être émotionnel et psychologique. Cette quête implique une ouverture à l'autre, l'empathie, la communication et le partage d'expériences, reconnaissant que les relations authentiques et le sentiment d'appartenance sont fondamentaux pour l'épanouissement humain.

Force dans la vulnérabilité : reconnaissance que l'ouverture à ses propres faiblesses, peurs et incertitudes n'est pas un signe de faiblesse, mais une source de courage et d'authenticité. Admettre sa vulnérabilité permet de se connecter plus profondément aux autres, de cultiver la compassion envers soi et autrui, et de s'engager dans un chemin de croissance personnelle. C'est dans l'acceptation de nos imperfections que réside notre capacité à faire face aux défis de la vie avec résilience et courage.

Recherche de sens : effort continu pour comprendre et attribuer une signification à l'existence humaine. Elle implique une introspection sur ses propres valeurs, croyances et buts, ainsi qu'une exploration de sa place dans le monde. Cette quête de sens est fondamentale pour la santé mentale et le bien-être, car elle aide à naviguer dans la vie avec une direction et un but, donnant un cadre à l'expérience humaine et permettant de trouver de la joie et de la satisfaction dans les activités et les relations.

Chapitre 34

Salem, sous son ciel bas et plombé, étouffe sous le poids des convictions puritaines. La vie s'écoule dans une austérité monotone, rythmée par les prières et les obligations. Les femmes, silhouettes discrètes dans ce monde d'hommes, se plient à leur destin sans broncher. Mères, épouses, gardiennes du foyer, elles ne doivent jamais s'écarter du chemin tracé.

Toi, tu es différente. Sage-femme respectée, tes mains ont guidé la vie et apaisé la souffrance. Ton savoir ancestral te confère une aura particulière, teintée d'une sagesse qui dérange certains. Dans les regards que tu croises se mêlent la déférence et la peur. « Dangereuse », murmurent certains, car ta connaissance frôle les limites de l'acceptable.

Un vent de terreur souffle sur Salem. Des jeunes filles, naguère joyeuses et paisibles, se comportent de manière étrange. Cris perçants, convulsions soudaines, regards perdus dans le vide : leurs corps semblent possédés par une force invisible. La communauté, désemparée, se tourne vers toi, implorant ton aide et ton savoir.

Face à l'inexplicable, les accusations fusent. Les hommes, dans leurs conciliabules nocturnes, murmurent des histoires de sorcellerie et de pactes diaboliques. « Elles se réunissent dans les bois la nuit, chuchotent-ils, leurs voix chargées de suspicion. Elles invoquent des forces obscures. » La peur attise la haine, et les jeunes filles, déjà fragilisées par leur mal mystérieux, se retrouvent piégées dans un engrenage de soupçons.

Tu observes, le cœur serré, la chasse aux sorcières s'intensifier. Chaque symptôme, chaque écart à la norme est interprété comme une preuve de leur culpabilité. La compassion s'efface devant la certitude du mal. Les regards accusateurs, les paroles blessantes, les accusations infondées brisent ton âme. Tu sais que tu dois agir, non seulement pour sauver ces jeunes filles innocentes, mais aussi pour préserver la raison et la justice dans ce village en proie à la folie.

Le vent de la suspicion souffle de plus en plus fort à Salem. L'hystérie collective attise les flammes de la peur, et les accusations de sorcellerie se multiplient. Au milieu de ce chaos, tu remarques un comportement troublant. Un des fils des notables de Salem, Samuel, semble particulièrement investi dans la chasse aux sorcières. Ses accusations incessantes contre une jeune fille en particulier, Abigail, retiennent ton attention.

Intriguée et inquiète, tu te rapproches d'Abigail. Tu la trouves dans un état de détresse profonde, brisée par la peur et le tremblement. Dans l'intimité de sa chambre, elle te murmure son terrible secret : elle a repoussé les avances de Samuel. Ce refus, qui aurait pu être anodin, a déclenché sa vengeance impitoyable.

Un sentiment d'horreur te serre la gorge. La terrible vérité se dessine : les symptômes des jeunes filles ne sont peut-être pas le fruit d'une malédiction, mais d'un empoisonnement orchestré par Samuel. Sa rage d'homme blessé l'a conduit à commettre un acte ignoble, sacrifiant la santé et la réputation de plusieurs innocentes pour assouvir son désir de vengeance.

La colère te consume. Cette chasse aux sorcières n'est qu'un prétexte pour les hommes de Salem pour affirmer leur pouvoir et écraser toute opposition. Les femmes qui osent défier l'ordre établi, comme toi, sont les premières victimes de leur cruauté.

Tu décides de ne pas te taire. Tu convoques une réunion publique, déterminée à faire entendre la voix de la raison dans ce tumulte de superstitions. Devant l'assemblée, tu exposes ton analyse, soulignant les causes possibles des troubles des jeunes filles et appelant à la recherche de solutions rationnelles.

Mais tes paroles se heurtent à un mur d'incompréhension. Samuel et ses partisans, aveuglés par la haine et la peur, refusent d'écouter. Ils te traitent de sorcière, d'alliée du diable, et leurs accusations attisent la colère de la foule.

Tu te sens impuissante face à l'irrationalité qui règne. Tes efforts pour sauver les innocentes et faire triompher la justice semblent vains. La rage et le désespoir te submergent tandis que tu réalises que Salem est maintenant engloutie dans les ténèbres de l'obscurantisme.

Le vent froid du désespoir souffle sur Salem. Ton savoir, autrefois vénéré, te rend désormais suspecte. La peur a transformé tes amis en ennemis, tes alliés en accusateurs. Tu te bats contre l'irrationalité, une marée impitoyable qui menace de te submerger.

Le regard des femmes que tu as aidées, autrefois rempli de gratitude, est désormais empreint de méfiance. Elles murmurent entre elles, leurs voix chuchotant des accusations que tu ne peux supporter. La peur les a rendues aveugles à ton dévouement, sourdes à tes paroles de sagesse.

Tu te sens seule, trahie par la communauté que tu as toujours servie. Le poids de la responsabilité te pèse sur les épaules. Tu dois sauver les innocentes, mais comment faire entendre la voix de la raison dans ce tumulte de superstitions ?

Le jour du jugement arrive. Les jeunes filles, condamnées à mort pour sorcellerie, s'avancent vers la potence. La foule se presse autour d'elles, une masse compacte et cruelle, avide de voir le sang couler.

Tu te tiens à l'écart, le cœur brisé. Les larmes coulent sur tes joues, impuissante face à l'injustice qui se déroule sous tes yeux. Le regard des jeunes filles, rempli d'angoisse et de résignation, te hante.

Le bourreau accomplit son sinistre devoir. Les cris des innocentes résonnent dans le silence, brisant ton âme. La folie a triomphé de la raison, la peur a vaincu la compassion.

Salem a perdu son âme. Le village que tu aimais tant est désormais un tombeau de l'espoir. Tu te sens seule, une survivante dans un monde de cendres.

Ta défense inébranlable des accusées, bien que motivée par la justice et la compassion, t'a exposée au danger. Les murmures à ton égard se font menaçants, te qualifiant de sorcière. Ton rôle de sage-femme, autrefois respecté, est désormais suspecté. Tes connaissances des herbes et des remèdes, jadis considérées comme un don, sont interprétées comme des preuves de ton implication dans des pratiques occultes.

Lorsque les gardes t'arrachent à ton foyer, tu sais que ton combat pour la vérité et la justice t'a conduite à un point de non-retour. Tu te retrouves face aux figures implacables de l'oppression, des hommes qui ne cherchent pas la vérité mais une confession, un aveu qui validerait leur chasse aux sorcières.

L'interrogatoire se transforme en un calvaire. Tortures physiques et psychologiques se succèdent, chaque coup et chaque humiliation visant à briser ton corps et ton esprit. Dans leur acharnement, ces hommes s'attaquent à toutes les femmes qui osent affirmer leur indépendance, cherchant à les ramener à une soumission absolue.

Mais face à la douleur et à la terreur, tu refuses de céder. À chaque question, à chaque accusation, tu opposes la force tranquille de celle qui sait sa cause juste. « Ma seule offense est de vouloir guérir, de chercher à comprendre là où vous condamnez sans preuves », clames-tu, tes paroles résonnant dans le vide de l'incompréhension et de la haine.

Après des jours d'agonie, tu es miraculeusement épargnée. Ton rôle vital au sein de la communauté ou peut-être un infime doute dans l'esprit de tes bourreaux te sauve de la potence. Mais la liberté recouvrée ne peut effacer les traces de ton calvaire. Les cicatrices, physiques et morales, te rappelleront à jamais l'injustice subie. Ton âme porte désormais l'empreinte indélébile de cette épreuve.

Après avoir enduré les épreuves de la persécution et de la calomnie, ton âme se tient à la croisée des chemins, cherchant la direction qui résonnera avec son essence profonde et ses aspirations.

Si tu désires ardemment une vie où ton intégrité et ta vérité intérieure sont non seulement acceptées, mais également honorées par ta communauté, alors le **CHAPITRE 28** t'attend. Dans ce récit, tu exploreras un chemin où ton dévouement et ta sagesse seront enfin reconnus à leur juste valeur, te permettant de vivre en harmonie avec tes convictions et de contribuer positivement au monde qui t'entoure.

En revanche, si tu souhaites tester la résilience de ton âme et vérifier si ta compassion et ta bonté demeurent intactes malgré les épreuves passées, le **CHAPITRE 33** t'offrira cette opportunité. Ce parcours t'invitera à naviguer dans des situations complexes, te défiant de maintenir ta lumière intérieure face à l'adversité et de continuer à offrir ta main bienveillante même lorsque le monde semble s'obscurcir.

Alternativement, si tu choisis de concentrer ton énergie sur l'affûtage de ton esprit et le développement de ton âme, le **CHAPITRE 3** sera ton guide. Dans ce récit, tu plongeras dans un voyage introspectif, cherchant à approfondir ta compréhension de toi-même et de l'univers, et à affiner ta sagesse pour naviguer avec plus de clarté et de perspicacité dans le tissu complexe de la vie.

La décision repose entre tes mains. Quelle voie ton âme choisira-t-elle de suivre ? Chaque choix ouvre la porte à de nouvelles leçons et à de nouvelles possibilités de croissance et d'épanouissement.

RESSOURCES RÉCUPÉRÉES PAR L'ÂME DANS CETTE VIE

Affirmation de soi : capacité d'exprimer ses pensées, sentiments, croyances et besoins de manière directe, honnête et appropriée, tout en respectant les droits et croyances des autres. Elle implique une forte estime de soi et la confiance en sa propre valeur, permettant à l'individu de se tenir debout pour ses convictions et de prendre des décisions alignées avec ses propres principes, sans recourir à l'agressivité ou à la passivité. L'affirmation de soi est essentielle pour naviguer efficacement dans les interactions sociales, négocier des besoins personnels et professionnels, et maintenir des relations saines et respectueuses.

Idées progressistes : concepts et croyances orientés vers le progrès, cherchant à promouvoir le changement social, économique, politique ou environnemental en vue d'améliorer le bien-être collectif. Ces idées s'appuient souvent sur des principes d'égalité, de justice,

•••

d'inclusivité et de durabilité, défiant les normes et les structures traditionnelles perçues comme obsolètes ou oppressives. Les penseurs progressistes aspirent à transformer la société pour répondre aux défis contemporains et anticiper les besoins futurs, favorisant une évolution constante vers des idéaux de liberté, d'équité et de respect mutuel.

Défense de l'opprimé : actions et initiatives visant à soutenir, à protéger et à élever les individus ou les groupes qui sont marginalisés, exploités ou privés de leurs droits fondamentaux. Cette ressource implique la reconnaissance des inégalités et des injustices au sein de la société et l'engagement actif pour lutter contre ces maux, que ce soit à travers le plaidoyer, l'éducation, la mobilisation communautaire ou le soutien direct aux personnes affectées. Défendre l'opprimé nécessite de la compassion, du courage et de la détermination pour s'opposer aux structures de pouvoir abusives et œuvrer pour un monde plus juste et inclusif.

Capacité de voir au-delà des apparences : compétence de percevoir et de comprendre la complexité des situations, des personnes et des idées, au-delà de la surface ou des premières impressions. Elle implique l'ouverture d'esprit, l'analyse critique et l'empathie pour reconnaître les motivations profondes, les valeurs et les vérités cachées derrière les façades extérieures. Cette capacité permet de déceler les préjugés, de comprendre les subtilités des interactions humaines et de reconnaître la richesse de la diversité. Elle est cruciale pour établir des relations authentiques, prendre des décisions éclairées et naviguer dans un monde complexe avec sagesse et compassion.

Chapitre 35

Ton rêve est immense, ton destin incertain. Née dans la modestie d'une famille nombreuse, tu nourris l'ambition folle de devenir une grande dame. Seize frères et sœurs, des parents indifférents, un quotidien rythmé par les tâches ingrates : rien ne semble prédestiner la petite fille que tu es à ce destin extraordinaire.

Un jour, comme un miracle, une apparition bouleverse ton univers. Une noble dame, égarée ou simplement de passage, traverse ton humble chemin. Son allure gracieuse, ses vêtements somptueux, tout en elle incarne le monde lointain dont tu rêves. Elle te remarque, toi la gamine aux yeux rêveurs, et, dans un geste insensé, te tend son mouchoir parfumé.

Ce bout de tissu devient ton talisman. Caché précieusement, il exhale un parfum envoûtant et murmure des promesses de beauté et d'élégance. Chaque soir, dans le secret de ton cœur, tu murmures un serment : un jour, tu seras cette grande dame que tu admires tant.

Ta beauté est une étincelle dans l'obscurité. Tu la cultives avec ingéniosité, transformant les dons de la nature en élixirs de beauté. Tu domptes la boue pour purifier ta peau, l'eau claire pour la rafraîchir, et tes joues, pincées avec soin, arborent une teinte rosée. Tes efforts sont récompensés : tu décroches un poste de serveuse dans un cabaret fréquenté par la haute société.

Le cabaret devient ton terrain de jeu. Chaque soirée est une nouvelle scène dans ton ballet de séduction. Un noble veuf attire ton attention. Tu observes ses habitudes, apprivoises ses goûts. Tu deviens une présence familière, un sourire énigmatique dans son paysage nocturne. Des anecdotes légères, des rires cristallins, des rêves murmurés : tu tisses une toile de charme subtile autour de lui.

Le temps s'écoule et ton stratagème fonctionne. Le noble ne peut plus détourner son regard de toi. Captivé par ton esprit et ta grâce, il te voit comme une énigme envoûtante. Un soir, sous une lune complice, il te propose de quitter l'ombre du cabaret. « Votre beauté et votre esprit méritent un écrin plus somptueux, murmure-t-il, la voix vibrante d'anticipation. Permettez-moi de vous introduire dans les salons privés de Paris, où vous brillerez de mille feux. »

Ton sourire est un triomphe. Ton stratagème a fonctionné, le noble est envoûté. Tu as ouvert les portes d'un monde nouveau, un monde que tu t'appropries avec une avidité insatiable. Chaque soirée est une leçon, chaque rencontre une opportunité. Tu observes, tu apprends, tu t'adaptes. Les codes de l'élite deviennent ta seconde peau, ton esprit aiguisé une arme redoutable.

Dans l'arène des salons parisiens, tu te révèles impitoyable. Ton intelligence et ton humour caustique font mouche, tu domines les conversations avec une aisance déconcertante. Tu deviens la star des soirées, une présence magnétique qui attire et intrigue. Les invitations affluent, les regards se posent sur toi avec admiration et crainte.

Ta renommée atteint Versailles. La cour, avec ses intrigues et ses jeux de pouvoir, te convoite. Tu sais que les dangers y sont plus grands, mais tu es prête. Ton ambition est un feu qui brûle en toi, une force qui te propulse vers les sommets. Tu franchis les portes du palais, le cœur battant d'une anticipation fébrile.

Versailles est un labyrinthe. Chaque sourire cache une intention, chaque mot est un piège. Mais tu n'es pas dupe. Tu navigues avec habileté dans ce monde impitoyable, tissant ta toile avec patience et stratégie. Tu te lies d'amitié avec les puissants, t'attires les faveurs des influents.

Un bal somptueux est l'occasion rêvée. Déguisée, accompagnée de ta cour joyeuse, tu te présentes devant le roi. Son regard, las et solitaire, te cherche dans la foule. Et c'est toi qu'il remarque, toi qui illumines la soirée de ton éclat et de ta vivacité.

La conversation s'engage. Tes paroles, aiguisées et pleines d'esprit, le captivent. Il rit, un rire rare et précieux qui résonne dans les voûtes du palais. Tu es sa découverte, son étincelle dans la nuit.

Les jours qui suivent sont un rêve. Le roi te comble de ses attentions, te faisant passer de simple serveuse à favorite adulée. Ton ascension est fulgurante, un conte de fées qui se déroule sous tes yeux. Mais tu n'oublies pas d'où tu viens, ni qui tu es.

Ta force réside dans ton authenticité. Dans ce monde de faux-semblants, tu brilles de vérité. Tu es une étoile dans la constellation de Versailles, une présence qui intrigue et inspire.

Plus qu'une favorite, tu es une force. Ton intelligence et ton courage font de toi une actrice incontournable dans le grand jeu de la cour. Tu as le pouvoir d'élever ou de briser les ambitions d'un simple geste.

Ton triomphe est amer. Ton ascension fulgurante a attisé les jalousies, aiguisé les rancœurs. Ton intelligence et ton franc-parler font de toi une cible, une menace pour celles qui convoitent le pouvoir. Mais tu n'as cure de leurs murmures. Tu es invincible, portée par l'amour du roi, un amour que tu crois indéfectible.

Il est à toi, corps et âme. Un pantin entre tes mains, docile à tes désirs. Sa passion est ton oxygène, son adoration ton miroir. Tu te complais dans cette adoration, aveuglée par l'ivresse du pouvoir.

Mais l'ombre du doute te ronge. La peur de l'abandon, du néant après l'extase. La couronne sur ta tête pèse soudainement lourd, un symbole oppressant de la fragilité de ton bonheur.

Un soir, un message secret. La promesse de secrets qui consolideront ton pouvoir, d'une éternité à tes côtés. Le piège est savamment tendu, l'appât irrésistible. Tu succombes à la tentation, attirée par la lumière trompeuse de l'ambition démesurée.

Nuit de trahison. Enveloppée dans l'obscurité, tu t'extirpes du palais, happée par l'inconnu. Mais la rencontre tant attendue n'est qu'un mirage. C'est un guet-apens, un complot visant à te détruire.

Le rêve se brise. Ton nom, autrefois synonyme de gloire, est sali, traîné dans la boue. La cour, naguère ton royaume, te rejette impitoyablement. Les portes de Versailles se ferment sur toi, te laissant seule face à l'infamie.

Exilée dans un couvent. Le silence assourdissant fait place aux murmures flatteurs, la solitude remplace les regards envieux. Tu te noies dans le flot des souvenirs, amers et nostalgiques. La gloire passée n'est plus qu'un mirage, un fantôme qui hante tes nuits.

Le vertige de la chute. La lumière des sommets s'est éteinte, laissant place à l'obscurité des profondeurs. Tu comprends, avec une lucidité cruelle, que le pouvoir est une chimère, une illusion qui se dissipe au moindre souffle.

Après avoir vécu une existence tourbillonnante, oscillant entre les sommets de la gloire et les abîmes de la disgrâce, ton âme se trouve à un tournant crucial de son voyage d'incarnation.

D'une part, tu pourrais ressentir que ton périple parmi les mortels a atteint sa conclusion, que les leçons de la vie humaine ont été apprises et qu'il est temps de clore ce chapitre. Au **CHAPITRE 41**, tu choisiras de mettre fin au cycle de ton incarnation, emportant avec toi les souvenirs d'une vie riche en émotions et en expériences. Dans cette voie, tu trouveras la paix dans l'acceptation de la finitude, laissant derrière toi un héritage de rêves réalisés et de défis surmontés.

D'autre part, tu pourrais être animée par un désir inextinguible de connaissances. Ayant compris les hommes et leurs complexités, tu souhaites désormais percer les secrets du savoir. Au **CHAPITRE 3**, tu t'engageras dans une quête de sagesse, explorant les mystères de l'univers et les trésors cachés de l'esprit. Cette route t'offrira l'opportunité de transcender les limites de l'expérience humaine, t'ouvrant les portes d'une compréhension plus profonde de la vie et de ses énigmes.

La décision repose entre tes mains. Vas-tu choisir de conclure ton voyage terrestre, satisfaite des leçons apprises, ou vas-tu te lancer dans une nouvelle aventure à la recherche du savoir ultime ? Chaque choix marque une étape vers la découverte de la véritable essence de ton âme et de sa place dans le vaste tissu de l'existence.

RESSOURCES RÉCUPÉRÉES PAR L'ÂME DANS CETTE VIE

Élégance et charisme : qualités intangibles qui attirent et captivent. L'élégance va au-delà de la simple apparence ; c'est une manière de se porter, de s'exprimer et d'interagir avec les autres avec grâce et aisance. Le charisme, quant à lui, est cette étincelle magnétique, cette force de présence qui suscite l'admiration et l'intérêt. Dans la vie quotidienne, cultiver l'élégance et le charisme peut ouvrir des portes, faciliter les relations sociales et professionnelles, et renforcer la confiance en soi.

Humour naturel : capacité à apporter légèreté et joie dans les interactions, à désamorcer les tensions et à créer des liens. C'est une forme d'intelligence sociale qui permet de naviguer dans les situations complexes avec finesse. Dans la vie de tous les jours, l'humour peut être un outil précieux pour la gestion du stress, l'établissement de relations saines et la communication efficace.

Ambition : moteur qui pousse à viser haut, à aspirer à plus, que ce soit dans la sphère professionnelle, personnelle ou sociale. C'est une soif de réalisation et d'accomplissement qui motive à dépasser les limites et à atteindre des objectifs élevés. L'ambition, lorsqu'elle est équilibrée et alignée avec des valeurs éthiques, peut être une force puissante pour le progrès et l'innovation.

Capacité d'ascension sociale : faculté de s'élever au sein des structures sociales, de saisir les opportunités et de surmonter les barrières socio-économiques.

•••

•••

Elle implique de la détermination, de la persévérance et souvent une bonne dose de stratégie. Dans un contexte moderne, cela peut se traduire par la poursuite de l'éducation, le réseautage, la prise d'initiatives et le développement de compétences transférables.

36
Chapitre

Ton ermitage, niché dans l'écrin de verdure de la forêt, est ton havre de paix. Loin du tumulte du village, tu t'es dédiée à ton art, la guérison. Ton savoir ancestral, transmis par tes parents, te confère une réputation qui dépasse les frontières de ton monde. Malades et affligés affluent vers toi, implorant soulagement et espoir.

Chaque jour est une bataille contre la maladie et la souffrance. Tu ne comptes ni tes heures ni ton énergie. Les potions bouillonnent sur le feu, les onguents apaisent les plaies, et tes paroles douces calment les âmes tourmentées. Ta compassion est infinie, ton dévouement sans bornes.

« Une vie sauvée, une âme apaisée », murmures-tu dans le silence de ton sanctuaire, tandis que les flammes dansent sous ton chaudron. Ton existence est un sacrifice silencieux, une offrande à l'humanité souffrante.

Mais ce don a un prix. Ton énergie s'amenuise, le sommeil devient un rêve inaccessible. Pour tester tes potions, tu n'hésites pas à les goûter, ignorant les dangers que cela représente. Lentement, les poisons s'accumulent dans ton corps, autrefois robuste. Des maux inexpliqués te tenaillent, des vertiges et des faiblesses te terrassent sans prévenir. Aveuglée par ta mission, tu ignores les supplications de ton corps qui t'implore de ralentir, de te préserver.

Un jour, la fièvre s'empare de toi. Un orage dévastateur se déchaîne dans ton organisme. La maladie te consume, te dépossédant de ta force et de ta vitalité. Tu sens ton don s'éteindre, s'échapper comme le sable entre tes doigts.

Le monde autour de toi semble se transformer. Les villageois, autrefois suppliants à ta porte, te regardent désormais avec indifférence, détournant les yeux. Leurs visages, jadis empreints de gratitude, sont maintenant marqués par la méfiance, voire le mépris.

Seule, face à la maladie et au rejet, tu te sens trahie par ton propre dévouement. Ton sacrifice semble n'avoir servi à rien. La solitude te serre la gorge comme un étau, et tu te demandes si tu as encore la force de te battre.

Tu es recluse dans ton ermitage, une forteresse de solitude face à l'hostilité du village. Les murmures se transforment en clameurs, les portes claquent à ton approche. Ironie cruelle : toi qui as consacré ta vie à guérir, te voilà abandonnée, malade et sans soutien. La trahison te mord le cœur, aiguisée par l'indifférence de ceux que tu as tant aidés.

Dans ce silence assourdissant, une silhouette familière se présente. Un vieil homme, jadis guéri par tes soins, se tient à ton chevet. Sa main tendue est un phare dans la nuit. « Tu as tant donné que tu as oublié de te remplir », murmure-t-il avec une douceur qui te bouleverse.

C'est une révélation. Tu ne peux verser de l'eau d'un puits asséché. Ton altruisme t'a aveuglée, te poussant à te négliger. Pour continuer à guérir, tu dois d'abord te soigner, te remplir d'amour et de force.

L'amour de soi n'est pas égoïste, c'est la fondation du véritable don. Dans le regard bienveillant du vieil homme, tu trouves la force de te relever, de te reconnecter à ton essence. Tu te nourris de mets réconfortants, t'apaises dans la quiétude de ton refuge. Tu te redécouvres, savourant les plaisirs simples de la vie, chaque souffle vibrant d'une joie nouvelle.

La renaissance s'opère. Ton corps retrouve sa vigueur, ton esprit s'éclaire d'une sagesse nouvelle. Tu reprends ta mission de guérisseuse, mais cette fois, l'équilibre est au cœur de ta pratique. Tu te chéris autant que tu chéris les autres, ponctuant tes journées de pauses et de bonheur.

Tu as appris une leçon fondamentale. Pour être un véritable baume pour les âmes blessées, tu dois d'abord trouver la paix en toi. Ta propre guérison est la source intarissable de ton don.

Après avoir traversé les sombres vallées de la trahison et de l'abandon, ton âme se trouve à la croisée des chemins, confrontée à un choix déterminant pour son avenir.

D'une part, tu peux opter pour l'isolement total, te retirant du monde pour échapper à la souffrance causée par les autres. Au **CHAPITRE 38**, tu t'enfonceras dans la solitude, construisant des murs invisibles autour de toi pour te protéger de toute nouvelle déception. Tu chercheras refuge dans le silence de ta retraite, loin des regards et des jugements, où la douleur des trahisons passées ne pourra plus t'atteindre.

D'autre part, tu peux décider de prendre ta revanche sur ceux qui t'ont exploitée et abandonnée. Au **CHAPITRE 32**, armée de ta nouvelle sagesse et de ta force retrouvée, tu te lèveras pour affronter ceux qui ont profité de ta générosité. Tu leur montreras que tu n'es plus la guérisseuse vulnérable qu'ils ont connue, mais une force indomptable, déterminée à ne plus jamais être utilisée ou méprisée.

La décision t'appartient. Vas-tu choisir la paix de l'isolement, te préservant de toute future douleur, ou vas-tu affronter le monde avec une nouvelle résilience, prête à réclamer le respect et la reconnaissance que tu mérites ? Chaque chemin offre des leçons et des défis uniques, façonnant l'avenir de ton âme dans ce voyage d'incarnation.

RESSOURCES RÉCUPÉRÉES PAR L'ÂME DANS CETTE VIE

Capacités de guérison : ensemble des compétences, connaissances et dons permettant de restaurer la santé physique, mentale ou spirituelle d'un individu. Cela inclut la maîtrise de techniques médicinales traditionnelles ou alternatives, la connaissance des propriétés des plantes et souvent une intuition profonde pour choisir le traitement adapté à chaque personne. Ces capacités peuvent également englober un aspect énergétique ou spirituel, où le guérisseur agit comme un canal pour transmettre une énergie curative.

Désir d'être au service de l'autre : motivation profonde à aider et à soutenir autrui, souvent sans attendre de reconnaissance ou de récompense en retour. Cela se manifeste par une empathie naturelle, une volonté de soulager la souffrance et d'apporter du bien-être. Ce désir peut s'exprimer dans divers domaines, tels que la médecine, le social, l'éducation ou simplement dans les gestes quotidiens de gentillesse et d'entraide.

Enthousiasme motivant : énergie positive et contagieuse qui pousse à agir avec passion et détermination. C'est une force intérieure qui inspire et stimule, permettant de surmonter les obstacles et de persévérer dans la poursuite de ses objectifs. L'enthousiasme motivant

•••

•••

est souvent communicatif, entraînant les autres dans un élan de dynamisme et de joie.

Force de la renaissance : capacité à se reconstruire, à se renouveler après une période de difficulté ou d'épreuve. C'est une résilience qui permet de tirer des leçons de ses expériences, de transformer les échecs en opportunités de croissance. La force de la renaissance implique souvent une transformation personnelle, une évolution vers une version plus sage et plus équilibrée de soi-même.

Chapitre 37

Né dans le tumulte des Caraïbes du XVIIe siècle, tu es un jeune pirate, fils d'un capitaine redouté. Ton berceau est agité par les vagues de violence et de cruauté, loin de toute quiétude.

Sourd de naissance, tu affrontes le mépris de tes pairs. Tu es un fardeau, un poids mort sur le navire. Cette exclusion te rejette dans les recoins sombres de la solitude, où tu nourris une colère silencieuse contre un monde qui refuse de t'accepter. Ton père, symbole de force et de réussite, rend ton échec personnel d'autant plus amer. Les comparaisons sont inévitables, chaque regard, chaque mot te rappelle que tu n'es que l'ombre d'une légende.

Tu tentes de te montrer à la hauteur, de prouver ta valeur, mais une voix intérieure te martèle que tu es indigne, un raté. Ta timidité t'enferme dans une bulle d'isolement, tes yeux fuyant ceux des autres, ta maladresse trahissant ta nervosité.

La nuit est d'un calme trompeur, le ciel dépourvu d'étoiles, comme si même les astres retenaient leur souffle. Sur l'océan, ton navire glisse silencieusement, une ombre parmi les vagues. Tu es là, sur le pont, perdu dans tes pensées, quand soudain, à l'horizon, une silhouette se dessine. Un bateau ennemi approche, mais tu n'y prêtes guère attention, enfermé dans ta bulle de solitude.

L'agitation commence à monter sur le pont, les cris des matelots brisant la quiétude de la nuit. Ton cœur se met à battre plus fort, la peur s'insinuant en toi. Le chaos de la bataille éclate, les épées s'entrechoquent, les canons tonnent. Tu te sens submergé, impuissant, convaincu que cette nuit pourrait bien être ta dernière.

Au milieu du tumulte, tu aperçois ton père, le capitaine, se battant avec la férocité d'un lion. Soudain, il se retrouve en mauvaise posture, acculé. Dans un élan de désespoir, il te tend une épée, un geste qui te somme d'agir. Tu saisis l'arme, tes mains tremblantes, sans aucune idée de ce que tu vas en faire.

Alors que tu te tiens là, figé par la peur, un homme se jette sur ton père. Dans un mouvement désordonné, presque instinctif, tu places ton épée devant toi, les yeux fermés, priant pour que tout cela se termine. Et puis, le destin intervient. L'ennemi trébuche et s'empale sur ton épée, s'effondrant sans vie à tes pieds.

Le lendemain, alors que le soleil se lève sur un pont maculé de sang, l'équipage découvre le corps de l'ennemi transpercé par ton arme. Personne n'a vu ce qui s'est réellement passé, personne ne sait que ce n'était qu'un coup du sort. Mais les acclamations retentissent, te saluant comme un héros.

Abasourdi, tu n'en crois pas tes yeux. Acclamé par ceux qui te méprisaient hier, tu ressens un mélange d'excitation et d'incrédulité. Cette nuit a changé ta vie à jamais.

Une étincelle s'allume en toi. Tu peux renverser la vapeur, transformer ta différence en force. Tu t'entraînes sans relâche, aiguisant tes sens, affinant ta perception du monde. Ta surdité devient un atout, te rendant plus attentif, plus réactif.

Tu t'ouvres aux autres. Lors d'une escale, tu participes à une partie de cartes. Hésitant au départ, tu te surprends à rire, à blaguer, et même à gagner. Cette soirée est un tournant : tu te sens enfin accepté, apprécié pour qui tu es.

Ta perspicacité te sauve. En mer agitée, tu perçois un changement dans le rythme des vagues, signe avant-coureur d'une tempête. Tu alertes le capitaine, qui, impressionné, ajuste le cap et évite le danger. Ta confiance en toi grandit.

Tes différences deviennent des forces. Ta sensibilité aux mouvements te rend indispensable la nuit. Lors d'un abordage, tu mènes l'assaut. Ton courage et ta stratégie ingénieuse, utilisant des signaux visuels, font de toi un héros.

Tu te perfectionnes. Tu étudies les cartes maritimes, tes conseils deviennent précieux. Le capitaine te consulte, te valorise pour tes compétences. Tu n'es plus le fils du capitaine, mais un membre à part entière.

Tu brises le silence. Tu apprends à communiquer avec tes camarades, utilisant gestes et expressions faciales. L'isolement s'estompe, remplacé par un sentiment d'appartenance. Tu t'épanouis, partageant des histoires et forgeant des amitiés sincères.

Ta transformation intérieure s'est manifestée de manière éclatante dans ta vie quotidienne. Autrefois prisonnier de tes doutes, tu as réalisé que la perception que tu as de toi-même façonne directement la manière dont les autres te voient. En changeant ton regard sur toi, tu as changé le regard des autres.

Cette dynamique se vérifie dans tes interactions quotidiennes. Tu ne baisses plus les yeux lorsque tu parles ; tu te tiens droit, regardant tes interlocuteurs dans les yeux.

Cette simple modification de ton langage corporel communique une assurance nouvelle, qui invite au respect et à l'écoute.

Tu découvres également que ta perception de toi influence ta manière d'aborder les challenges. Autrefois paralysé par la peur de l'échec, tu affrontes maintenant les obstacles avec une attitude de défi. Chaque réussite renforce ta confiance, créant un cercle vertueux qui te pousse à te surpasser.

Enfin, tu comprends que ta perception de toi-même te permet de vivre une expérience de la vie plus riche et plus satisfaisante. En acceptant et en valorisant ta différence, tu t'ouvres à de nouvelles possibilités, à des relations plus authentiques et à un sentiment d'accomplissement personnel.

En somme, tu as appris que la manière dont tu te perçois détermine non seulement la façon dont les autres te traitent, mais aussi la manière dont tu te comportes et ressens le monde autour de toi. Tu es désormais maître de ton image, forgeron de ton destin, naviguant avec confiance sur les vagues de la vie.

Ton âme, transformée par les épreuves et les triomphes de ta vie de pirate, se trouve à présent à un carrefour. Après avoir surmonté l'adversité et découvert ta valeur, tu es prêt à explorer de nouveaux aspects de l'existence humaine.

Tu peux choisir de plonger dans les mystères des relations humaines et de comprendre les dynamiques complexes de l'amour. Au **CHAPITRE 22**, tu t'engageras dans une quête pour découvrir les différentes facettes de l'affection, de l'amitié et de la passion. Tu apprendras à naviguer dans les eaux parfois tumultueuses des émotions humaines, cherchant à comprendre comment l'amour peut à la fois élever et déchirer les cœurs.

Alternativement, après avoir goûté à la puissance que confère la confiance en soi, tu pourrais souhaiter t'impliquer dans la vie politique de ta communauté. Au **CHAPITRE 5**, tu t'immergeras dans les intrigues et les stratégies du pouvoir, utilisant ton intelligence et ton habileté à communiquer pour influencer et diriger. Tu exploreras comment la force intérieure peut être utilisée non seulement pour dominer les mers, mais aussi pour naviguer dans les complexités du leadership et de la gouvernance.

La décision t'appartient. Vas-tu poursuivre la quête de l'intimité émotionnelle et de la compréhension de l'amour, ou bien vas-tu canaliser ta force nouvellement acquise vers la conquête du pouvoir et de l'influence dans ta communauté ? Chaque choix t'ouvre un nouveau chapitre de ton aventure d'incarnation, te promettant des leçons précieuses et des expériences enrichissantes.

RESSOURCES RÉCUPÉRÉES PAR L'ÂME DANS CETTE VIE

Maîtrise de la perception de soi : capacité à comprendre et à contrôler la manière dont on se voit et se juge. Cela implique une conscience de ses propres pensées, émotions et comportements, et la capacité à les ajuster pour améliorer l'estime de soi et l'image personnelle. Cette maîtrise permet de se présenter de manière authentique et confiante dans différentes situations.

Ouverture aux nouvelles expériences : volonté d'explorer, d'apprendre et de s'engager dans des activités ou des idées inconnues. Cela inclut la curiosité intellectuelle, la créativité et la flexibilité face au changement. Les personnes ouvertes aux nouvelles expériences sont généralement plus adaptables, innovantes et capables de tirer parti des opportunités qui se présentent à elles.

•••

•••

Approche audacieuse des obstacles : tendance à affronter les défis avec courage et détermination, plutôt qu'à les éviter par peur de l'échec. Cela implique de prendre des risques calculés, de persévérer face à l'adversité et de voir les obstacles comme des occasions de croissance et d'apprentissage. Une telle approche mène souvent à des réalisations importantes et à une plus grande résilience.

Confiance renforcée : sentiment accru de sécurité en ses propres capacités et jugements. Elle se développe à travers les expériences réussies, la reconnaissance des pairs et la prise de conscience de ses propres forces. Une confiance renforcée permet de naviguer dans la vie avec assurance, d'entreprendre des actions audacieuses et de maintenir une attitude positive face aux défis.

38

Chapitre

Au cœur du tumulte du marché perse, tu déambules, tel un roi parmi ses sujets. Ton regard aiguisé balaye les étals, jaugeant la valeur de chaque marchandise, déchiffrant les intentions de tes concurrents. Craint et respecté, tu règnes sur ce microcosme commercial, ton ambition ne connaissant aucune limite.

Un jour, un jeune homme, un rêveur téméraire, ose s'aventurer sur ton territoire. Un sourire narquois aux lèvres, tu le contemples, jaugeant sa force et sa détermination. D'un geste discret, tu actives tes réseaux, répandant des murmures sournois sur la qualité de ses produits. Impitoyable, tu l'observes se débattre, impuissant, face à la chute inexorable de sa réputation. Sa défaite est la tienne, une nouvelle preuve de ton pouvoir incontesté.

Dans l'intimité de ton palais opulent, tu sièges sur un trône d'or, tel un dieu jugeant les âmes errantes. Un vieil homme, humble et brisé, s'avance, implorant ta clémence. Ses yeux, noyés de larmes, trahissent une douleur infinie.

D'une voix tremblante, il supplie un délai pour rembourser sa dette, sa fille bien-aimée étant terrassée par la maladie.

Tu l'écoutes d'une oreille distraite, apathique. D'un geste arrogant, tu le congédies, ton visage ne laissant transparaître aucune émotion. « Qu'il assume les conséquences de son imprudence ! » résonne dans ton esprit comme une sentence irrévocable. La compassion n'est qu'une faiblesse, la misère, le juste prix de l'incompétence.

Tu te lèves, le cœur insensible à la détresse du vieillard qui s'éloigne, courbé sous le poids du désespoir. Ton regard se pose sur tes richesses, chaque pièce d'or un trophée célébrant ton labeur et ton intelligence. L'idée de partager ce trésor avec ceux que tu juges indignes te révolte.

Dans ton esprit, les pauvres ne sont que des parasites, des âmes indolentes incapables de saisir les opportunités que la vie leur offre. Tu méprises leur condition, certain qu'ils ne sont que les artisans de leur propre malheur. Leur misère est méritée, une juste punition pour leur manque d'ambition et de jugeote. Ta réussite te place au-dessus d'eux, justifiant ton indifférence à leur souffrance.

Lors des réunions avec tes pairs, tu imposes ta volonté avec une poigne de fer. La menace est ton outil de persuasion, brisant les alliances et les amitiés avec une froideur impitoyable. Tu observes tes concurrents d'un œil aiguisé, guettant la moindre faille pour les anéantir. « Diviser pour mieux régner » est ta devise, un principe que tu appliques avec une rigueur implacable.

Ton cœur s'est transformé en une forteresse imprenable, où la pitié et la compassion n'ont pas leur place. La vie est une arène impitoyable où seuls les plus féroces survivent. Tu broies sans remords ceux qui se dressent sur ton chemin, convaincu que la cruauté est la clé de la réussite.

Ta soif de pouvoir te rend aveugle aux dangers qui te guettent. Tu te crois invincible, protégé par les murs infranchissables de ta méchanceté. Mais le destin, capricieux et cruel, s'apprête à bouleverser ton univers.

En plein cœur de la nuit, un cri strident déchire ton sommeil. Ton esclave, le visage livide de terreur, se précipite à ton chevet. « Maître, l'entrepôt… il brûle ! » Sa voix tremble, reflétant l'urgence de la situation.

Ton cœur s'emballe, la panique s'empare de toi. « Quoi ?! » hurles-tu en bondissant de ton lit. Cet entrepôt, c'est ton coffre-fort, le sanctuaire de tes richesses accumulées. Sans réfléchir, tu te précipites à l'extérieur, les pieds nus foulant la terre froide.

Arrivé sur les lieux, le spectacle est apocalyptique. Les flammes dévorent impitoyablement le bâtiment, s'élevant vers le ciel comme un brasier infernal. « Mes économies, tout est là-dedans ! » cries-tu, submergé par le désespoir.

Autour de toi, c'est le chaos. Des esclaves s'affairent, tentant vainement de maîtriser l'incendie avec des seaux d'eau. « Plus vite, idiots ! Sauvez mon entrepôt ! » ordonnes-tu, mais ta voix se perd dans le vacarme des flammes.

Le feu est insatiable. Bientôt, il ne reste plus rien de ton précieux entrepôt. Tu te retrouves là, impuissant, face aux cendres de ton empire. La réalité te frappe de plein fouet : tout est perdu.

La détresse t'envahit, un mélange de colère et de désespoir. « Comment… comment cela a-t-il pu arriver ? » murmures-tu, les larmes de rage coulant sur tes joues. La nuit tragique se termine, laissant place à un jour nouveau, mais pour toi, c'est un monde qui s'effondre.

La suspicion t'envahit. Tu es persuadé que cet incendie n'est pas un accident, mais l'œuvre de tes rivaux, cherchant à te détruire. Mais sans preuves, sans argent, ta voix ne porte plus. Les puissants, qui autrefois te courtisaient, se détournent de toi, refusant même de t'accorder audience. Tu te sens trahi, isolé, ta chute semblant divertir ceux qui te jalousaient.

Contraint par la nécessité, tu vends ton palais, ce joyau qui symbolisait ta réussite. Mais les fonds récoltés s'évaporent rapidement, engloutis par les dettes qui s'accumulent. La honte et le désespoir t'accompagnent, alors que tu te vois réduit à l'état de marchand déchu, mendiant des faveurs là où tu imposais autrefois ta volonté.

C'est dans cet abîme de misère que ton ancien concurrent, celui que tu as jadis humilié et écrasé, se présente à ta porte. Avec un sourire narquois, il te propose un marché : effectuer un voyage commercial pour lui, à la tête d'une caravane, pour une somme dérisoire. L'ironie de la situation te frappe de plein fouet. Toi, le grand marchand, le maître de la Perse, autrefois craint et respecté, te voilà contraint d'accepter l'aumône de celui que tu méprisais.

L'humiliation est totale. Tu avales ta fierté et acceptes sa proposition, la rage et la frustration bouillonnant dans ton cœur. Tu sais que ce voyage est un piège, une ultime épreuve avant la chute finale. Mais tu n'as pas le choix. C'est ta seule chance de survivre et de peut-être, un jour, retrouver ta gloire perdue.

Le voyage est un calvaire. La chaleur accablante, la nourriture avariée, la promiscuité avec les bêtes et les marchandises… tout te rappelle la cruauté de ton destin. Tu n'es plus qu'un simple pion dans ce jeu impitoyable, un homme brisé et humilié.

Mais le pire est encore à venir. Une tempête de sable se lève, engloutissant la caravane dans un chaos indescriptible. Le vent hurle, le sable fouette ton visage et, dans cette confusion, des bandits surgissent, des silhouettes menaçantes dans la tempête.

Tu te retrouves face à face avec la mort. Désarmé, terrifié, tu es incapable de te défendre. Les bandits te capturent, te jettent à terre comme un vulgaire objet. Tu n'es plus rien, juste un esclave sans nom, sans valeur.

L'horreur de ta situation te dépasse. Vendu comme un animal, arraché à ta vie d'opulence, tu te sens perdu et abandonné. Les chaînes qui t'enserrent symbolisent ta chute vertigineuse, de maître arrogant à esclave soumis.

Chaque jour est un combat pour survivre. Le travail est éreintant, les humiliations quotidiennes. Tu te vois dans le regard des autres, un homme brisé, sans dignité. La réalité te frappe de plein fouet : tu n'es plus que l'ombre de l'homme que tu étais.

Le souvenir de ton arrogance te hante. Tu te rappelles les visages de ceux que tu as opprimés, leur souffrance et leur désespoir. Tu comprends enfin la cruauté de tes actes, et la douleur que tu as infligée.

Dans les chaînes de l'esclavage, tu trouves une forme de rédemption. Chaque coup reçu, chaque privation est une expiation de tes fautes passées. Tu acceptes ta souffrance comme une juste punition, un chemin vers le pardon.

Ton âme se trouve à un carrefour crucial. Épuisée par la misère et la souffrance, elle peut choisir de se résigner à son sort, acceptant une existence de désespoir et d'humiliation au **CHAPITRE 33**. Dans cette voie, ton âme renoncera à tout espoir de rédemption, s'enfonçant davantage dans les ténèbres de la désolation, sans la force de se battre pour un avenir meilleur.

Alternativement, ton âme peut décider d'embrasser une souffrance encore plus grande, mais cette fois dans le but d'acquérir de nouvelles valeurs humaines. Au **CHAPITRE 18**, tu te lanceras dans un chemin douloureux mais enrichissant, où chaque épreuve sera une leçon, chaque larme, un pas vers la compréhension de la compassion, de l'humilité et de la solidarité. C'est un choix ardu, mais il porte en lui la promesse d'une transformation profonde et d'une éventuelle rédemption.

La décision est entre tes mains. Vas-tu sombrer dans l'abîme de la misère ou entreprendre le difficile voyage vers une nouvelle conscience de toi-même et des autres ?

RESSOURCES RÉCUPÉRÉES PAR L'ÂME DANS CETTE VIE

Compréhension karmique : reconnaissance que nos actions, pensées et intentions ont des répercussions qui dépassent le moment présent et peuvent influencer notre futur. C'est la prise de conscience que nous sommes les architectes de notre propre destinée, et que les expériences, bonnes ou mauvaises, que nous vivons sont le résultat de nos comportements passés. Cette notion encourage à agir avec sagesse et responsabilité, en sachant que chaque choix contribue à tisser la trame de notre existence.

Grâce de la réconciliation : capacité de surmonter les conflits, les rancœurs et les malentendus pour retrouver l'harmonie et la paix avec soi-même et avec les autres. C'est un processus de guérison qui implique le pardon, l'acceptation et la compréhension mutuelle. La réconciliation permet de libérer le cœur du poids du passé, d'ouvrir la voie à de nouvelles relations positives et de restaurer l'équilibre intérieur.

Pouvoir de l'introspection : capacité à explorer les profondeurs de sa propre psyché, à questionner sur ses motivations et à réfléchir sur son propre comportement. C'est un outil puissant pour le développement personnel, car il permet de prendre conscience de ses forces et de ses faiblesses, de comprendre ses émotions

•••

•••

et de déceler les schémas de pensée qui influencent nos actions. L'introspection favorise la croissance spirituelle et l'évolution de soi en offrant des clés pour une vie plus consciente et épanouie.

Rédemption par le service : idée que l'on peut se racheter et trouver un sens profond à sa vie en aidant autrui. Cela implique de mettre ses talents, ses compétences et son temps au profit des autres, particulièrement ceux qui sont dans le besoin. Le service désintéressé est perçu comme un moyen de purifier son âme, de se libérer des égoïsmes passés et de contribuer à un monde meilleur. En se dévouant à aider les autres, on trouve une voie vers la rédemption personnelle et une satisfaction spirituelle.

39
Chapitre

Le brouillard matinal, tel un voile opaque, étouffe les toits de New York. Dans un bar clandestin enfumé, une ambiance électrique crépite. Des lueurs tamisées éclairent un cercle d'hommes aux visages burinés. Au centre, tu trônes, un verre de scotch fumant à la main. Ton regard d'acier balaye l'assistance, discernant la loyauté dans les regards fuyants.

Ton nom résonne dans les bas-fonds de la ville comme un synonyme de puissance. Tu n'as pas gravi les échelons de la mafia par la force brute, mais par l'intelligence et la manipulation. Le silence est ton arme la plus redoutable. Tu gardes tes secrets jalousement, ne laissant jamais transparaître tes intentions. Tes ennemis sont incapables de te lire, ce qui te donne un avantage considérable.

Lors d'une réunion tendue avec un clan rival, tu restes impassible face à leurs provocations. Tu les observes s'énerver, s'exposer, tandis que tu conserves un calme olympien.

Tu sais qu'une fois qu'ils auront perdu le contrôle, tu pourras les manipuler à ta guise.

La loyauté est un concept fugace dans le monde impitoyable de la mafia. Tu sais que tes ennemis sont nombreux, et que même tes amis peuvent te trahir. Tu ne comptes que sur toi-même. Un jour, un de tes lieutenants, aveuglé par l'ambition, te présente un plan visant à te renverser. Tu ne montres aucune surprise, car tu savais que c'était inévitable. Tu feins de croire en sa loyauté, tout en orchestrant sa chute avec une précision diabolique. Tu le prends à son propre piège, l'humiliant devant ses hommes et le forçant à l'exil.

Tu connais les failles de tes ennemis, leurs secrets les plus inavouables. Tu utilises ces informations comme des armes, les manipulant, les discréditant et les détruisant sans pitié. Un informateur corrompu te fournit des informations compromettantes sur un politicien influent. Tu t'en sers comme d'un appât, le faisant chanter et l'obligeant à soutenir tes opérations. Le politicien est désormais à ta merci, un pion dans ton jeu de pouvoir féroce.

Un gang rival ose empiéter sur ton territoire. Tu réponds par une violence impitoyable. Tes hommes, tels des fauves déchaînés, assassinent son chef et détruisent ses *negócios*. Ton message est clair : personne ne peut s'opposer à toi et rester impuni. Tu n'as aucune pitié pour tes ennemis. Tu les écrases sans hésitation, envoyant un message de terreur à quiconque oserait te défier.

Tu organises des soirées fastueuses, où tu t'entoures de célébrités et d'hommes d'influence. Tu fais des dons généreux à des œuvres caritatives, te posant en bienfaiteur de la communauté. Ton apparence est impeccable, celle d'un homme puissant et magnanime. Tu es un maître de l'image, t'assurant que ton nom soit synonyme de puissance et de crainte. Tu inspires le respect, même chez tes ennemis.

Un politicien influent, avide de pouvoir, souhaite s'allier à toi. Tu sais qu'il est corrompu, mais tu feins l'honnêteté pour gagner sa confiance. Tu lui fais miroiter des profits et du pouvoir, le manipulant habilement à ton avantage. Le politicien devient ton pion, te permettant d'infiltrer les hautes sphères de la société et d'étendre ton influence tentaculaire.

Tu sais que le monde est en constante évolution. Tu refuses de te reposer sur tes lauriers et tu t'adaptes aux changements avec une agilité surprenante. Tu explores de nouvelles technologies, de nouveaux marchés et de nouvelles alliances pour maintenir ton pouvoir incontesté.

Un jour, lors d'une réunion avec tes lieutenants, tu annonces ton intention de conquérir de nouveaux territoires. Tu décris ton plan avec une précision chirurgicale, allumant une flamme d'ambition dans les yeux de tes hommes. Ils sont prêts à te suivre jusqu'au bout du monde, car ils savent que tu es le seul capable de les mener à la victoire.

Tu lances ton offensive sur les nouveaux territoires. Tes hommes, galvanisés par ton leadership charismatique, se battent avec une férocité sans précédent. Les ennemis tombent un par un, incapables de résister à ta puissance impitoyable.

Cependant, la victoire n'est pas sans sacrifice. Un de tes lieutenants les plus fidèles est tué lors d'une embuscade. Sa mort te touche profondément, mais tu ne laisses pas la douleur te submerger. Tu sais que tu dois rester fort pour tes hommes, pour ton empire.

Tu poursuis ton avancée inexorable, semant la terreur sur ton passage. Tes ennemis, acculés et désespérés, tentent une dernière offensive. Un combat titanesque s'engage, où chaque balle tirée, chaque coup de poing donné est une question de vie ou de mort.

Tu te bats avec une rage animale, déchaînant toute ta puissance sur tes ennemis. Tu es un guerrier impitoyable, déterminé à ne laisser aucun obstacle se dresser sur ton chemin.

Le combat est long et sanglant, mais tu finis par triompher. Tes ennemis sont vaincus, anéantis. Tu te tiens debout au milieu du champ de bataille, entouré par les corps de tes ennemis et de tes amis tombés pendant la bataille.

Tu es le vainqueur, le maître incontesté de ces nouveaux territoires. Ton empire s'est agrandi, ta puissance s'est accrue. Mais la victoire a un goût amer. Tu as perdu des hommes précieux, des amis chers. Tu es seul, mais tu as réussi ce que tu voulais.

Ton égoïsme et ta soif de pouvoir t'ont conduit à des choix qui pèsent lourdement sur ton âme. Les conséquences de tes actions te rattrapent, te menant au **CHAPITRE 42**. Ici, tu feras face à une prise de conscience brutale : tes ambitions égoïstes ont engendré un karma négatif profond. Une opportunité se présente pour recommencer avec une nouvelle conscience des implications morales de tes actions. Un chemin différent est possible, évitant de répéter les mêmes erreurs. La décision est entre tes mains.

RESSOURCES RÉCUPÉRÉES PAR L'ÂME DANS CETTE VIE

Intelligence et capacité de manipulation : l'intelligence est la capacité à comprendre, à apprendre et à appliquer des connaissances pour résoudre des problèmes et atteindre des objectifs. La capacité de manipulation est la compétence à influencer les actions, les décisions et les pensées des autres pour servir ses propres intérêts. Ensemble, ces deux ressources permettent à une personne de naviguer habilement dans des situations complexes, d'utiliser l'information

•••

•••

à son avantage et de diriger les circonstances en faveur de ses objectifs.

Maîtrise de soi et impassibilité : la maîtrise de soi est la capacité à réguler ses émotions, ses pensées et ses comportements face à des tentations ou des provocations. L'impassibilité est la qualité de rester calme et inébranlable, même dans des situations difficiles ou stressantes. Ensemble, ces traits permettent à une personne de maintenir son équilibre émotionnel, de prendre des décisions réfléchies et de ne pas se laisser emporter par des réactions impulsives ou des distractions.

Inspiration et pouvoir : l'inspiration est la capacité à susciter l'enthousiasme, la créativité ou la motivation chez soi-même ou chez les autres. Le pouvoir est la capacité à exercer une influence ou un contrôle sur les personnes, les événements ou les ressources. Ensemble, ces deux ressources permettent à une personne de catalyser le changement, de diriger les efforts collectifs vers un objectif commun et de mobiliser les ressources nécessaires pour atteindre des résultats significatifs.

Ambition dévorante : désir intense et insatiable de réussir, de réaliser ses objectifs et de se surpasser. C'est une force motrice qui pousse une personne à poursuivre ses aspirations avec détermination et persévérance, souvent au-delà des limites conventionnelles. Cette ressource peut conduire à des réalisations remarquables, mais elle nécessite également une gestion prudente pour éviter les excès et maintenir un équilibre entre les aspirations personnelles et le bien-être général.

40
Chapitre

Tes doigts effleurent la couverture lisse du livre, un frisson d'anticipation parcourant ton échine. Tu t'installes dans un coin douillet, ton cœur battant la chamade. Le silence s'installe autour de toi, brisé seulement par le bruissement des pages que tu tournes avec une impatience fébrile.

Un monde oublié se déroule sous tes yeux. Chaque mot te transporte dans un nouveau lieu, une nouvelle époque, une nouvelle vie. Tu te vois, incarnation après incarnation, dans des rôles et des décors différents. Guerrier courageux, artiste passionné, sage érudit, tu vis l'amour, la perte, la joie et la douleur. Tu traverses des guerres et des famines, des moments de triomphe et de tragédie.

Les émotions te submergent comme une vague déferlante. Tu ressens la peur du guerrier face à l'ennemi, la passion de l'artiste pour son art, la sagesse du sage face aux épreuves de la vie. Tu pleures avec ceux qui souffrent, tu ris avec ceux qui sont heureux. Tu vis chaque instant avec une intensité brûlante.

Plus tu lis, plus tu te sens connecté à ces vies passées. Ce ne sont plus seulement des histoires, ce sont tes histoires. Tu comprends que tu es la somme de toutes tes incarnations, que chaque expérience a contribué à forger la personne que tu es aujourd'hui.

Une vague de gratitude t'envahit. Tu remercies chaque incarnation pour les leçons apprises, les forces acquises, les erreurs commises. Tu comprends que chaque vie a été un pas de plus sur le chemin de ton évolution, te rapprochant de ta véritable essence.

Et puis, une révélation te frappe. Tu réalises que ce cycle d'incarnations n'est pas une fin en soi, mais plutôt un moyen de parvenir à une compréhension plus profonde de l'univers et de ta place en son sein. Tu sens que tu es prêt à franchir un nouveau seuil, à explorer des dimensions de l'existence où les leçons terrestres seront transmutées en une sagesse encore plus grande.

Une question fondamentale se pose alors à toi : est-ce le moment de passer à autre chose ? Après avoir intégré toutes tes expériences passées, ressens-tu que ton âme est prête à explorer au-delà des frontières de l'existence terrestre ?

Si tu décides que le moment est venu de quitter le cycle des incarnations terrestres, tu t'engageras sur un chemin nouveau et inexploré. Ce sera un voyage vers des dimensions plus élevées, où les leçons de la vie prennent une forme différente, plus subtile et plus profonde.

Faisant le choix de te réincarner dans des sphères supérieures, tu te prépares à embrasser une réalité où les limites de la forme physique se dissolvent, où l'esprit et l'âme dansent ensemble dans l'harmonie de l'existence cosmique. Ce passage marque la fin d'un chapitre et le début d'un autre, une transition vers un état d'être où la connaissance et la sagesse acquises au cours de tes vies antérieures seront ta lumière guidant ta voie.

Ainsi, tu choisis de franchir le seuil, de laisser derrière toi le monde tel que tu le connais, pour plonger dans l'inconnu, porté par la conviction que de plus grands mystères et de plus profondes vérités t'attendent. Ce choix t'emmène directement au **CHAPITRE 41**.

Sinon, libre à toi d'arrêter ici l'aventure et de savourer ton expérience. Félicitations, tu es en vie !

41
Chapitre

Une vague d'excitation mêlée d'émerveillement te submerge. Tu te tiens au bord du précipice, prêt à plonger dans l'inconnu. Devant toi s'étend un océan de lumière, un univers infini de potentialités. Ton âme vibre d'une énergie nouvelle, impatiente de découvrir les secrets que ces royaumes supérieurs recèlent.

Dans ces dimensions éthérées, chaque expérience est une leçon précieuse. Tu apprends et tu grandis à chaque instant, ta sagesse et ta lumière intérieure s'intensifiant à chaque nouvelle rencontre. Des êtres de lumière, des guides spirituels et des maîtres ascensionnés se manifestent, t'offrant leur soutien et leurs enseignements. Leur présence apaisante et bienveillante te guide sur ton chemin, t'apportant une compréhension plus profonde de ta véritable nature.

Libéré des limitations physiques du monde terrestre, tu te déplaces avec une grâce et une fluidité nouvelles. Tu traverses des paysages célestes d'une beauté à couper le souffle, te laissant transporter par la symphonie des couleurs et des vibrations qui t'entourent. Le temps n'a plus d'emprise sur toi, passé, présent et futur se confondent en une expérience intemporelle où l'instant présent est roi.

Ton âme voyage à travers les dimensions, explorant des mondes inconnus et perçant les mystères de la Création. Chaque aventure est une découverte, une expansion de ton horizon et de ta conscience. Tu te sens profondément connecté à l'univers, unifié avec le Tout dans une danse cosmique infinie.

Un dialogue intime s'installe entre toi et l'univers. Tu poses des questions, cherchant à comprendre les secrets de la vie et de l'existence. Des réponses intuitives et profondes jaillissent de ton être, éclairant ton chemin et nourrissant ton âme. Tu te sens partie intégrante de ce vaste puzzle cosmique, un élément unique et précieux dans la toile de l'existence.

Alors que tu poursuis ton voyage spirituel dans ces royaumes supérieurs, une paix profonde s'installe en toi. Tu es rempli d'une joie immense et d'un amour inconditionnel pour tout ce qui est. Tu as trouvé ta place dans l'univers, un sentiment d'harmonie et d'accomplissement qui te berce et te guide. Ton âme, désormais libre et épanouie, est prête à explorer les infinies possibilités qui s'offrent à elle dans l'éternité.

Cependant, tu as le choix. Tu peux renaître dans une nouvelle existence humaine, te plonger une fois de plus dans le mystère de la vie terrestre, motivé par la reconnaissance de la valeur unique de l'expérience humaine, avec ses défis, ses joies et ses leçons profondes. C'est pour toi l'opportunité de repartir de zéro, de tisser une nouvelle histoire pour ton âme, enrichie par la sagesse acquise dans les vies passées et les dimensions supérieures. Ce choix t'amène au **CHAPITRE 0**.

42
Chapitre

Un voile se déchire. La lumière qui t'entourait s'éteint, laissant place à une obscurité glaciale. Un sentiment de terreur t'envahit. Tu entends des cris, des lamentations, des appels à l'aide. Des images défilent devant tes yeux, des images de destruction, de souffrance, de mort.

Tu te vois. Tu vois les actes que tu as commis, les choix que tu as faits. Tu vois la douleur que tu as causée aux autres, la souffrance que tu as engendrée. Tu comprends, avec une horreur indicible, l'impact dévastateur de ton karma.

Une voix résonne dans ton esprit. Une voix douce et puissante, une voix de compassion et de sagesse.

« Tu vois maintenant le résultat de tes actions, dit la voix. Ton karma est lourd, trop lourd pour que tu puisses continuer sur ce chemin. »

Tu te sens brisé. Des larmes coulent sur ton visage. Tu regrettes amèrement tes choix, tu implores le pardon.

« Ne désespère pas, dit la voix. Il est encore temps de recommencer. Tu as la chance de revenir en arrière, de choisir un chemin différent. »

Un nouveau choix s'offre à toi. Tu peux choisir de recommencer, de renaître avec une nouvelle conscience, une nouvelle compréhension des implications morales de tes actions. Tu peux choisir de suivre un chemin différent, un chemin de compassion, d'amour et de lumière.

Tu fais ton choix. Tu choisis de recommencer, de réparer les erreurs que tu as commises. Tu sais que le chemin sera long et difficile, mais tu es déterminé à le parcourir.

La lumière revient. Tu te sens enveloppé par une douce chaleur, une vague de paix et d'espoir. Tu sais que tu as une seconde chance, une chance de faire les choses différemment, de vivre une vie meilleure, une vie remplie de sens et d'amour.

Tu te sens submergé par l'émotion, réalisant l'étendue de tes erreurs. La voix continue : « Le **CHAPITRE 1** t'offre une nouvelle chance. Une opportunité de vivre avec une conscience morale renouvelée, de faire des choix qui apportent la lumière plutôt que l'obscurité. »

Le message est clair. Tu es face à un carrefour crucial, où tu peux décider de rompre le cycle de la souffrance et d'embrasser un avenir meilleur.

43
Chapitre

Une lumière douce et vibrante t'enveloppe. Tu ressens une joie immense, une paix profonde et un sentiment d'accomplissement. Tu sais que tu as atteint un niveau de conscience supérieur, que tu as accompli ton destin.

Des images défilent devant tes yeux. Tu vois les actes que tu as commis, les choix que tu as faits. Tu vois le bien que tu as apporté au monde, la joie que tu as procurée aux autres, l'amour que tu as partagé.

Une voix résonne dans ton esprit. Une voix douce et puissante, une voix de gratitude et d'admiration.

« Tu as accompli de grandes choses, dit la voix. Tu as apporté ton aide aux autres, tu as répandu l'amour et la lumière dans le monde. Ton âme est pure et brillante, et tu as mérité ta récompense. »

Tu te sens rempli d'une immense gratitude. Tu remercies l'univers pour les opportunités qui t'ont été offertes, pour les leçons que tu as apprises, pour l'amour et la sagesse qui te nourrissent. Tu sais que chaque vie est un cadeau précieux, une occasion de découvrir de nouvelles facettes de toi-même et de l'univers.

La lumière s'intensifie. Tu sens ton corps se transformer, s'élever. Tu quittes le monde terrestre et tu te diriges vers les royaumes supérieurs. Tu sais que tu es sur le point de vivre une nouvelle aventure, une aventure extraordinaire qui te permettra de te réaliser pleinement.

Tu te diriges vers le **CHAPITRE 41**.

Index des époques

À propos de l'auteure

Médium de naissance, La Douce Pythie éclaire le chemin des âmes depuis de nombreuses années grâce à ses guidances très suivies sur son compte Instagram @ladoucepythie. Elle est l'autrice du coffret *La Destinée des flammes jumelles*, et du livre *Spiritualité 2.0*, parus chez le même éditeur.

@ladoucepythie

www.ladoucepythie.com

Composition et mise en pages
Nord Compo à Villeneuve-d'Ascq

Achevé d'imprimer en janvier 2025
sur les presses de la Nouvelle Imprimerie Laballery
58500 Clamecy
Dépôt légal : janvier 2025
N° d'impression : 412394

Imprimé en France